天台宗系列

王雷泉　净旻　主编

《增修教苑清规》释读

[元] 自庆　编撰

心皓　释读

上海古籍出版社

图书在版编目（CIP）数据

《增修教苑清规》释读/（元）自庆编撰；心皓释
读. 一上海：上海古籍出版社，2015. 12（2023. 12重印）
（天台宗系列/王雷泉、净旻主编）
ISBN 978－7－5325－7829－0

Ⅰ.①增… Ⅱ.①自… ②心… Ⅲ.①天台宗一戒律
一注释 Ⅳ.①B946.1

中国版本图书馆 CIP 数据核字（2015）第 243724 号

天台宗系列
《增修教苑清规》释读
［元］自庆 编撰
心皓 释读

上 海 古 籍 出 版 社 出版发行
（上海市闵行區號景路159弄1–5號A座5F 郵政編碼 201101）
（1）網址：www.guji.com.cn
（2）E-mail：gujil@guji.com.cn
（3）易文網網址：www.ewen.co
浙江临安曙光印务有限公司印刷
开本890 1240 1/32 印张10.625 插页2 字数266,000
2015 年 12 月第 1 版 2023 年 12 月第 2 次印刷
印数：2,051 — 3,750
ISBN 978－7－5325－7829－0
B·918 定价：36.00 元
如有质量问题，请与承印公司联系

缘　起

中国是佛教的第二故乡。

中国佛教延续印度佛教的大小二乘、空有二轮、显密二教，从晋代迄于中唐，前后建立了所谓"十三宗"体系，并最终整合为八大宗派，对东流大法有继承，有发扬，光大圣教，专学专修，蔚为大观。至宋、元、明、清四朝，则以台、贤、禅、净四宗各领风骚，流布最广，影响最深。面对佛教二千年，我们必须认同这样一个基本事实：各宗开祖，无非教界泰斗，释门之光；历朝高僧，无不宗有所属，义有所归。故研究印度佛学，必不离中观、瑜伽；研究中华佛学，必重视天台、禅那。这是佛法的精粹所在。

综观历史，教典散则义学晦，章疏备而法门昌。故振兴学术，传播佛法，文献的整理与推广是不容忽视的基础工作。"天台宗系列"是中国佛学院教育学院筹建以来首批立项的教材建设项目。本系列以文献整理为主，编撰为辅，效法唐梁肃删订《止观》、明蕅益节略《妙玄》的用意，对天台宗的教观名著进行"选要"并予解读，同时遵循现代规范对该宗其他重要典籍进行"点校"。

此项工作开始于 2006 年春天，由普陀山佛教文化研究所和复旦大学宗教研究所合作进行，延请了国内有关高校、佛学院的部分学者、法师共同参与，由复旦大学哲学学院宗教系系主任王雷泉教授和本人担任主编，历经寒暑，喜见硕果。这一丛书的出版，如能对现代中国的佛教教育事业和天台宗在当代的传承普及有所助益，则幸莫大焉！

敬述缘起，以告来哲。

释净旻
2010 年秋于普陀山佛教文化研究所

目　　录

导读：《增修教苑清规》的编撰及其内容 ·················· 1

　一、编撰清规的时代背景 ·············· 1

　　（一）禅、教法统之争 ·············· 1

　　（二）台、禅法统之争 ·············· 2

　　（三）禅寺教寺之争 ·············· 4

　　（四）禅、教、律各撰清规 ·············· 7

　二、《教苑清规》的编撰及其内容 ·············· 14

　　（一）编撰者自庆法师 ·············· 14

　　（二）《教苑清规》的编撰模式 ·············· 18

　　（三）《教苑清规》十门大意 ·············· 30

　三、《教苑清规》展现的天台教寺运作模式 ·············· 33

　　（一）天台丛林的人事组织 ·············· 34

　　（二）教寺的讲学制度 ·············· 42

　　（三）重视忏法修持 ·············· 47

　　（四）以坐禅观心为实践内容 ·············· 52

《教苑清规》原序 ·············· 57

　黄溍序 ·············· 57

　比丘大安序 ·············· 58

　张雨序 ·············· 59

增修教苑清规卷上

祝赞门第一 ·· 63
　　题解 ·· 63
　　原典 ·· 65

祈禳门第二 ·· 74
　　题解 ·· 74
　　原典 ·· 76

报本门第三 ·· 82
　　题解 ·· 82
　　原典 ·· 94

住持门第四 ·· 109
　　题解 ·· 109
　　原典 ·· 117

两序门第五 ·· 144
　　题解 ·· 144
　　原典 ·· 149

摄众门第六 ·· 165
　　题解 ·· 165
　　原典 ·· 171

增修教苑清规卷下

安居门第七 ·· 199
　　题解 ·· 199
　　原典 ·· 210

诫劝门第八 ·· 258
　　题解 ·· 258

原典 ………………………………………………… 267

真归门第九 ……………………………………… 290

　　题解 ………………………………………… 290

　　原典 ………………………………………… 297

法器门第十 ……………………………………… 320

　　题解 ………………………………………… 320

　　原典 ………………………………………… 325

书教苑清规后(光谦) …………………………… 332

导读：《增修教苑清规》的编撰及其内容

一、编撰清规的时代背景

编撰清规之风大盛是元代佛教的重要特点之一。佛教寺院自唐宋以来逐渐形成不同的修学制度，禅、讲、律三种性质的寺院，其清规定型均在元代完成。清规之编撰，意味着不同性质寺院的修行方法各成体系、各弘其宗。修行方法之不同可溯源于各宗派的义理差别，义理差别往往引起义理辩争。通过义理辩论促进闻思修是古代佛学传统：南北朝时佛教崇尚义理思辨；唐朝八宗并立，义理互取长短，教义有高下圆偏之辨；至宋时又有禅、教法统之争；元以后佛教义理之学衰落，也不再发生辩争。因此，诸宗各撰清规，算是对历代义理之辩争做的一个总结。

（一）禅、教法统之争

清规是体现寺院性质的白皮书。清规之各别编撰、自弘宗风，可上溯至宋代的法统之争。

法统之争以禅、教法统之争最具代表性。"禅"是禅宗，又称"宗门"；"教"是教下，包括台、贤等教。教下依佛之言教开解立行，宗门依实践以心传心。后来，法久弊生，遂有教、禅二者相对之说，以致后来教、禅二宗相互排诋。

当时，在寺院方面，属于禅宗者谓之"禅院"，属于教下者谓之"教寺"。另外，专弘戒律者，则称为"律院"，历史上律院参与义理之辩不多。禅、教最早的争论源于知礼大师和子凝禅师的义理之争。

宋代天台中兴之祖四明知礼大师曾著《十不二门指要钞》，借着论述达摩门下得法的深浅以显示自宗的圆义，受到天童寺子凝禅师①的非议，从此两人不断展开论难。知礼大师在《指要钞》卷上力倡性恶法门之原理，认为慧可的"本无烦恼，元是菩提"之说尚昧于天台宗的理具性恶之旨。禅宗僧人天童山景德寺住持子凝禅师览四明尊者之《指要钞》，见此等贬低禅宗祖师的语句，起而与之争论，"谓不可以道听途说将为正解"，自此之后，"凡往复二十来番，诤之不已。"②知礼和子凝二师各护本宗，辩论中甚至带有攻讦，知礼大师处处在借论慧可等三人得法之深浅以显示自宗圆教之义，子凝则指责《指要钞》所引的达摩门下三人得法之事的记载，只不过是道听途说的无稽之谈，奉劝知礼大师弃"鄙俚之言"，"愿削传闻，自扶本教"。③双方如此往来辩难，争论越发激烈，后四明太守直阁林公出面调停，二人的争论才算结束。据《佛祖统纪》作者志磐云："太守林请师（知礼大师）融会其说，师不得已略易数语。"④但禅、天台二宗之间由此渐渐酿成宗派对抗意识，不久二宗又围绕着付法相承的问题，继续进行论争。

（二）台、禅法统之争

台、禅二宗法统之争，盖起于宋道原所撰的《景德传灯录》。《景德传灯录》主二十八祖之说，且将天台创始人智者大师列于禅门之达者之中，《景德录》卷二十七载"禅门达者，虽不出世，有名于时者"十

---

① 子凝的事迹不详，但《天童寺志》卷三在宋代的历任住持宝坚、怀清、瑞新、普交、清简之后列出子凝，并记录他与知礼的论争，以及他的嗣法是崇寿契稠禅师等事。

② （宋）可度：《十不二门指要钞详解》卷一，《卍续藏经》第100册，第342页下。

③ （宋）宗晓编：《四明尊者教行录》卷四，《大正藏》第46册，第894页下。

④ （宋）志磐：《佛祖统纪》卷八《法智法师本纪》，《大正藏》第49册，第193页中。

人,智者大师预焉。将智者大师列入禅家之宗,且仅视之为"达者"而已,故天台宗人见之,大不谓然。所以天台宗僧人宗鉴撰《释门正统》攻击此说:"《传灯》以禅门达者虽不出世有名于时者录十一人,(智者)大师预焉。彼焉知大师岂止禅门达者而已! 身为陈、隋国师,化行六十余州,何论出世? 管窥蠡测,鄙哉甚矣!"①这是天台、禅宗定祖争论之开端。

天台宗对禅宗攻击最烈的是禅宗的"西天二十八祖"之说。宋仁宗嘉祐六年,契嵩(1011—1072)祖述《宝林传》,依据《达摩多罗禅经》和《萨婆多部记》,非议天台宗引以为据的《付法藏因缘传》,厘定禅宗的世系为二十八祖,著《禅宗定祖图》、《传法正宗记》及《传法正宗论》。其所著《传法正宗记》等书,奉敕编入大藏,从此,禅宗的西天二十八祖说流行天下。中兴之后的天台宗,为维护本宗的法统说,与禅宗发生了长达二百余年的论争。在论争的过程中,天台宗不唯完善了自己的法统说,而且藉此形成了编撰史书以争正统的传统。

天台宗与禅宗在法统说上存在的根本分歧是:台宗主张西土二十四祖说,并认为金口相承的法脉至师子比丘遇难时就断绝了;禅宗主张二十八祖说,认为法脉从不曾断绝。二宗对前二十四祖的看法也有不同。天台宗据《付法藏因缘传》,以龙树为十三祖,师子为二十三祖,并计末田地,则祖有二十四,而世次乃二十三也。禅宗《宝林传》则在前面加一婆须密为第七祖,故龙树为第十四祖,师子为第二十四祖。自《宝林传》至《定祖图》,禅宗欲借二十八祖之说来确立其"教外别传"的正宗谱系。台宗则认为二十八祖的付法偈未见于任何经论,系禅宗编造。二宗相抗,势同水火②。

---

① (宋)吴克己、宗鉴:《释门正统》卷一《智者大师世家》。又,"十一"当作"一十"。

② 陈垣:《中国佛教史籍概论》,上海书店出版社,1999年,第100页。

南宋吴克己和宗鉴编撰的《释门正统》,以及稍后志磐所撰的《佛祖统纪》,均举扬台宗,其意皆是以天台宗为"正统"而与禅宗相抗。志磐的《佛祖统纪》可谓集天台法统说之大成。他在《佛祖统纪》中为天台宗建立了一套完整的法统说,包括一佛、西土二十四祖和东土九祖、兴道下八祖,并将其全部列于本纪,表明天台宗是佛教的嫡传正统。但志磐也采取了统摄诸宗的态度,除专叙天台宗以外,其书兼及禅、华严、法相、密、律、净土等宗。又由于宋代佛教由禅教统一转为禅净结合的时代要求,故随着志磐某种程度上的调和,宋代台、禅法统之争亦随之结束。

(三) 禅寺教寺之争

中国佛教寺院丛林性质的分化,由马祖道一开始。马祖创丛林为禅寺,最初是从律院分出来的。僧传记载,隋唐之时,禅僧皆寄居律院,其修持理念及行事多与律制不合,既不得别住,而龃龉时生,皆以为苦。马祖于是开创丛林,以安禅侣,大弘宗风,从此,禅寺遍布大江南北,原先禅僧寄居的律院反而不为人所知了。

到后来,禅寺遍地开花,几乎取代了其他性质的寺院。同样,教下之人也觉得在禅寺无法共住,或无法弘扬教观,于是有了易禅为教的情形,这从宋代遵式大师在杭州创建教院一事可知。当时的情况是"钱唐寺宇数百,无一处山家讲院,诸法师多寄迹他寺,主客相妨,师徒系属,因相触恼,讵免屡迁"①,即出现了天台讲法师在他寺中无法安住的现象,所以遵式大师便有了创建天台讲院的想法。

宋真宗大中祥符八年(1015),遵式大师来到杭州,修复下天竺寺作为专弘天台教观的道场。建寺之时,据说"西岩有桧枯株,存于焚

---

① (宋)遵式:《十方住持仪》,《卍续藏经》第57册,第46页上。

败之余,法师以水洒而祝之,枝叶重荣"①。他还特别建造了可供天台僧众实修的殿堂,"建金光明忏堂,一椽一甍,必诵《大悲咒》七遍。殿宇全备"②。在遵式大师的努力下,天竺寺的殿宇僧舍得以修建完毕,他说:"自大中祥符八年乙卯,旋建舍宇,略可安存,便闻讲席,于今十有七载。"③遵式大师住持此寺后,大张天台教纲,学徒云集。宋天禧四年(1020),宰相王钦若罢相出判杭州,他奏请朝廷恢复"天竺寺"旧额,封该寺为十方讲院,"复其寺为教"。

由上可知,禅、教之争,由最初的义理之争,发展到后来的法统之争,最后又演变为寺院性质之争,天台祖庭国清寺的寺院性质改易最能体现这一点。

国清寺是天台宗不可动摇的根本祖庭,此寺创建于隋朝,是智者大师亲自选中的风水宝地。中唐时期,湛然大师住持天台山国清寺,由于他的努力,国清寺盛极一时,影响波及海外,成为中日佛教徒们向往的圣地。唐贞元二十年(804),日僧最澄从天台宗十祖兴道道邃学《摩诃止观》等台宗教义,并受菩萨大戒。学成回国后,最澄在日本琵琶湖畔的比睿山依照国清寺的式样建造了日本天台宗的根本道场延历寺。唐大中七年(853),日僧圆珍至国清寺从天台宗十三祖正定物外法师学天台教观,他"买材木,于国清寺止观院起止观堂,备长讲之说。又造三间房填祖师之愿,即请僧清观为主持人"④。他在国清寺所建的止观堂,号"天台山国清寺日本国大德僧院",沈欢为作《国清止观堂记》⑤,谓止观堂"以(大中)十年九月七日建成矣。法师即住持此院,苦节修行,以无为心,得无得法",可知止观堂最先由圆

---

① (元)觉岸:《释氏稽古略》卷四,《大正藏》第49册,第863页中。
② 同上。
③ 《十方住持仪·序》,《卍续藏经》第57册,第46页上。
④ (清)张联元:《天台山全志》卷九。
⑤ 其文现已收录于《国清寺志》第八章《附录》。

珍住持,圆珍回国以后,由清观住持。可以说,唐朝时,著名禅师大都在江西、湖南一带弘法,而江南一带则多有以弘扬天台为主的道场。

唐代后期,天台山渐为禅者进居。尤其自唐末南宗禅蔚兴以来,欣慕林泽幽栖之境而至天台修禅定者甚多。唐末有禅宗大师沩山灵佑、黄檗希运等至天台山参禅或弘禅,其时国清寺仍能维系天台法脉不断。五代时,德韶国师随师蕴法师至天台山,住于云居,复兴智者大师旧迹,营造寺院道场。他又向吴越王钱弘俶推荐天台祖师羲寂大师,钱氏特为羲寂大师在天台山建螺溪道场,匾曰"定慧",赐号"净光法师"。使天台宗在五代时出现了一定程度的中兴。

至宋初,遵式大师入主国清寺,誓传天台教法。遵式大师之后,有道荣、契能、惟政、用良、蕴观、元照、妙印等人至天台修道传法,延续法脉。但至宋代中期,国清寺演教势力已极其衰微,最终为禅僧真歇清了(1089—1151)入主,国清寺的天台宗法脉至此中断。宋高宗于建炎四年(1130)正式下诏,命国清寺"易教为禅",后者遂成为名副其实的禅寺,后来更成为禅宗"江南十刹"之一。[①] 于时来寺参禅者雾集云屯,一度至于粮食不足。此后,国清寺乃至整个天台山几乎成为专门弘禅的道场。

至元代,这一情形又得到改变。其时国清寺为禅家占有,引起天台僧人的不满。时在杭州上天竺弘教的性澄湛堂法师,为恢复国清寺天台祖庭的地位而努力奔走。据《续佛祖统纪》记述:"天台国清寺实智者大师行道之所,或据而有之,且易教为禅,师(性澄)不远数千里走京师,具建置之颠末,白于宣政院,平复其旧。"[②]性澄认为国清寺成为禅院违背祖志,"因天台国清实台宗讲寺,后易为禅",所以远

---

① 宋宁宗(1195—1224 年在位)时,根据大臣史弥远的奏请,制定江南禅院等级,确立"五山十刹"制度。这些山寺为国家级寺院,亦是当时禅僧游方参请集中之处。直至明代,五山十刹方趋衰歇。

② 《续佛祖统纪》卷一,《卍续藏经》第 75 册,第 743 页中。

赴京师上诉宣政院，说明国清寺是智者大师亲自选定的弘教道场，"具奏寺之建置颠末、旧制之由"，终于得到元世祖支持，"赐玺书复之"，恢复了国清寺天台宗祖庭的地位。①

明太祖登基后，又诏请昙噩禅师(1285—1373)住持国清寺。昙噩禅师来国清寺后曾修葺寺宇，但他后来"弃教而即禅"②，国清寺再度为禅宗所有。禅宗势力庞大，当时一代天台大德传灯大师也只能在高明寺重兴台宗，而无力将国清寺夺回。一直到近代，才由天台宗第四十三世高僧谛闲法师和可兴、静权诸师，把天台山国清寺的"易教为禅"的公案彻底翻过来，标志着历经几代的国清寺教禅之争之结束。

(四) 禅、教、律各撰清规

禅、教之争演变至最后的结果是各宗各撰清规，这一方面是维护法统的需要，另一方面也是作为团体的寺院运作的需要。僧团是独立于世俗社会之外的特殊团体，维系这一团体的制度就是佛制戒律。由佛律演变为祖制，是祖师们针对本土文化条件的不同背景，在规制上所做的适度调整，这是戒律中"随方毗尼"之原则在现实中的应用。关于祖制，先后有东晋道安制立的《僧尼规范》，陈隋之际天台智者大师的《立制法》。从东晋道安编定《僧尼规范》到天台智者大师制十条《立制法》，都在试图使佛教戒律与中国佛教僧团生活的实际相结合，但他们的规制还是过于简略且有失拘谨。中国佛教徒创制的第一部正式清规是百丈怀海禅师(720—814)制定的《禅门规式》。《禅门规式》是一部完整的、有中国特色的僧团伦理规范，它的出现也意味着禅教之争中禅宗势力占了上风。受此影响，宋元以来佛教各宗编制

---

① (明) 如惺：《明高僧传》卷一《性澄传》，《大正藏》第 50 册，第 902 页下。
② (明) 明河：《补续高僧传》卷十四《梦堂噩公传》。

大小各类清规成了一种风气。

《禅门规式》原书早已佚失，但宋元以来陆续有以之为蓝本的清规行世，最先是宋代真定宗赜所编的《禅苑清规》。他认为其时"丛林蔓衍，转见不堪。加之法令滋彰，事更多矣"①。因此，为复兴百丈古规的精神，宗赜搜集残存于诸山的行法偈颂，"凡有补于见闻，悉备陈于纲目"，于崇宁二年(1103)编为《禅苑清规》十卷，又称《崇宁清规》。此后，有南宋虞翔的《重刻补注禅苑清规》，是现存禅宗清规著作中最古的一部。现行本《禅苑清规》的内容如下：

卷一：受戒、护戒、办道具、装包、旦过、挂搭、赴粥饭、赴茶汤、请因缘、入室。

卷二：上堂、念诵、小参、结夏、解夏、冬年人事、巡寮、迎接、请知事。

卷三：监院、维那、典座、直岁、下知事、请头首、首座、书状、藏主。

卷四：知客、库头、浴主、街坊水头炭头华严头、磨头园头庄主廨院主、延寿堂主净头、殿主钟头、圣僧侍者炉头直堂、寮主寮首座、堂头侍者。

卷五：化主、下头首、堂头煎点、僧堂内煎点、知事头首点茶、入寮腊次煎点、众中特为煎点、众中特为尊长煎点。

卷六：法眷及入室弟子特为堂头煎点、通众煎点烧香法、置食特为、谢茶、看藏经、中筵斋、出入、警众、驰书、发书、受书、将息参堂。

卷七：大小便利、亡僧、请立僧、请尊宿、尊宿受疏、尊宿入院、尊宿住持、尊宿迁化、退院。

卷八：龟镜文、坐禅仪、自警文、一百二十问、诫沙弥。

---

① （宋）宗赜：《禅苑清规》，《大正藏》第48册，第1158页中。

卷九：沙弥受戒文、训童行。

卷十：劝檀信、斋僧仪、百丈规绳颂、新添滤水法并颂。

《禅苑清规》对禅宗僧人日常的修学生活、法事活动中所应遵守的仪制、寺院僧职人员的安排设立及其职责等分门别类地进行了说明。虽然此书系汇编性质，编排体例不尽统一，但它对宋元时期中国佛教寺院制度礼仪的发展产生了重要影响，成为后来清规制度类著作的基础。

宗赜的《禅苑清规》重刊之后不久，有宋代宗寿编撰的《日用小清规》，又称《入众日用》，于嘉定二年(1209)刊行。其内容主要包括"入众之法"、"展钵之法"、"吃食之法"以及日常生活的具体细节，总括了禅寺一天修学的行为轨则。

除宗寿的《入众日用》之外，另有一部名为《入众须知》的清规著作，作者不详。此书起始的部分直接袭用了宗寿的《入众日用》，然后分节就升堂、入室、请教、巡寮、解结、念诵、送亡、唱衣等寺院活动作了说明。从此书结构看，它可能是某僧为补足宗寿《入众日用》的不足而作。

南宋咸淳十年(1274)，婺州金华惟勉禅师因"朋辈抄录丛林日用清规，互有亏阙"①，于是就百丈古清规以来的诸种禅门清规参异存同，去芜存菁而重新编制成《丛林校定清规总要》二卷，又称《咸淳清规》。其书卷上包括"告香、依戒、出班烧香之图"、"告香、普说、立班之图"等39项；卷下有"上堂、普说、小参"、"告香、入室、请教"等20项，其中第20项内容为宗寿《日用小清规》(《入众日用》)。

元武宗至大四年(1311)，庐山东林泽山一咸(又作泽山弋咸)禅师参考诸方规则，改定门类编次，并详叙职事位次高下等，编撰成《禅林备用清规》十卷(又称《至大清规》)。此书汇集古来禅林丛

---

① 《禅苑清规》，《大正藏》第48册，第1158页中。

规、礼法等，列举圣节升座讽经、坐禅、楞严会、专使请住持、百丈龟镜文、持犯轨仪、当代住持涅槃、日用清规等 169 项仪制。一咸在序中指出，各家清规"或僧受戒首之，或以住持入院首之"，而他是以"祝圣"、"如来降诞"二仪冠其前，反映了元代清规的编排特色。

由此可知，宋元时各寺清规甚为繁杂，各各不同，以上诸种清规虽是比较通行之本，但诸方各随己意增损，不能完全统一，这给僧团的交流和国家管理寺院都带来了困难。到了元代，德辉禅师所辑《敕修百丈清规》方取代了《禅苑清规》等诸种典籍，成为日后流行最广、影响最大的禅宗清规著作。

元至元元年(1335)，德辉禅师奉元顺帝之命，以宗赜《禅苑清规》为蓝本，参考对照惟勉《咸淳清规》、一咸《禅林备用清规》等书，删芜纠误，又参酌元代丛林规矩，撰成了《敕修百丈清规》①一书。书成后由金陵大龙翔集庆寺住持大䜣等校正。德辉在自序中言及其编撰的原委和原则：

> 《百丈清规》行于世尚矣。繇唐迄今，历代沿革不同，礼因时而损益有不免焉。往往诸本杂出，罔知适从，学者惑之。（中略）于是会粹参同而诠次之，繁者芟，讹者正，缺者补，互有得失者两存之。间以小注折衷，一不以己见妄有去取也。稍集咪隐，凡定为九章，章冠以小序，明夫一章之大意。厘为二卷，使阅而行者条而不紊。庶几吾祖垂法之遗意得以遵承。②

这是说，当时的清规，互相之间往往增损不一，内容不太相同，故使学人无所适从。此本清规分成九章，厘为二卷。卷上包括《祝厘》、《报恩》、《报本》、《尊祖》、《住持》等五章，卷下包括《两序》、《大众》、《节

---

① 之前诸家清规并不以"百丈"标名，至《敕修百丈清规》始用"百丈"标名，实则其书与百丈原制颇不相同。

② （元）德辉：《敕修百丈清规》，《大正藏》第 48 册，第 1159 页上。

腊》、《法器》等四章。其内容条目如下：

祝厘章第一：圣节、景命四斋日祝赞、旦望藏殿祝赞、每日祝赞、千秋节、善月。

报恩章第二：国忌、祈祷、祈晴、祈雨、祈雪、遣蝗、日蚀、月蚀。

报本章第三：佛降诞、佛成道涅槃、帝师涅槃。

尊祖章第四：达磨忌、百丈忌、开山历代祖忌、嗣法师忌。

住持章第五：住持日用、请新住持、入院、退院、迁化、议举住持。

两序章第六：西序头首、东序知事、列职杂务、两序进退汤茶等21项。

大众章第七：沙弥得度、新戒参堂、登坛受戒、护戒、办道具、装包、游方参请、大相看、大挂搭归堂、抛香相看、谢挂搭、方丈特为新挂搭茶、坐禅、坐禅仪、坐参、大坐参、请教、赴斋粥、赴茶汤、普请、日用轨范、龟镜文、病僧念诵、亡僧、版帐式。

节腊章第八：夏前出草单、新挂搭人点入寮茶、出图帐、众寮结解特为众汤、楞严会、戒腊牌、方丈小座汤、四节土地堂念诵、库司四节特为首座大众汤、结制礼仪、四节秉拂、方丈四节特为首座大众茶、库司四节特为首座大众茶、前堂四节特为后堂大众茶、旦望巡堂茶、方丈点行堂茶、库司头首点行堂茶、月分须知。

法器章第九：钟、版、木鱼、椎、磬、铙钹、鼓。

九章中，前四章主要规定祝圣、国忌(帝王、王后忌日)、祈祷、佛诞节、涅槃节、达磨忌、百丈忌以及各寺历代诸祖忌等仪式。这些都是律所未定，也是百丈古规所没有的。第五章《住持》以下，是丛林本身的规章制度，包括禅门各种修持方式如参禅、念诵、坐禅、坐参等的规定,以及僧人日常举止规范,禅寺内部职掌及任免出处之规定,寺院道具与法器等物的使用方式等。

《敕修百丈清规》成书以后,元顺帝命令将其颁行天下僧寺。当时虽有诸种清规行世,但由于《敕修百丈清规》的官方背景,其得以在天下诸寺施行,此规遂成为后代编纂清规之依准。

《敕修百丈清规》的颁行,使唐宋以来势力一直居于诸宗之上的禅宗继续保持其优势地位,也使元明时代的禅宗丛林制度得以重新统一。丛林本来是以宗派之别来区分的,到了宋元以后,佛教逐渐消磨宗派特色,而代之以禅、讲、教等以寺院特色为区别的划分。宋代寺院已经分为禅、教(指天台、唯识、华严等宗)、律三大派,并延至元代。元人把各派特点扼要归纳为:"禅尚虚寂,律严戒行,而教则通经释典。"①可见,当时三类寺院已呈现出三足鼎立的态势,并且"固各守其业"②,偶尔也发生孰优孰劣的论争。至元二十五年(1288),元朝廷召集"江南教、禅、律三宗诸山至燕京(即大都)问法"。据《佛祖统纪》卷四十八载,这次廷辩的结果是"使教冠于禅之上"。这一禅教之争反映出元代寺院的界别已十分明显。教、律各寺为了使自宗的修行制度和寺院规范更加完善,也参照《敕修百丈清规》编撰了自宗的丛林清规,《教苑清规》和《律苑事规》即是在这种情形下制定的。

元代省悟律师以律宗的南山三大部及灵芝的著述为基础,参酌《禅苑清规》、《咸淳清规》、《禅林备用清规》等,编述《律苑事规》十卷。此书系依律藏详述律宗僧侣的行事仪则,于元泰定二年(1325)序刊。《律苑事规》不分章节,仅以十卷分列仪则,其内容大略如下:

卷一:结界仪。这是有关僧团结界共修的仪式。

---

① 《元史》卷二百〇二《释老传》。
② 同上。

卷二：落发仪、受具戒策发仪、受五戒仪、受十戒仪、上坛仪。

卷三：布萨仪。这是僧团每隔半月进行的诵戒忏摩的仪式。

卷四：安居仪、自恣仪。

卷五：圣节祝香、放生，请雨祈晴，如来及祖师诞忌等。

卷六：有关请住持、入院、留请两班、交割什物、参访出入等。

卷七：请名德都讲、两班进退、挂钵请知事、侍者进退等两序事仪。

卷八：列举前堂、后堂、都监寺、忏首、维那、知客、知浴等职事名称。

卷九：住持示寂和亡僧的丧祭仪则。

卷十：关于参学挂搭、参讲、讲学、礼忏回向等修学制度。

《律苑事规》是以千字文为序排列，自“天”字至“及”字，一共有142条，这是诸清规中比较独特的一种目录序号标记方式。

由于元明时期教禅之争十分激烈，互不相让，禅宗丛林既然有了清规，元代代表“教”的天台宗僧自庆也仿效禅寺清规编撰了教寺的《教苑清规》，又称《增修教苑清规》。此书于至正七年(1347)刊行，系以天台宗山家派立场来制定教寺的仪式规章，具体内容在下一节中详述。

禅、教、律这三种清规，规定了各宗丛林的修行生活，使三类寺院的共修生活进一步制度化。三部清规对后世影响都很大，此后，编修清规即成了元明清三朝的一种风气。如元代有中峰明本禅师作《幻住庵清规》、道齐作《禅苑清规总要》、继洪作《村寺清规》，明代有天界道盛禅师作《寿昌清规》、费隐通容和百痴行元编《丛林两序须知》，清代有源洪仪润禅师著《百丈清规证义记》等。除了上述所列各种清规，道融的《丛林盛事》、惠彬的《丛林公论》、慧洪的《林间录》、净善的《禅林宝训》、无愠的《山庵杂录》等，都是有助于我们认识丛林行事仪轨的重要文献。近代佛教丛林清规则有《金山江天禅寺规约》、《高旻寺规约》等,这些冠以寺名的规约是现今各寺院自行制订《共住规约》的嚆矢。

从宋元以来清规内容的演变来看,清规的时代特色愈加明显,宗法色彩不断加深,为帝王祈福祝赞的儒家伦理观念渗入宋以后各家清规的基本内容之中。如北宋《禅苑清规》明确规定,佛教的要务是"补皇朝之圣化",其书卷九《沙弥受戒文》还有将剃头受戒功德回向"皇帝万岁,臣统千秋,天下太平"的祝愿。元代《敕修百丈清规》将与皇帝有关的圣节(即皇帝之诞辰)、国忌(即天子、皇后等崩殂之忌日)、景命四斋日(天子即位之日)等列入书首二章。《律苑事规》卷五列有圣节启建满散、圣节宦请开讲、圣节祝香、圣节放生、朝廷祈祷等事仪。《教苑清规》书首二门也有圣节、景命四斋日等的祝赞。佛门提倡报国土恩,又道安大师主张"不依国主,则法事难立",因此,各清规中,除了《律苑事规》外,禅林与教寺的清规都将对皇帝的祝赞冠于前,而寄希望于"皇帝圣心,兴隆三宝",反映出宋元以来佛教对世俗政权的主动靠拢和顺从,这是佛法中俗谛的运用。

此外,各宗清规纷纷增设有关诸祖忌、法嗣忌等纪念前辈先德的法务活动的内容,说明各寺院都开始重视并强调自己的法脉继承关系,反映出元代佛教具有强烈的寺院派系观念。

二、《教苑清规》的编撰及其内容

(一)编撰者自庆法师

元自庆法师编撰的《教苑清规》是天台宗僧人编印的一部比较完整的清规,于至正七年(1347)刊行,因该书系在旧本基础上重新编订,故又称《增修教苑清规》,后收于《卍续藏经》第101册。

自庆(生卒年不详),元至正年间(1341—1368)任杭州天竺大圆觉教寺住持。天台圆觉教寺在杭州九里松西南,胭脂岭西,始创于唐代,正式创建于南宋,"(绍兴)十三年(1143),敕西湖北山建天申万寿圆觉寺。"时为天台宗寺院。

南宋时，圆觉教寺一直是受皇家重视的天台宗道场。此寺与宋高宗的因缘，是由于南宋时寺院中出了一位诗僧守璋法师，据南宋吴自牧所著的《梦粱录》载：

> 守璋，俗姓王，天姿介特，凛不可犯，戒行精洁，尤工于诗，号文慧禅师，有《柿园集》行于世。高宗于绍兴二年幸圆觉寺，因睹其集，宸翰亲洒《晚春》一绝赐之，见圆觉寺刻石于亭曰："山深烟景重，林茂夕阳微。不雨花犹落，无风絮自飞。"

圆觉寺正式成为天台教寺，则是"宝庆二年（1226）五月十三日，（理宗）敕天申万寿圆觉寺，以师赞法师开山，弘传天台教观"。师赞法师是天台宗僧，为逸堂登法师法嗣，《佛祖统纪》中仅列其名，无详传。宋理宗是出名的爱好佛道二教的皇帝，也是南宋诸帝中给佛寺题写匾额最多的，至今在杭州佛寺中仍有理宗御书匾额保存。

自庆法师担任圆觉教寺住持后，继承祖师传统，严持戒德，一生弘传天台。一次，他在上天竺山白云堂发现《教苑清规》的旧刻本已经漫漶不明，"惧久将废坠，乃取故所藏本重加诠次，正其舛误，补其阙轶，而参考乎禅律之异同，为后学复刻焉"[1]。可知本书是在旧本《教苑清规》基础上增补修订而成的。旧本《教苑清规》作者已不可考，仅知其属天竺山白云堂。

白云堂是上天竺寺的一座重要建筑。《淳祐临安志》记载："上天竺山后最高处，谓之白云峰，于是寺僧建堂其下，谓之白云堂。山中出茶，因谓之白云茶。"可见堂、茶皆以山而名。白云峰在上天竺寺后，为该寺主山。寺《志》载："在愚冈之右，双槐之左，昔寺创始时，居

---

① 《教苑清规·黄溍序》，《卍续藏经》第57册，第298页中。

人远瞩,尝有白云俨如幢盖,覆其上,故名,实寺之主山也。"

上天竺寺始建于东晋,北宋辩才大师住持此寺时,曾经重建白云堂。寺《志》载:"在大悲阁后殿之后,坐白云峰,故名,莫考厥初。至辩才法师更建。高宗临幸,进素馔白云堂。孝宗赐僧录若讷白云堂印,以辖禅、教、律三宗。"据《佛祖统纪》载,若讷法师是圆智证悟法师法嗣,天台宗僧,随师迁住上天竺寺。乾道三年(1167)春,宋孝宗临幸上天竺寺,召对,皇帝心悦,授以右街僧录之职,诏于山中建十六观堂。次年又进左街僧录,即最高僧官。可知白云堂是当时最高僧官所驻之处,帝王临幸之所。

宋初,由于知礼大师、遵式大师等人的努力,弘扬天台教观的中心由天台山移至杭州,上天竺寺在南宋时也成为教院"五山十刹"之首,《佛祖统纪》"建寺造塔"条云:"敕于禁中建内观堂,一遵上竺制度。"虽然不能明确得知旧本《教苑清规》由何人所撰,但其长期存放于上天竺寺,说明当时的天台大寺非常重视自宗的制度。

由于元代禅宗清规奉敕颁行天下,被不同宗派的寺院所接受,致使教寺虽有自家的清规,但要得到广泛实行却并不容易,且元代天台宗不如宋时兴盛,也因此激发了自庆要重新修订天台宗清规的愿望。元代寺院分为禅、讲、律三种①,当时禅律二家已编有《敕修百丈清规》和《律苑事规》,盛行于天下,所以自庆在修订过程中对此二者也酌情参考。

《教苑清规》主要以《百丈清规》为范本进行编撰。但由于"历岁滋久,诸方所守百丈遗法已互有不同,山家宜有不能与之尽合者",所以必须加以变通。自庆注意到佛教僧制的根本——戒律的重要性,"佛以律持定慧,离律于定慧,不可言佛。故虽佛以一切种智摄三界,

----

① 如原为教寺,则仍沿用宋代"教寺"之名,不改为"讲寺"。

必先用戒；菩萨以六波罗蜜化四生，不能舍律"①，戒律是修行与弘化的基石。"律仪如圣人之有经礼，清规如先儒之有家礼"，清规是辅律而行的，并借之提升定慧的修习，自庆重编的《教苑清规》意在借律"匡持其教"。元代虽然禅、讲、律三分天下，但相比之下教显得十分不振，"教道湮微，大抵学者安于苟简，流于俗习，动作饮食之间，揖让伏兴之节，或愆礼正。"这是圆觉云外（云外为自庆之号）法师之所以要重修清规的原因。

因此，自庆在旧本的基础上补充了不少有关戒律的内容，希望借助戒律威仪使僧众如法修学，严净毗尼，以弘其教。正如元代名儒黄溍②在《教苑清规序》中所说的："天台大师兼善毗尼，其后人亦因丛林之日用而折中之，以匡持其教，今《教苑清规》是也……云外师方究心路业，而能垂意于威仪节文之细如此，内外交相养之功，可谓两尽之矣！"正是由于此本清规有"荡近世之流弊，创千载之宏规"的重要作用，所以时人极力呼吁它应该像禅林清规一样在教寺得到广泛实行，"禅林之规既如彼，教苑之规又如此。规乎矩乎！在夫据大床大席者，发号施令，躬行而人率化"。由于禅宗势力强大，《敕修百丈清规》在元代又是由皇帝颁行，天下寺院已默认了禅宗清规的权威性，自庆的《教苑清规》惜乎不闻于当世。而且自庆本人在元代也没有什么重大影响，更没有取得如宋代山家知礼大师那样的崇高地位，在那"人能弘道，非道弘人"的时代，时人不知有《教苑清规》也是必然的了。

明初，此书由上天竺寺住持一如法师传到日本，日本南溪沙门谦谨法师说："明僧一如，衔使本邦，寄此书于庐山寺中庵，从此相传，而人未遍知。余向在武城，偶得一览，而谓虚张浪设，效于禅林之规；夜

---

① 《教苑清规·黄溍序》，《卍续藏经》第57册，第298页中。
② 黄溍（1277—1357），字文晋，又字晋卿，婺州路义乌（今义乌市）人，元代著名文学家、书法家、画家。与浦江柳贯、临川虞集、豫章揭傒斯并称为元代"儒林四杰"。

啖昏餐,违于觉王之制。岂足以匡吾徒也哉?"谦谨以天台山家自居,对自庆效仿禅林而制的《教苑清规》很不以为然,特别是对他仿效禅林,于午后设茶点、药石等"夜啖昏餐"之制更不赞同,认为有违大觉佛陀的戒律,如此施设,根本不能"匡吾徒"。这仅是日本僧人的意见,他们未能理解中国寺院在农业社会生存的特殊背景和中国尚礼的风俗。一如法师是明朝著名的僧录,《大明三藏法数》的编撰者,永乐年间任僧录司右善世,住持上天竺寺,曾著《法华科注》一书。一如携此书赴日,说明元明时期,《教苑清规》一书曾得到天台宗佛教领袖的大力推广。

由于元明之时诸宗趋于融合,由教而禅、由禅而教、亦教亦禅者比比皆是,因此《教苑清规》一书虽然得到推广,但实行起来,无人带头,仍是困难重重,故自清代以来罕有人知。虽然如此,此书仍不失为研究天台宗组织制度的重要史料。

(二)《教苑清规》的编撰模式

《教苑清规》的编撰基本参照禅宗《敕修百丈清规》的模式,而以天台宗山家派立场,制定教寺仪式规则。张雨在序中说:"往岁龙翔咲隐师校正《百丈清规》,定为九章,纲领粲然,将以救夫禅林之弊。今圆觉云外师复修《教苑清规》,折中古今,厘为十类,类以小序标表之,视白云堂旧所传则加详焉。"自庆所编《教苑清规》分上、下两卷。卷上收《祝赞门》、《祈禳门》、《报本门》、《住持门》、《两序门》、《摄众门》六门,卷下收《安居门》、《诫劝门》、《真归门》、《法器门》四门,各门之下又设细目加以评述,共有150多条。或许是因为白云堂旧藏本《教苑清规》比较简略,所以张雨称自庆修订本"视白云堂旧所传则加详焉"。说明自庆的修订本的确是增加了不少内容的。

《教苑清规》的内容和编排方式均与《敕修百丈清规》类似,唯以天台宗山家派的立场作了少许增损。二者目次比对见下表:

《敕修百丈清规》目次		《教苑清规》目次	
祝厘章第一	圣节	祝赞门第一	圣节
	景命四斋日祝赞		每日祝赞
	旦望藏殿祝赞		景命四斋日祝赞
	每日祝赞		藏殿祝赞 初八日 廿三日
	千秋节		千秋节
	善月		善月
报恩章第二	国忌	祈禳门第二	祈祷
	祈祷		接官
	祈晴		祈晴
	祈雨		祈雨
	祈雪		祈雪
	遣蝗		救日
	日蚀		救月
	月蚀		遣蝗
	——		谢晴
	——		谢雨
报本章第三	佛降诞	报本门第三	如来降生
	佛成道涅槃		如来成道
	帝师涅槃		如来涅槃
尊祖章第四	达磨忌		国忌
	百丈忌		智者大师忌
	开山历代祖忌		诸祖忌
	嗣法师忌		开山历代祖忌
	——		嗣法师忌
	——		檀越忌

续　表

《敕修百丈清规》目次			《教苑清规》目次				
住持章第五	住持日用	上堂	住持门第四	住持常用①	朔望上堂		
		晚参			朔望僧堂并寝堂点茶		
		小参			会两序耆旧茶汤位次		
		告香			会西序茶汤		
		普说			特为大诸山煎点		
		入室			诸山到方丈煎点住持		
		念诵			施主入山		
		巡寮			诸山相访	尊宿	
		肃众				尊长	
		训童行				法眷	
		为行者普说				嗣法	
		受法衣				平交	
		迎侍尊宿				邻封	
		施主请升座斋僧			——		
		受嗣法人煎点			——		
		嗣法师遗书至			——		
	请新住持	发专使			议举住持		
		当代住持受请		请新住持	发专使		
		受请升座			专使到彼山		
		专使特为新命煎点			专使特为新命煎点		
		山门管待新命并专使			山门管待住持并专使		

　　① 为与《敕修百丈清规》对比起见,现将《住持常用》提至前面,《教苑清规》之《住持门第四》原顺序为：议举住持、请新住持、新住持入院、住持常用、退院。

《敕修百丈清规》目次			《教苑清规》目次		
住持章第五	请新住持	新命辞众上堂茶汤	住持门第四	请新住持	新命辞众上堂茶汤
		西堂头首受请			西堂头首受请
		受请人升座			专使特为受请人煎点
		专使特为受请人煎点			付承嗣法衣
		山门管待受请人并专使			山门管待受请人并专使
		受请人辞众升座茶汤			受请人辞众
	入院	山门请新命斋		新住持入院	入院
		开堂祝寿			山门请新命斋
		山门特为新命茶汤			开堂祝寿
		当晚小参			山门特为新命茶汤
		为建寺檀越升座			当晚普说
		管待专使			檀越祠堂祖塔炷香讽经
		留请两序			管待专使
		报谢出入			留请两序
		交割砧基什物			报谢参访出入
		受两序勤旧煎点			交割什物
		——			两班勤旧煎点新住持
	退院			退院	
	迁化	入龛	真归门第九①	住持示寂	入龛
		请主丧			请主丧
		请丧司执事			请丧司职事

---

　　①　为方便对照起见，将《教苑清规》之《真归门》中关于"住持示寂"的内容移至此处，在本表的"《真归门》"中则略去这部分的细目。

续　表

《敕修百丈清规》目次			《教苑清规》目次		
住持章第五	迁化	孝服	真归门第九	住持示寂	孝服
		佛事			佛事
		移龛			移龛挂真读遗偈
		挂真举哀奠茶汤			大夜上祭
		对灵小参奠茶汤念诵致祭			系念
		祭次			出丧挂真奠茶汤
		出丧挂真奠茶汤			茶毗
		茶毗			全身入塔
		全身入塔			灵骨入塔
		唱衣			唱衣
		灵骨入塔			下遗书
		下遗书			管待主丧及丧司执事人
		管待主丧及丧司执事人			——
	议举住持			——	
两序章第六	西序头首	前堂首座	两序门第五	西序头首	前堂首座
		后堂首座			后堂首座
		书记			忏首
		知藏			书记
		知客			维那
		知浴			知客
		知殿			侍者
		侍者			烧香侍者
		衣钵侍者			书状侍者
		汤药侍者			请客侍者
		圣僧侍者			衣钵侍者

续　表

《敕修百丈清规》目次			《教苑清规》目次		
两序章第六	东序知事	都监寺	两序门第五	东序知事	都监寺
		维那			监寺
		副寺			副寺
		典座			典座
		直岁			——
	列职杂务	寮元		列职	知殿
		寮主副寮			知藏
		延寿堂主			知浴
		净头			净头
		化主			——
		园主			——
		磨主			——
		水头			水头
		炭头			——
		庄主			庄主
		诸庄监收			监收
	请立僧首座			请名德都讲	
	请名德首座			——	
	两序进退			两序进退	
	挂钵时请知事			——	
	侍者进退			侍者进退	
	寮舍交割什物			头首寮舍交割什物	
	方丈特为新旧两序汤			——	
	堂司特为新旧侍者茶汤			——	

《敕修百丈清规》目次		《教苑清规》目次		
两序章第六	库司特为新旧两序汤药石	两序门第五	——	
	堂司送旧首座都寺钵位		——	
	方丈管待新旧两序		方丈管待新旧两班	
	方丈特为新首座茶		请两班归位	
	新首座特为后堂大众茶		——	
	住持垂访头首点茶		——	
	两序交代茶		——	
	入寮出寮茶		——	
	头首就僧堂点茶		——	
	两序出班上香		——	
大众章第七	沙弥得度	摄众门第六	剃发仪	白席
				请师
				谢恩
				策导
				礼佛
				落发
				付衣
				皈依
				开严
	新戒参堂			祝赞
	登坛受戒			
	护戒		受戒护戒	

《敕修百丈清规》目次			《教苑清规》目次		
大众章第七	办道具	三衣	摄众门第六	办道具	三衣
		坐具			坐具
		偏衫			钵
		裙			偏衫
		直裰			裙
		钵			直裰
		锡杖			滤水囊
		主杖			锡杖
		拂子			主杖
		数珠			如意
		净瓶			拂子
		滤水囊			净瓶
		戒刀			香炉奁
		——			刀子
		——			数珠
	装包			——	
	游方参请			游方参请	
	大相看			——	
	大挂搭归堂			求住	
	小挂搭归堂			参堂	
	西堂首座挂搭			大名胜作住	
	诸方名胜挂搭			江湖名胜求住	
	法眷办事挂搭				

25

《敕修百丈清规》目次			《教苑清规》目次		
大众章第七	办道具	抛香相看	摄众门第六		迁斋
		谢挂搭			谢挂搭
		方丈特为新挂搭茶			——
		坐禅			——
		坐禅仪			——
		坐参			——
		大坐参			——
		请益			请益
		赴斋粥			——
		赴茶汤			——
		普请			——
		日用轨范			——
		龟镜文			——
		病僧念诵			——
	亡僧	抄札衣钵	真归门第九①	亡僧	抄札衣钵
		请佛事			浴亡入龛讽诵
		估衣			请佛事
		大夜念诵			估衣
		送亡			伴灵
		茶毗			大夜上祭　系念
		唱衣			送亡

① 为方便对照起见，将《教苑清规》之《真归门》中关于"亡僧"的内容移至此处，在本表的"《真归门》"中则略去这部分的细目。

《敕修百丈清规》目次			《教苑清规》目次		
大众章第七	亡僧	入塔	真归门第九	亡僧	茶毗
		板帐式			唱衣
		——			入塔
		——			板帐
节腊章第八		夏前出草单	安居门第七		出草单
		新挂搭人点入寮茶			出图帐
		——			启沙水
		出图帐			结制
		众寮结解特为众汤			都寺特为住持首座大众汤
		楞严会			读清规榜
		戒腊牌			住持特为首座大众茶
		方丈小座汤			前堂特为住持后堂大众茶
		四节土地堂念诵			住持两班点行堂茶
		库司四节特为首座大众汤			直日须知附《须知式》
		结制礼仪			修大悲忏法
		四节秉拂			住持开讲
		方丈四节特为首座大众茶			经行讽诵施生
		库司四节特为首座大众茶			布萨仪附《梵音声图》
		前堂四节特为后堂大众茶			都讲头首开讲
		旦望巡堂茶			维那点读
		方丈点行堂茶			三科习读
		库司头首点行堂茶			锁试
		月分须知			兰盆会
		——			解制附《广仪》《略仪》

《敕修百丈清规》目次			《教苑清规》目次	
一			诫劝门第八	立制法《国清百录》
				授菩萨戒仪《教行录》《金园集》
				别立众制《天竺别集》
				训知事人《国清百录》
				警策将来
				日用轨则
				坐堂
				普请
				训童行
				月分须知
一			真归门第九	住持示寂(细目15条见前与《敕修百丈清规·住持章第五》比较条)
				亡僧(细目11条见前与《敕修百丈清规·大众章第七》比较条)
法器章第九	钟	大钟	法器门第十	钟
		僧堂钟		
		殿钟		
	版			版
	木鱼			木鱼
	椎			椎
	磬			磬
	铙钹			铙钹

续　表

《敕修百丈清规》目次			《教苑清规》目次	
法器章第九	鼓	法鼓	法器门第十	鼓
		茶鼓		
		斋鼓		
		普请鼓		
		更鼓		
		浴鼓		

由上表可知,二者在内容上相似之处较多。虽然章节排列不同,《敕修百丈清规》分为九章,《教苑清规》则分为十门,但二者名称大体类似。

《敕修百丈清规》有四章是专谈法务活动:(一)《祝厘章》,列举对朝廷的六项祝赞法式。(二)《报恩章》,颂赞国恩、佛恩之广大。(三)《报本章》,谈佛降诞、佛成道涅槃、帝师涅槃这三个纪念日的活动礼仪。(四)《尊祖章》,谈达磨、百丈怀海、开山历代祖、嗣法师圆寂纪念日的活动礼仪。《敕修百丈清规》关于祝赞的编次体例基本为《教苑清规》所沿袭,不同之处是,《教苑清规》只开列《祝赞门》、《祈禳门》、《报本门》三章,而将对应于《敕修百丈清规》的《尊祖章》的内容合并到《报本门》中,这与佛与祖师在天台宗史书《佛祖统纪》中皆被列入本纪的安排是一致的。第二,《百丈》将"住持示寂"归入《住持章》"迁化"条,将"亡僧"归入《大众章》"亡僧"条;《教苑清规》将"住持示寂"和"亡僧"另立一门,曰《真归门》。第三,《敕修百丈清规》立有《节腊章》,《教苑清规》则有《诚劝门》与之相似,不过后者特别重视安居期间的修学,在安居仪中列有诸种讲学仪则,这点不同颇能反映出禅寺重"冬禅",教寺重"夏讲"的特征。又如《教苑清规》在两序职事名称中立"忏首"一职,体现出天台宗重视修三昧忏仪的特色。

(三)《教苑清规》十门大意

《教苑清规》之十门中的前三门用意是报父母恩、众生恩、国王恩、三宝恩四恩。《住持门》、《两序门》两门是丛林职事制度,《摄众门》、《安居门》、《诫劝门》三门是僧众修学制度,《归真门》是丧葬礼仪,《法器门》是法器的使用说明。

《祝赞门第一》记载圣节、每日祝赞、景命四斋日祝赞、藏殿祝赞、千秋节、善月等对帝王圣寿万岁之祈愿,祝赞的目的如《祝赞门·序》所说:"普天之下,莫非王土;率土之滨,莫非王臣。自三公九卿百官,以至于庶民,皆有常职。职不修而罚从之,故不得不尽其职也。况国家不以此责吾徒,而优礼过之,盖尊其道而崇其教焉尔。为吾徒者,盍思所以报酬之道。其于盛演宗猷,阴翊王化,当尽其职,无或怠焉。"其意是说,官民皆有常职,而僧尼不种田,不管事,不修官民的常职,既不能治国齐家,又不缴纳赋税,因此当思报国土恩,通过诵经祈祷祝愿,为帝王祈福,以报国土供奉之恩。

《祈禳门第二》包括祈祷、接官、祈晴、祈雨、祈雪、救日、救月、遣蝗、谢晴、谢雨等项,通过做法事祈福消灾。这些祈祷仪式之设立是因为"佛以慈悲为化,天以好生为德,然而下民自孽,致感失经背常之事",天下出现各种灾难,百姓受苦,作为一个受十方信施的僧人,为报众生之恩,怜愍其苦,理应为民祈祷,救众生之苦,令他们祸消福至。

《报本门第三》倡扬报诸佛祖师之恩,佛祖之恩是度脱吾人出世解脱之恩,佛祖凡有所说皆是僧人依据修行之本,"一大藏教,本众生之性,诸佛揭而示之,诸祖对而扬之,以文字广第一义,流行世间。俾诵其书、修其道者,皆有以复性之本,陟佛祖之阶也"。如果能修成正果,则不但报了佛祖之恩,亦报了累劫父母之恩。此门列举佛诞生、成道、佛涅槃之忌日,以报佛出世度生之恩。其次列举国忌、智者大师忌、开山历代祖忌、嗣法师忌,以报历代天台祖师之恩。另有檀越忌，是为曾护持寺院的檀越设供追荐修福，报众生恩。《报本门》中，如来降生、成道、涅槃之日的忌供与《敕修百丈清规》所述基本雷同。现今所举行的佛忌中，以四月初八如来诞辰日最为隆重，并演变为佛教信众的欢喜节日——浴佛节。

《住持门第四》是对住持入主寺院之仪规、入主后对外交流和对内说法接引等的规定。包括议举住持、请新住持、新住持入院、住持常用、退院等五个大目，其中请新住持、新住持入院、住持常用等又有许多细目规定。其中，丛林之礼占据了大部分内容，如迎请新住持的仪式，包括十个细目，主要是关于寺院专使如何去他寺迎请新住持，新住持与专使的礼仪应酬，及辞别所在寺院僧众的种种规矩。《住持门》中提到的住持常用事项共有八件，主要是关乎住持说法及代表寺院与其他丛林来往及信众应酬等的事情。

《两序门第五》是说辅助住持管理寺院事务的两序所司之职。东序选精通世事者担任，称为知事；西序选学德兼修者担任，称为头首。两序以等级分司，统称为知事人员（一级）、主事人员（二级）和头事人员（三级）。以承担的职责轻重又可分为列职与序职两部分。列职相当于职务，侧重按办事能力和工作需要列其职别；序职相当于职称，侧重按出家资历和修持功夫定其位次。《教苑清规》两序的职称基本沿用禅规，但名称稍有不同，亦有教寺独特的职事名称，如"忏首"，专务忏法修持的指导。

《摄众门第六》是僧人从最初剃度出家到游方修学的种种规定，包括十一事项。剃度是僧人的终身大事，象征着其人从此要过不同俗世的丛林生活，其仪式在《教苑清规》中分十门加以详细说明。剃度以后，便是受戒护戒。其次第是先受五戒，次受十戒乃至进受比丘戒和大乘菩萨戒。其次是准备道具，亦即僧尼随身携带之物。通常有三衣六物、十八物、百一物等，《敕修百丈清规》卷下《大众章》"办道具"条举出十三种道具：三衣、坐具、偏衫、裙、直裰、钵、锡杖、主杖、拂子、数珠、净瓶、滤水囊、戒刀。《教苑清规》则举出十五种，除了上述十三种外，尚有如意和香炉奁两种，这是因为如意象征说法，香炉象征修忏，而此两事正是天台宗所重视的。僧人除了在本寺修学外，还应该外出参访大德善知识，增进学德。在外云游参学时到十方丛林居住最重要的一件事是"挂单"（或叫"挂褡"）。挂褡有一定规矩，僧人须先到客堂，作礼招呼，依一定的仪式放置行李，然后由知客或照客依礼接待，询问挂褡来意后，便送进客房居住。

《安居门第七》规定了天台宗的修持和讲学制度。其目共有 19 条，分为三部分。一为安居前后的仪式准备等，包括：出草单、出图帐、启沙水、结制、直日须知、兰盆会解制等。其中，草单指安居时的戒腊簿，出草单即登记戒腊。出图帐是按戒腊分别给安居期间僧众重新编排位次。如行道位图、修忏位图、僧堂钵位图、讲筵位图等上下位次的排列。启沙水指洒净仪式。结制与解制即正式安居与安居期满时解除夏安居之制。二是安居期间的修持制度。三是教寺的讲学制度。这些都是有别于禅寺的独特的修行制度。

《诫劝门第八》收录了几位天台祖师关于教制的文章，包括智者大师所制的《立制法》和《训知事人》两篇、知礼大师和遵式大师的《授菩萨戒仪》、遵式大师《天竺别集》中的《别立众制》。另外，尚有教诫僧众精进修学的几篇警策文，有《警策将来》《日用轨则》《坐堂》《普请》《训童行》《月分须知》等几篇。《日用轨则》包括了从早起至睡眠僧众一天的正念生活起居之轨仪。《坐堂》是指在僧堂之中坐禅的规定。《普请》指寺院中普请大众令从事作务劳役，现今一般称"出坡"。《训童行》指和尚于每月初一、十五日等，召集各局务之行者于寝堂听受训示。《月分须知》则以一年十二月为序列举僧众在每月的特定日期所当修举的僧事及修学活动。

《真归门第九》是关于寺院住持示寂及亡僧的后事处理和追荐仪式，其仪式与俗人大不相同。佛教寺院的丧葬礼仪一般分成住持和普通僧众两类。住持的丧葬在寺院中是一件大事。当住持病重，预感到自己即将圆寂，多会主动请求搬出方丈，住进东堂，留下遗嘱，安排自己的后事。处理住持后事的仪式有：入龛、请主丧、请丧司职事、孝服、佛事、移龛挂真读遗偈、大夜上祭系念、出丧挂真奠茶汤、荼毗(火葬)、全身入塔、灵骨入塔、唱衣、下遗书、管待主丧及丧司执事人等十五目，仪式备极哀荣。

普通僧众圆寂，丧葬礼仪自然不可能像住持那样规模盛大，但同样也有一套类似作法。《教苑清规》关于清众亡僧的后事处理仪式有：抄札衣钵、浴亡入龛讽诵、请佛事、估衣、伴灵、大夜上祭系念、送亡、荼毗、唱衣、入塔等十项。戒律规定，僧众亡故后，为了追荐修福，其遗物通过"唱衣"的方式，分归僧众或常住寺院。或将三衣等轻物分与现前之僧众，金银、田园等重物则归为常住。丛林大众则为其做法事以为超度，增上品位。普通僧人(包括职事僧)圆寂，一切佛事活动、葬礼，皆由住持主持，其仪式与住持圆寂相比简略许多。

《法器门第十》是关于钟、版、木鱼、椎、磬、铙钹、鼓等法器的说明及其打法的规定，这些法器为日常行事、生活作息中集合大众之用，或于法会、仪式中领众所用。

三、《教苑清规》展现的天台教寺运作模式

作为天台宗寺院运行制度汇编的《教苑清规》，其名目安排和部分仪制虽参考禅宗的《敕修百丈清规》，但其所规定的日用律仪和修学制度则皆依宋代天台祖师所订的制度删减而成。相对于禅宗的每日参禅，《教苑清规》将富于本宗特色的天台忏法和研教观心定为僧众的日修功课。

追本溯源，最早的天台宗丛林制度是智者大师在天台山修禅寺创制的《立制法》，这是继道安大师《僧尼规范》之后将印度佛教戒律和中国佛教寺院生活相结合的又一次有力尝试，之后天台历代祖师

均有应时创制的各种教制仪规。

智者大师制定《立制法》的动机,颇类似佛陀制戒时的情形。据佛典记载,在世尊成道后的最初十二年间,比丘们道心真切,未有不如法行为,呈现出初转法轮时的"依法摄僧"的清净局面,佛陀给予"无事僧"的只是有关守护身、口、意的简单训诫。后来僧团人数增多,根机不齐,佛陀遂由"依法摄僧"转向"依律摄僧",靠戒律规范僧团。同样的,智者大师也遇到这种情况,他曾将前后弘法情况作了对比,发现当年"诸来法徒,各集道业,尚不须软语劝进,况立制肃之",可比拟于佛陀的"依法摄僧"局面。但数十年后他晚年最后一次入天台山时,却看到山上许多后学懈怠松散,出现种种不如法现象,一些僧人不能专心在道,心志荒怠,游戏佛法,"如新猿马,若不控锁,日甚月增"①。迫使智者大师亡羊补牢,制定教团制度,此可比拟于佛陀的"依律摄僧"。

因此,为了更好地管束晚学后生,使他们道业精进,智者大师于隋开皇十七年(597)四月,立御众制法十条,公布于众。他制定的《立制法》十条,从僧众的日常生活行事威仪到坐禅礼佛修行都作了较为细致的规定,并对违犯者加以强制性的处罚。强调无论僧知事还是寺院清众都应本着修行解脱的理念与大众僧和合共住,任何人都不得逾越此制。其文载录于《国清百录》,本书《诫劝门》转录,可谓天台丛林制度之嚆矢,至宋元时,天台制度逐渐成熟和规范化,从《教苑清规》中可见其发展脉络。

(一) 天台丛林的人事组织

丛林的人事组织主要由住持、职事和清众三部分构成,这是由早期的三纲制演变而来。早期的寺院是由三纲共同负责全寺事务的,

---

① (隋)灌顶编:《国清百录》卷一,《大正藏》第46册,第793页中。

三纲即上座、寺主、维那，是寺院中领导大众、维持纲纪的职僧。由于唐时丛林规模日渐扩大，三纲之制渐有变动，至《百丈清规》即以住持和十务取代了三纲制。住持是寺中最高领导者，是代佛传法、续佛慧命的关键人物，其职责主要为说法、安众、修造三大项①。十务是分管十项杂务的负责人，又称寮舍。每一寮舍置首领一人，管多人之营事，如主饭者名饭头，主菜者名菜头等。至宋元时期，住持职名不变，十务发展为两序。

1. 住持的选任与职能

《教苑清规》中对住持说法、安众的职责之规定与禅规基本相同，但亦从天台宗的立场出发做了少许变动。《住持门》对一寺住持如何受请、入院和管理寺院及领众修行等作了较为细致的规定。住持是决定一寺僧团运作是否能如法如律的关键人物，如《百丈清规证义记》说："丛林兴衰，在乎住持。住持美恶，在乎举请，荷担常住，在此一举；败坏常住，亦在此一举。"②正因为住持关系一院之盛衰隆替，因此清规对住持的德才有较高的要求。《教苑清规·住持门》说："凡登其选者，操大法之柄，诞敷圣言，启迪后学。昌法运于像季，惠生民于尘刹，乃所以裨王化，光世教也。"作为一寺住持，其根本任务就是住持佛法，使法运昌隆，普利群生。因此住持的选举尤显事关重大。

《住持门》第一目"议举住持"中，说到如何选举住持的问题，其程序先是由两序勤旧议定名额，举请"履践端正、学识高明、允合舆论、厮次相应、堪服众望者"，之后就是"准使院通例，十名阄三名，然后填金勘合申院。"这是由寺院提供候选名单，并申报官府，这种选住持的制度与唐代不同。唐代的三纲是政府任命的，而宋元时代的住持则是由当地州官和寺僧备文邀请。但这一制度实行起来并不容易，官

---

① 〔日〕无著道忠：《禅林象器笺》卷六。
② （清）源供仪润：《百丈清规证义记》，香港佛经流通处，1993年，第458页。

府虽然多能秉持公正客观的态度，以人品、学问为考虑条件，但是，反其道而行者亦大有人在。一旦住持出缺，尤其是寺产丰沃者，问鼎者众，交相射利，货贿官司以求住持之职。在这种情况下，住持职位之获得，无关乎学行之良窳，而取决于对于官司贿赂之多寡。官司也借住持之更迭以牟利，这是宋元以来的丛林衰象。自庆鉴于这一现象，不无感叹地说："凡诸山知事勤旧，不可以乡人法眷，私情贿赂，不择臧否，以玷教门。近代以来，树党徇私，德不称位，寺院废弛，宗风不竞，盖由此焉。"

天台宗最早的住持制度见于宋代知礼大师制订的"住持五德制"。

知礼大师创建的四明延庆寺是第一座有"教院"之称的天台宗寺院，修建此寺花费了许多人力物力。寺院落成的第二年（大中祥符三年，1010）七月，即经使衔陈状，奏闻朝廷。十月，随蒙降旨，准予"永作十方住持，长演天台教法"，并颁赐敕额，改称延庆院，永为十方传教住持制。

为了保证教院的灯火相传，以及维护此院作为天台十方丛林的规矩，知礼大师特意制订了"住持五德制"，即："一曰旧学天台，勿事兼讲。二曰研精覃思，远于浮伪。三曰戒德有闻，正己待物。四曰克远荣誉，不屈吾道。五曰辞辩兼美，敏于将导。"凡具有五德的，他便"无择迩遐，将授以居之"。

五德中，知礼大师强调"勿事兼讲"，这是因为当时台宗教典不全，遂有学者以兼讲华严来弘扬天台，使天台教观的弘扬不够纯正。天台宗的山外派就受了华严理论的影响，而提出了"观真心"之说，以致混淆视听，"淈乱法门，壅塞祖道"，所以专讲法华圆教才是天台弘传教观之正行。

宋代天台丛林兴盛，与知礼大师同为天台山家派代表人物的遵式大师也制订了《天竺寺十方住持仪》。宋咸平六年（1003），杭州刺史薛颜邀请遵式大师从天台山来杭住持下天竺寺。遵式大师自祥符八年(1015)创建天竺寺起,经过十七年的弘法传教,越发感到制订仪制规章的重要性,他说:"虽有王敕,作十方传教住持,然其隆替存人,聚散依法。傥人无规矩,摄众何言? 众若不存,法将谁寄? 及至尘生高座,苔覆修廊,牵复无门,空嗟来口,故立制数章,冀存长久。"①正是因为认识到寺院住持法主是佛法兴衰的关键,他在"齿发凋落,知死非遥"的暮年,也即宋天圣八年(1030)正月十五日,制订了十章有关一寺之主的行持法度——《天竺寺十方住持仪》。

在《住持仪》中,住持又称为法主,法主在南北朝时是僧官的名称,一般仅管理某一寺院之事务,相当于寺院的正式管理者,同时又是其精神领袖,后来人们遂称住持为法主和尚。《住持仪》对法主的德学要求、任命选退、对弟子的培养监督、三宝物的使用和待客之道等作了一番较为细致的规定。由于遵式大师对寺院规章制度的制订,天台教寺道风远播,僧徒威仪肃肃,以至他曾住持过的上天竺和下天竺二寺后来均被列入教院五山,成为天台宗修学的模范寺院。

2. 协助住持的两序

住持是寺院最高管理者,但僧团庞大,事务众多,故须另设僧职人员协助住持料理寺务,这些人员称为两序。两序由十务发展而来。十务是维那、饭头、菜头、火头、园头、米头、典座、侍者、浴主、庄主十种职位。唐时十务已区分为两序,只是界线并不分明,东、西序各职之间还可以互换。

宋代时除了住持的职责和名称没有变动外,十务演变为了四知事和六头首。四知事是监院、维那、典座、直岁。六头首是首座、书记、藏主、知客、浴主、库头。

元代颁行天下的《敕修百丈清规》则分五知事和十一头首,职事

---

① 《十方住持仪·序》,《卍续藏经》第57册,第46页上。

分为东西两序。从职事的性质来看,西序偏于宗教修行,东序则偏于生活、寺务。东西序的重要职事如下。

东序五知事：都监寺、维那、副寺、典座、直岁。

西序十一头首：前堂首座、后堂首座、书记、知藏、知客、知浴、知殿、侍者、衣钵侍者、汤药侍者、圣僧侍者。

列职杂务：寮元、寮主副寮、延寿堂主、净头、化主、园主、磨主、水头、炭头、庄主、监收。

以上职务各有其工作范围和职权。宗赜在《禅苑清规·龟镜文》中说明设立各种职事的必要性：

> 丛林之设,要之本为众僧。是以开示众僧,故有长老;表仪众僧,故有首座;荷负众僧,故有监院;调和众僧,故有维那;供养众僧,故有典座;为众僧作务,故有直岁;为众僧出纳,故有库头;为众僧主典翰墨,故有书状;为众僧守护圣教,故有藏主;为众僧迎待檀越,故有知客;为众僧请召,故有侍者;为众僧看守衣钵,故有寮主;为众僧供侍汤药,故有堂主;为众僧洗濯,故有浴主、水头;为众僧御寒,故有炭头、炉头;为众僧乞丐,故有街坊化主;为众僧执劳,故有园头、磨头、庄主;为众僧涤除,故有净头;为众僧给侍,故有净人。①

《教苑清规》中两序的职称和禅寺清规大部分相同,但亦有教寺独特的职事设置。《两序门》说到设立职事的用意：

> 两序之职,皆为众设。纪纲丛林,讲行礼度,流通教观,模范后昆,于是系者,曰西序焉。干蛊寺门,出纳帑庾,公心竭力,纤芥分明,于是务者,曰东序焉。作兴法社,于斯二者,如身二臂,岂可偏乎? 古人交互职之,备历繁重。及归师位,世出世法,任

---

① 《重雕补注禅苑清规》卷八,《卍续藏经》第 63 册,第 543 页下。

运应用,无不适宜。今岐分为二者,以至于东西相视,若传舍之
阅过客,甚而相诋不相客者,何哉?盖始度者,不闲于教训;又任
者,不择其贤否,故然耳。惟主斯柄者,慎之!慎之!①

这里说到两序的主要作用是为规范僧众之修持和礼仪,两序如身之
两臂,当和合共修为寺院出力,故任者应选择贤能之人以利僧团
和合。

《两序门》除了职事名称职责外,还载有教寺丛林的行事规则,其
条目包括:请名德都讲、侍者进退、两序进退、头首寮舍交割什物、方
丈管待新旧两班以及请两班归位等。其中,"请名德都讲"是天台宗
独有的,是天台宗重视修学的体现。

"侍者进退"以下几个条目涉及丛林的请职圆职制度,即丛林人
事安排和职务分配的行事。请职是于期头、期尾时的人事调动,每人
任期圆满,要向住持辞职;圆职即指任期圆满后要请职或再任一期。
"两序进退"是指两序僧职任期届满,新旧交接的仪式。

请职通常于每年农历正月十六日与七月十六日两个"期头"各举
行一次。丛林所施设的职务,分为序职、列职二类。序职是依个人的
年资、德业而分配担当的,其职务属永久性质,不必依任期请辞再叙。
列职则以六个月为一任期,每年分二任期,以农历正月十六日和七月
十六日为各期之期头。每一期头前的半个月,客堂开列新进堂及旧
有住众的名单,送方丈供其查阅。住持要选拔僧众中才能胜任且足
孚众望者出任各种职事。

关于人选,《教苑清规》提到西序头首与东序知事的德能条件:

头首乃丛林表率,务择才德相当者为之。近竞奢侈饮食财
物为事,使守贫抱道之士,愈甘退藏。法社何能振兴?知事乃山

---

① 《教苑清规》,《卍续藏经》第57册,第314页上。

门重任,务择廉能相称者充之。①

对头首、知事的基本要求是才德兼具。为了防止他们任职日长,妨废道业,也避免法久弊生,徇私丰己,所以任职期满的任序职者须主动向方丈和尚请辞,任列职者则向客堂请辞。其仪是:

> 若两班职事满日,待昏钟鸣,同诣方丈,插香触礼,一拜禀退。知事就纳库记、钥匙。其中或有再留者,住持就便委曲和会,不允其退。次早亲到彼寮,侍者烧香点汤,勉留。若新请两班,不可率尔。与其不得其人,不若不求其备。若果相称,未允所请,须委心腹人展转和会。惟首座、都寺,必住持亲往和会。②

丛林中,每当正月初八、七月初八,即两班职事满日,各职事依例请辞列职。方丈则于此时调动职务,认为人选合适的,便委曲和会,不允其退。如果对方不允所请,还要委托心腹人辗转和会。如果是首座、都寺,住持要亲自去和会挽留。

丛林的住持和两序职事的关系不像官僚中的上下级关系,而是平行的,既非上下,也非纵横的隶属,他们有弟子对老师的尊敬,却没有下级对上级的等级观念。出任各种职事的人员,虽由住持所请,却是为大众僧服务的。正式任职后,即各自执行其职责,秉公办理,即使对住持也不能徇私。因为对他们而言,奉献三宝是最高的信仰,所以尽心尽力所做的一切都是为了常住公益,为了护持僧人修行,并非为住持个人。因此,住持和专制时代政府的主官并不相同,他所负的重要责任,是指导全寺僧众实地修行并督导其品行。所以古代丛林住持可以基本不问日常事务,而将所有寺院运作事宜交给各有所司

---

① 《教苑清规》,《卍续藏经》第 57 册,第 316 页下。
② 《教苑清规》,《卍续藏经》第 57 册,第 317 页上。

的两序职事,他自己则领众修行,随宜说法,行其身教。

3. 清众

除了有关住持和两序的人事制度外,《教苑清规》中有许多制度是针对普通僧众设立的。普通僧众在寺院中称为清众,是寺院中的专心修行者。清众又称清净大海众、清净众。如同印度四大河流入于大海,即舍原名,皆成海水,比丘出家,亦舍以前之种姓族名,不分贵贱上下,皆成志求解脱的清净大众。人非圣贤,僧人在未成佛前,也是凡人,出家修行时久,也会出现"勇猛心易发,长久心难持"的疲怠之心,所以寺院会针对清众设立规章制度,促进僧人在共修中获得精进。《教苑清规》阐述的修学制度主要是参考智者大师的《立制法》和遵式大师的《别立众制》,其内容主要针对僧人的日常生活、威仪、修学制度作一规范,包括对集体修学不随众、不出勤、迟到早退的处罚,斋堂规矩的树立,如何维护僧堂共住,请假出外办事止宿的手续,对僧人打架、盗窃的处治等。

还有一些对生活威仪之细节的规定,均采用遵式大师所撰的《凡入浴室略知十事》和《纂示上厕方法》。由于寺院系集体生活,故教团对于洗浴、如厕等细节一向有严格之制规,如洗浴时不准讲话戏笑,衣分净触,鞋履勿使拖拽作声;如厕时照顾自他心念,注意厕所卫生,洁净身手时须持咒。

由丛林的各种具体制度来看,《教苑清规》构建了一个非常完整的修学系统,它比较全面而具体地反映了寺院的组织及其宗教生活、日常行事的全貌与细节,并尽可能地将天台宗僧人的日常生活和一切修行活动都纳入佛制和祖制的范围之中,以使一切有律可循,有制可依,实现僧众的和合共住。且可以改变作为教寺的天台宗寺院因长期缺乏如禅宗那样统一实行的清规而使僧团行事无所依循的状况,有利于僧众如法开展天台教寺特色的丛林制度。

（二）教寺的讲学制度

中国丛林寺院素有"冬参夏学"的传统，"冬参"的特色在禅寺中可以见到，而"夏学"的传统大部分保留在讲寺或曰教寺，这是因为讲经说法是后者的主要特征。

古代多数寺院习惯上在夏安居期间举行为期三个月的讲经活动，著名的天台三大部就是智者大师在几次的夏安居中讲授并由弟子灌顶记录成书的。在安居期间，一般来说讲寺的方丈要亲自上堂说法。如果有其他因缘不能说法，则要从外延聘他寺大德首座来讲授经论，这是天台宗的讲学制度。

天台宗一向倡导教观双美，对经典的讲说和义解十分重视，并把讲经作为寺院重要的修学制度确立下来，制定了培养人才的各种方案，这一制度至少从宋代知礼大师开始就已经实行了。知礼大师门下弟子龙象辈出，分灯多处，对当时天台教观的弘扬起了重要作用，这与他的善于教导徒众是分不开的。

知礼大师的教化方式有一个特点，那就是鼓励弟子们多学、多讲、加强道德修养。他在写给徒弟崇矩的信中说："愿汝精进教观，勤发行者，庄严净土。……知汝夜讲光明，日谈止观。为道既勤，闻之极喜。"[1]他希望崇矩精进于教观，并且做到解行并重。崇矩果然不负师望，在黄岩东禅、三衢景德等地大开法筵，受到各处欢迎。后来受到皇帝的赏识，赐以紫方袍。知礼大师曾亲自坐听其讲，听完以后，感到十分欣慰："吾道有寄矣"。

讲学和阅读天台教典是培养僧才的重要方法。如南屏梵臻受具足戒后，从学于知礼大师，知礼大师以天台诸学尽授之，唯独不传授他《摩诃止观》，而是令他自行阅读二十遍后，得到受用，方加以印可。知礼大师的教学方式在《四明尊者教行录》中有数篇文章载其事，并

---

① 《四明付门人矩法师书》，《大正藏》第 46 册，第 905 页上。

成为天台教寺的修学制度被弟子们继承下来。

《教苑清规》规定了天台宗僧人的学习内容和考核制度。初学入门者以阅天台四书为主，久学者以阅三大部五小部为主，在夏安居期间则另外有多种学习和考试形式。《安居门》中有"住持开讲"、"都讲头首开讲"和"维那点读"等专门为增进僧人学识而设的讲学制度，以及"三科习读"和"锁试"等检验僧人学习程度的考核制度。现略述其梗概如下：

第一，为学之要，先读天台宗入门四书。寺院是一个以广大出家僧众为教育对象的教育阵地，针对不同层次的僧众，其教导方法也有差别。对于毫无文化基础的沙弥、行者，寺院首先教会他们读书识字。对于已有一定文化基础的僧众，寺院让他们进一步学习佛学理论。天台宗讲学制度所针对的对象主要是后者。《教苑清规》提出，僧人学习天台教观的基本要求是读诵"四书"，所谓"为学之要，先读四书。四书旨趣，深广难穷"，四书是《天台四教仪》、《法界次第初门》、《菩萨戒义疏》和《小止观》。

初学者习读经典的首要任务是读《天台四教仪》，"此一书乃如来出世，五时施化，大小乘法，咸摄其中。先习此者，可知梗概，渐入佛道故也。"《天台四教仪》是高丽谛观法师所撰，此书记述天台教观二门之概要，自古被视为天台教学的入门书。因此《教苑清规》强调初学者一定要先读此书以了解如来说法的次第和基本内容。

其余的三部书着重于观行方面的教导和认知，均是智者大师的著作。《法界次第初门》也是初学天台教观者的术语名相入门书。本书计分六十门，首先叙述凡夫染污苦集之法，其次谈及菩萨因行定慧诸门，最后列如来果德。初学者在本门中可以认知基本的佛法名相和修习禅定的深浅名目等。知礼初到宝云法师座下学习，也是先习《法界次第初门》。《菩萨戒义疏》是天台智者大师注解《梵网菩萨戒经》的一部注疏，共二卷。天台、净土宗所传的大乘圆顿戒专依此书而立,初学者读此书可以巩固戒行,并发起事事均能为他人着想的菩提心,与大乘菩萨道速疾相应。《小止观》即《童蒙止观》,这是一部修行止观的入道枢机之书,分十科(具缘、诃欲、弃盖、调和、方便、正修、善发、觉魔、治病、证果)来阐说修习止观的要领。这十科是《摩诃止观》之梗概,初学读此,可对天台观行有一初步了解,以便对佛法生起欣慕之心而乐意修学。

《教苑清规》规定的这四部必读入门书包括大乘戒律、大乘教理、大乘行果等方面,可谓戒、定、慧三学具足,几乎统摄天台佛教教观的总纲,为僧众日后研读天台三大部等教观著作打下坚实的修学基础。

第二,安居期间由住持与都讲讲演教观。除了平时的学习外,夏安居期间是僧人集中学习天台教观的时间,此时由住持为大众开讲经论,"讲说训徒,乃住持当然之事;研几索隐,为学者当须究心。"《安居门》的"住持开讲"条记载了住持讲经的仪轨。四月二十日,即举行修习大悲忏的当天,讲经法会启讲。启讲的前一日侍者必须禀白住持,告诉他要开讲某文至某卷某科,并令堂司行者将"开讲牌"挂到僧堂前通知大众。

讲经地点为法堂,僧众在等待住持前来时先诵《法华经·嘱累品》,表示不负佛所嘱托弘扬大法之意。等住持到了法堂后,全体僧众持具起立迎接住持,经过一番烧香问讯之后住持即登座说法。

由于住持平日事务较忙,所以他的讲经还要由侍者帮忙"点对部文,预分科目",有必要之时,侍者还须将住持的讲经内容整理成笔记,供后人研读。

"住持开讲"条还说到天台教寺除了本寺住持外,还会延请他山住持、西堂首座道旧来讲经,说明教寺对讲习经论一事的确是十分重视的。此外,教寺还请名德僧人都讲以及都讲头首开讲。

都讲本是古代经论讲会中所设的职称。魏晋南北朝时,佛教学者讲经采取一问一答方式,由都讲负责发问,讲师对经论详加讲解阐发，使听众容易理解文义。《佛祖统纪》卷三十七记载，天监三年（504），梁武帝御重云殿讲经，"以枳园寺法彪为都讲，彪先一问，帝方酬答，载索载征，并通玄妙"①。可见都讲最早的职责是负责发问，并不参与讲经，但后来其职责发生了变化。《释氏要览》卷下《说听篇》中谓："都讲，即法师对扬之人也。……今之都讲但举唱经文，而亡击问也。"②说明都讲已经由"与法师对扬之人"变成了举唱经文之人，后来又变成讲演说释之人，原先的发问者身份就被取消了。后世于安居期间曾设置"都录"之职，即源于都讲之制。但《敕修百丈清规》已没有都讲一职，倒是重视讲学的天台宗清规保留了都讲一职。

在天台讲寺里，除了都讲开法座讲经外，其他头首也不定期地开讲，由此看来，教寺的讲学风气确是十分兴盛的。

安居的三个月期间一般是每日讲经，但也有特殊情况，尤其是六月盛夏，天气十分炎热，故可由住持来决定是否罢讲。所以自庆说"六月隆暑，罢讲或不罢，在住持行之"③。

第三，以三科习读和锁试促进僧众修学。为了让后学能够多一些机会学习佛法，住持有责任督促后学精进修持，采取一些促进修学的措施。《教苑清规》云："古人行道，不惮寒暑，坐夏九旬，必期取证。住持首座，鞭策晚生，毋使怠惰，当效古人，行习读、锁试之法。"④这里的习读和锁试是训练讲经人才的主要方式。习读在《教苑清规》中称为"三科习读"，锁试则是在三科之后所进行的笔试。

三科习读是仿照封建社会中三科取士的形式，培养讲经人才。每年夏天安居讲次期间，住持为了"勉励才能，策勖后进"，也举行"三科取士"。这里说的"三科"是：一、复讲科，指住持讲经后，弟子能准

---

① 《佛祖统纪》，《大正藏》第49册，第348页下。
② 《释氏要览》，《大正藏》第54册，第295页中。
③ 《教苑清规》，《卍续藏经》第57册，第343页中。
④ 同上。

确重述所讲;二、开科科,指弟子能初步讲述住持次日将要讲的经籍内容,相当于现在的预讲;三、诵文科,能诵读所习之文。这三科均有不同的考核方式,在《安居门》中有详述。

锁试之法是天台宗培养僧才的一种行之有效的方法,宋代知礼大师即已采用此种考核方式。《四明尊者教行录》中有《绛帏问答三十章》、《试问四十二章》和《教门杂问答七章》等记载其事。其中,《绛帏问答三十章》是四明知礼大师与净觉仁岳的问答,其序云:

> 天禧改元春二月四日,延庆座主出山家教义凡三十条,褰绛帏问诸子。其词惟要,其旨甚微。俾无或者兴布教之功,令不敏者奋强学之志。门人仁岳率尔而对,斐然成章。非求鲁国一字之褒,盖请武津四择之诚。①

大中祥符七年(1014)夏安居期间,知礼大师讲授天台教观时,"未知学者浅深之解",所以出《教门杂问七章》及四教四谛义数问,让门人作答,门人自仁"所答最胜",为当时学者盛传。《开帏试问四十二章》也是知礼大师出卷给弟子们考试,他想知道"勤勤习学"的弟子们究竟对一家教观津要领会得如何,所以撰写了诸部文义四十二条,开帏试问。让他高兴的是弟子们"征文说义,一一答上"。从此,由法师开帏出问,弟子回答的形式就成为了天台宗的教学考核制度,"四明延庆法智法师,出教义策试生徒,名《开帏四十二章》,至今以为法"。

知礼大师的这一问答考试方式被弟子们继承下来且加以改革发扬,《佛祖统纪》载:

> 法师中立,鄞之陈氏,赐号明智。……及神智断主南湖,复依之。熙宁中,神智开帏设问,答者二百人,无出师右。②

---

① 《四明尊者教行录》卷三,《大正藏》第46册,第878页上。
② 《佛祖统纪》卷十一,《大正藏》第49册,第220页中。

又载:

> 法师思义,字和甫,湖之武康凌氏。试《法华》,中第一,得度。依明智学,随闻随悟。(明智)尝开帏出十问,师答之,悉契旨。①

神智考弟子明智,明智又考弟子和甫,代代相承。这种形式独特的天台宗考试制度,在宋元之时曾流行一时。但到了自庆所处的元代末期,教门衰微,如此严格的锁试之法早已废弃不行。所以自庆法师在《教苑清规》"锁试"条中曾感慨地说:"锁试之法,废久不行,今姑存之,俟有作兴者。"因此他在书中提及四明尊者的《绛帏问答三十章》、《试问四十二章》,并将锁试之制详细的记录下来,希望后人能够予以发扬。

可以说,天台教团在讲学方面已经积累了丰富的实践经验,其讲学的内容和形式越来越丰富完整。这些讲学制度在中古教育史上占有重要的地位,是丛林学修一体化的最理想模式,它对当今僧众教育特别是佛学院校的教学制度也有着极其重要的参考价值。

古代的讲学制度是人能弘道的思想,凡有德学者必弘化一方,座下依栖数百乃至上千人,门下如有杰出者另外分灯弘化,因此天台宗保持了最原始的佛门讲经规范和弘化制度,保持了原始大乘佛教重视义理思辨和启发式教育的特色。

(三)重视忏法修持

忏法修持是天台实践门的特色所在,是天台丛林修持制度的核心内容。忏悔法门在佛教僧团中的应用,首先与戒律有关。声闻律中,僧人若犯戒,须以忏悔形式向僧众发露过错,表示改往修来之意。

---

① 《佛祖统纪》卷十一,《大正藏》第 49 册,第 211 页上。

智者大师非常重视修持方法的规范化,他讲了一系列的止观法门。为了加强弟子们在修证上的功夫,他又制定了以中道第一义空思想为指导的,行仪详备的忏法,兼有理忏和事忏结合的特点,三根普被,利钝全收,作为僧团止观运心的依据。

关于四重罪,声闻律认为无法忏除,道宣律师则引用《涅槃经》的说法,认为犯四重罪之人可以通过戒定慧之修习与护持正法之心来忏悔其罪。尽管现世仍然要受"头目等痛,横罹死殃,鞭打饥饿"等种种现报,但通过忏悔已能免除地狱之果报,这在佛法中是值得庆幸的事情。

大乘忏法由忏悔现世四波罗夷的重罪,进而演变为忏悔无始以来的三障——烦恼障、业障、报障,也即忏悔无始以来的一切恶业,并通过礼佛来消除无始恶业,这成为中国佛教忏法的最大特色。道宣律师曾会通大小乘戒律,将忏法分为理忏、事忏、律忏三类,理忏是依《般若经》修习实相空观来除灭见思,事忏是依《方等》修习行仪忏法来消减罪业,律忏是依据律典行忏羯摩来恢复戒体清净。

智者大师则将忏法分为作法忏、取相忏、无性忏,并在《次第禅门》中详细解释了这三种忏悔。

一、作法忏:依据佛陀所制之戒律而自说一己罪咎,不敢覆藏。亦即身礼拜瞻敬,口中称唱赞诵,心意观想圣容,三业殷勤,一一依于法度忏悔过去、现在所作之罪业。

二、取相忏:入禅定静心,在静心中运忏悔之想,以期感取佛、菩萨之奇瑞,而消灭烦恼性罪。亦即若能感得一瑞相,即可灭除一罪业。所谓瑞相,有清凉风、微妙香、光明、宝楼阁、佛之显现等十二种好相。

三、无生忏:以观罪性本空的究竟义为中心,由慧的悟入来忏罪,乃大根机者所为。如《观普贤经》所谓"若欲忏悔者,端坐念实相,众罪如霜露,慧日能消除"。

　　智者大师对忏法的三种分类，体现了忏悔制度从印度僧团布萨忏摩到汉地忏法的一种转变过程。以无生忏、取相忏为实践指导，智者大师制有四部忏仪：《请观世音忏法》、《金光明忏法》、《方等三昧忏法》、《法华三昧忏仪》。天台四部忏法的仪式大致相同，均设立十科，包括严净道场、清净三业、香华供养、召请、赞叹述意、称三宝及散洒、礼敬三宝、修行五悔、旋绕自归、唱诵经典等轨式。

　　可知，与禅寺以参禅为主要修行方法不同，天台宗注重修持三昧忏法。修忏之举一直为天台山家派所重视并延续下来，《教苑清规》中有一个极具教寺特色的职事名称：忏首。明初著名的天台宗大佑法师，即曾于弘教天泉泽会中担任忏首一职。

　　宋元以来，修忏之风盛行，领众修持的主忏者是其中一重要角色，因此自庆才将此一职事列入《教苑清规》。忏首的职责是：

> 　　三昧忏法，惟自山家。任斯职者，宜须解行全备。若自既昏昏，焉能使人昭昭？务在表率行人，朝夕策导。敷陈启白，若对圣贤。坐诵绕旋，常存观道。能障所障皆泯，能忏所忏俱忘，终日加功，终日无作。先以无生理忏为主，方用事仪。事行既勤，理观弥进。当慕慈云，以为标格。或谓圆顿，无如是行，良可愍焉。①

忏首的任职要求是"解行全备"，且能"表率行人，朝夕策导"，也就是能在自行、化他上均能得力之人。忏首应当以慈云遵式大师为学修榜样，精勤修忏，领众修持。教寺中忏首的职位相当于禅宗中的首座，"盖山家忏首，此任非轻，良以宗说俱通，解行全美，与首座等耳"。

　　关于修忏，除了忏首之职的设立，天台教寺还有专门的忏殿、忏堂。《教苑清规》中多次出现忏堂、忏殿的名称。忏堂指专门修习忏

---

① 《教苑清规》，《卍续藏经》第57册，第314页中。

法的僧堂,忏殿是专门为修忏而设的殿宇。天台宗寺院历来有忏法堂、忏堂或忏殿等用来殿堂设置,早在唐代,天台宗寺院就有创设法华忏堂、方等忏堂的记载。天台十五祖螺溪羲寂在德韶法师的帮助下重建传教院时曾重构忏堂,慈云遵式大师也曾亲自在天竺寺创设光明忏堂,"一椽一甓,必诵《大悲咒》七遍。"①延至后世,忏堂或忏殿成为天台宗寺院建筑区别于禅寺的一个重要特色,行忏也成了天台山家一种重要的修持方法。《教苑清规》中还绘有修忏位图。

《教苑清规·安居门》有"修大悲忏法"一项,规定"大悲忏"为每年结夏安居时的必修课。知礼大师著有《千手眼大悲心咒行法》一卷,今人常称《大悲忏》,系以观世音菩萨为主尊,以持诵《大悲咒》为主要内容,藉圆满神咒的诵持功德,配合事行与理观的修持,以达到为己及一切众生忏悔灭罪,证圆顿妙果,成就无上菩提之目的的忏法。知礼大师将此仪轨定位于《摩诃止观》四种三昧中的"非行非坐三昧"。由于他和遵式大师的倡导,宋代修忏之风盛行,至元代时,《大悲忏》在丛林中广为僧侣实践,并被编入《教苑清规》,成为寺院定期的功课。如安居时的启沙水也即洒净仪式上,要集合僧众念诵《大悲咒》,这在《教苑清规》"启沙水"条有记载。

除了大悲忏外,教寺也常常举行大小弥陀忏。大小弥陀忏指遵式大师所制的两部净土忏仪:一是《往生净土忏愿仪》,又称《大净土忏》;另一为《小净土忏》,即《往生净土决疑行愿二门》中的"第一礼忏门"。

《往生净土忏愿仪》是遵式大师于大中祥符八年(1015)为侍郎马亮所撰。此忏是根据《无量寿经》及《称赞净土佛摄受经》②而立的忏法,以七日为期,礼拜诸佛菩萨,念诵《佛说阿弥陀经》及持佛圣号,以

---

① 《释氏稽古略》卷四,《大正藏》第49册,第863页中。
② 《无量寿经》,《大正藏》第12册;《称赞净土佛摄受经》,玄奘法师译,即罗什法师《佛说阿弥陀经》的异译。

忏悔业障,清净三业。其效验是得证念佛三昧,临终无诸怖畏,往生净土,并以此功德追荐亡人往生西方。

"小净土忏"即遵式大师所著《往生净土决疑行愿二门》中"行愿门"之下的"礼忏门"。《往生净土决疑行愿二门》分"决疑门"与"行愿门"。"决疑门"主要是针对当时修持净土之人所生的疑惑之障所作的解答。"行愿门"说到往生净土的正因,共分四门:一、礼忏门,二、十念门,三、系缘门,四、众福门。此四门各有其特殊功用,也可以并修。遵式大师说:"具修此四行者,最上最胜。然相由虽尔,若或少暇,但随修三二一者,皆生彼国。"①其中"礼忏门"被视为小净土忏,是因为它具有仪轨的性质,所以被单独列出来。

《教苑清规》提到,每年七月初一日为报父母恩而启建的兰盆会就是以修弥陀忏为主。启建兰盆会的前一日,堂司行者挂牌报众,整肃忏殿,敷陈供养。次日早晨,鸣忏殿钟,众集,由忏首先举弥陀圣号,然后大众共修小弥陀忏。兰盆会启建后便是修大弥陀忏。这一仪式也是由忏首领众念诵《弥陀经》或《兰盆经》,然后行道、称念佛号,最后回向。一直到七月十五圆满日,修行大弥陀忏共十四日,主要是以此修忏功德超荐存亡父母。根据"月分须知"条,七月兰盆会时,僧众每天的修忏念诵活动大致如下:晨朝修《小弥陀忏》,早粥后修《大弥陀忏》,午斋后诵《盂兰盆经》,至晚诵《弥陀经》,共有四堂功课。

除了大悲忏和净土忏为教寺共修制度外,天台教寺经常举行的忏法还有《金光明忏法》。《金光明忏法》是智者大师依北凉昙无谶所译的《金光明经》而制订的忏悔法。《金光明经》与《法华经》、《仁王经》同为镇护国家的三部大乘经典。经中宣称,若诵读《金光明经》,国家可获得四天王之守护,如经中所言:"诸人王受持是经,恭敬供养

---

① 《往生净土决疑行愿二门》,《大正藏》第 47 册,第 146 页上、中。

者,为消衰患,令其安乐。复能拥护宫殿、舍宅、城邑、村落、国土、边疆,乃至怨贼,悉令退散,灭其衰恼,令得安隐。亦令一切阎浮提内所有诸王,无诸凶衰斗讼之事。"①经中还有多处描述受持此经可获得保护国土、消弭战争之功德,故此经自译出后即受到历代帝王的重视。诸忏中以此忏成为为国行忏的主要修法,故亦名吉祥忏法。后来知礼大师又依义净译的《金光明最胜王经》制订了《金光明最胜忏仪》,较为简单实用。

《金光明忏》的修习一般在正月初一日(岁朝)和冬至日,"月分须知"条云:"岁朝,各寺祈祷,或修光明忏七昼夜,或三昼夜","冬至或修光明忏,或供天。"金光明忏法对斋天仪式有重大影响,所以元代以来,教寺乃至禅寺大多在正月初一举行金光明忏法或斋天仪,以期在一年之中获得诸佛菩萨和护法诸天的庇佑。

(四) 以坐禅观心为实践内容

天台宗历来重视止观法门的修持,并从创始人智者大师开始就定下昼讲夜禅的制度,智者大师晚年在天台山制订的《立制法》十条中即有"依堂之僧,本以四时坐禅,六时礼佛,此为恒务,禅礼十时,一不可缺"的规定,延至后来,成为天台宗独特的修学传统,所谓"止观双运"的宗风是也。

天台宗的坐禅与禅宗以参究为主的坐禅内涵不同,天台宗是以研教观心为入手处,提倡止观并重的行法。故《教苑清规》在《诫劝门·日用轨则》"坐禅"条之首说道:"凡学道者,览教照心,研心作观,故诸祖昼讲夜禅,岁无虚日。"昼讲夜禅是天台宗祖师讲说并行的实践原则,后代学人未必尽能昼讲夜禅,但在学教之余暇,亦应践行闻思修慧的修学次第,将所研习的教理对应自心加以观照,这在天台宗

---

① 《金光明经》卷五《四天王品》,《大正藏》第 16 册,第 342 页下。

称为"开妙解、起妙行"。

智者大师关于止观的著述颇多，他的《修习止观坐禅法要》一书，是天台宗初心人修证入道最为切要的法门，《教苑清规》将之列为入门必读之书，并将坐禅列为天台僧人在安居期间的一门必修功课。

"坐禅"条对坐禅姿势和观心之法作了简单说明。坐禅包括调身、调息，调心。调身一法提到行者坐禅时的身姿可分半跏趺和全跏趺两种，一般称为单盘和双盘，此二姿势能使身体安稳久坐，无所妨碍。置左右足之一于另一侧之胜，名为半跏坐。全跏坐则有吉祥坐和降魔坐二种形式：一、先以右足压左股，后以左足压右股，二足掌仰于二股之上，手亦左手居上，称为降魔坐。二、先以左足压右股，后以右足压左股，手亦右手居上，称为吉祥坐。二坐均可。坐姿调整以后，身体朝向正前方，稍缩下颚，使鼻和脐相对，垂肩，含胸，拔背，尾闾中正，变成不曲不耸的姿势。其次，两唇合拢，舌抵两齿间上方。再次，两眼轻闭，但求遮断外光即可。

调息是在调身的基础上调好出入息。修行者的心境与鼻息有密切关系。《摩诃止观》中介绍息有四种相：一风，二喘，三气，四息。风相是坐时鼻中之息，出入有声；喘相是鼻息出入结滞不通；气相是鼻息出入不细。坐禅时出现风、喘、气三相，是名不调。最符合要求的是息相，即坐时鼻息出入无声，不结滞，不粗浮，出入绵绵，若存若亡，资神安稳，情抱悦豫。

调息之法是端坐后做深呼吸三次，久修者一次亦得。若于坐中出现气息不调的情况，应当下住安心，并将心安于气海丹田，或观想气从遍身毛孔出入，通行无障。如此息调则众患不生，散心易定。智者大师于所著《六妙法门》第二章"次第相生六妙门"中介绍调息的方法有数息和随息二种，并强调数息一法乃共凡夫、外道、二乘、菩萨之修法，然由于慧观有别，故所证大小不等，所以智者大师力倡圆顿观法，俾使行人获证最高行果。

坐禅中最要紧的地方是调心。调心的目的主要是要调理昏沉和散乱二种有碍禅定的大随烦恼,令心不浮不沉,寂静清明。若坐时心中昏暗,不能明记,头好低垂,是为昏沉。这时应当提起精神,集中思想,令心安住在所缘之境,或系念于鼻端,安心于发际、眉间(两眉中心),可以对治昏沉。若坐时心好掉动,妄念纷驰,寻思杂事,是为散乱。这时应安心向下,最好安住在气海丹田或肚脐中,以止住散念,渐渐可得入定。

调心入定是慧观之基础,亦是修持证果的关键,天台禅观方法要求"观现前刹那一念妄心"。此即天台山家派主张的妄心观。妄心观是说,于一心三观、一念三千中,所观之境若一心一念皆为凡夫心念情识上的微细刹那心。此观法在《摩诃止观》的"观阴入境"部分有极为详细的阐述。《诫劝门》的"坐禅"条引用知礼大师的《修忏要旨》来说明观心之法:

> 四明尊者云:"观一念识心,德量无边,体性常住。十方诸佛,一切众生,过现未来,虚空刹土,遍摄无外,咸趣其中。如帝网之一珠,似大海之一浪。浪无别体,全水所成,水既无边,浪亦无际。一珠虽小,影遍众珠,众珠之影,皆入一珠。众珠非多,一珠非少,现前一念,亦复如是。今观诸法即一心,一心即诸法,非一心生诸法,非一心含诸法,非前非后,无所无能。虽论诸法,性相本空,虽即一心,圣凡宛尔。即立即破,不有不无,境观双忘,待对斯绝,非言能议,非心可思,故强示云,不可思议微妙观也。"①

与山外派的真心观不同,天台山家派代表人物四明尊者提倡以妄心为下手处的观法,知礼大师认为圆教的观心,必须就凡夫的微细

---

① 《教苑清规》,《卍续藏经》第 57 册,第 342 页下。

心念来彰显三千三谛的圆理，也即通过观迷妄的凡心而达到实相真如的理心，在禅定的基础上，开妙解，发妙悟。

天台宗重视坐禅及由之而来的验证，验证有两种：一是善根发相，分息道善根发相、不净观善根发相、慈心善根发相、因缘观善根发相、念佛善根发相五种，能引发诸种功德善根；二是三根验相。在智者大师所撰的《法华三昧忏仪》中有三根验证之相，皆是坐禅中出现的境界。如戒根清净中品人于坐禅中见诸瑞相，身心庆悦得法喜乐。慧根清净者上品人能于禅定中见普贤菩萨、释迦、多宝世尊及十方佛，得无碍大陀罗尼，获六根清净。

因此，坐禅是修行者成就正果的必备条件，是获得般若的重要资粮。智者大师将小乘五门禅法中的数息观与大乘实相观法结合起来，在《摩诃止观》中，以圆顿观法导入此行法的修持，说明系念数息乃至一切行皆与理观相应，皆可得证一切三昧门、禅定门、辩才门、解脱门、陀罗尼门等诸法门。

后人继承了天台宗重视修学止观的传统，建立了严谨的修学制度。相对于禅宗的禅堂，天台宗寺院中建有坐禅观心的止观堂。历代对止观堂的命名不同，如明代天台宗中兴祖师传灯大师居天台山高明寺，在楞严坛东侧建不瞬堂。他撰有《不瞬堂记》，记述堂名的由来是"人之六根，主之者心，心中动，则眸子瞬焉；心中不动，则其不瞬焉"，又"童子在襁褓而目恒不瞬"，故将修止观的殿堂称为不瞬堂。这一堂名充分体现了天台止观学说的醍醐之味。

综上来看，《教苑清规》是一部比照禅寺《百丈清规》而编撰的教寺清规，是现存唯一一部详尽记载教寺运作模式的清规，《教苑清规》各章节都论及颇具教寺特色的修持方法和丛林日常运作规范，从这些规定中可以看出，《教苑清规》的编撰，目的在于制定出一套适于天台宗寺院的丛林规范，将天台宗寺院全面纳入到有礼仪可循、有制度可依的生活中来,体现了自庆法师欲完善天台教寺戒律制度并藉此振兴天台教观的决心。

由于有关教寺的清规编撰极为少见,因此《教苑清规》堪称研究宋元时代天台宗组织制度及天台僧团运作模式的重要资料。当然,由于元明以来台、贤诸教衰落等诸多原因,《教苑清规》未能在教寺中全面施行,然于有心弘教者而言,它仍具有重大的借鉴意义。正如大安法师在《教苑清规序》中盛赞此书之语:"识者足以副其诚,昧者足以防其失,荡近世之流弊,创千载之宏规,可不务乎!"也许,《教苑清规》一书的价值不仅在于它是一部佛教教制史的珍贵史料,更在于有心者特别是天台后学对此书中所透露出的前辈大德之弘教精神的体味与践行。

《教苑清规》原序

黄 溍 序

　　天台《教苑清规》,旧尝刻置上天竺山之白云堂,后毁弗存。今圆觉云外法师自庆,惧久将废坠,乃取故所藏本,重加诠次,正其舛误,补其阙轶,而参考乎禅律之异同,为后学复刻焉。

　　昔者窃闻之,儒以礼立仁义,离礼于仁义,不可言儒;佛以律持定慧,离律于定慧,不可言佛。故虽佛以一切种智①摄三界,必先用戒;菩萨以六波罗蜜化四生,不能舍律。盖自中土有佛法以来,僧多居于律寺②,至百丈始别立禅居,此清规之所由作也③。且古今殊时,人情亦异,帝王制礼,不能无所损益,佛氏之为法,其何独不然? 律仪如圣人之有经礼,虽非后世所便习,而未尝不传于今。清规如先儒之有家礼,虽皆一时所订定,而未尝不本于古。百丈创为清规以辅律而行,

---

　　① 一切种智:三智之一。"三智"指一切智、道种智与一切种智。这三智分别是声闻缘觉二乘、菩萨与佛陀的智慧。《大智度论》卷八十四云:"一切种智是佛智,一切种智名一切三世法中通达无碍智,大小精粗无事不知。"《大正藏》第25册,第646页下。

　　② 佛教初传中土时,仿印度戒律,托钵乞食,唐以前僧人所住之寺院不分学派宗仰,因而在修学上易生分歧,特别是不拘形式的禅僧和严谨不苟的律僧,分歧较大,龃龉时生,皆以为苦。唐代马祖道一禅师乃创丛林,另安禅侣,于是有禅院禅寺的出现。

　　③ 马祖弟子百丈怀海开悟后,出主新吴(今江西奉新)百丈山,自立禅院,制订清规,率众修持,实行僧团之农禅生活。时称"马祖建丛林,百丈立清规"。

天台大师兼善毗尼①，其后人亦因丛林之日用而折中之，以匡持其教，今《教苑清规》是也。历岁滋久，诸方所守百丈遗法已互有不同，山家宜有不能与之尽合者。若夫通其变而以时措之，其致一也。云外师方究心路业，而能垂意于威仪节文之细如此，内外交相养之功，可谓两尽之矣，非来者所宜取法欤？是用不揆其凡陋，承命为序，系诸篇首云尔。

至正七年夏三月甲子金华黄溍序

比 丘 大 安 序

自山家教门所论行事，于经则有《法华》三轨②弘经之术、四安乐行③之戒，于传则有《国清百录》④、《教行录》⑤、《天竺众制》⑥。其书

---

① 毗尼：戒律的别称，天台智者大师重视戒律，尤其是大乘菩萨戒的修持，他在《法华玄义》中解释大乘戒："言大乘者，菩萨持性重讥嫌等无差别。自求佛道性重则急，为化众生讥嫌则急。小乘自调性重则急，不度他故讥嫌宽。菩萨具持两种，故名大乘戒。"

② 《法华》三轨：指弘扬《法华经》者所应遵守的三种轨范，即忍辱衣、法空座与慈悲室。《法华经》卷四《法师品》云："是善男子善女人，入如来室，着如来衣，坐如来座，尔乃应为四众广说斯经。如来室者，一切众生中大慈悲心是；如来衣者，柔和忍辱心是；如来座者，一切法空是。"《大正藏》第9册，31页下。

③ 四安乐行：即《法华经·安乐行品》所载，菩萨于恶世弘扬《法华经》时应安住的四种法。第一为身安乐行，第二为口安乐行，第三为意安乐行，第四为誓愿安乐行。

④ 《国清百录》：隋代灌顶大师编纂，凡四卷。此书初由沙门智寂纂集天台智者大师之遗文及碑文等，书未成而逝，灌顶继续增撰。自立制法至智者遗书与临海镇将解拔国述放生池，凡104条，为了解天台智者大师一生行业的最重要文献。

⑤ 《教行录》：即《四明尊者教行录》，凡七卷，南宋宗晓（1151—1214）编。收录四明尊者知礼一生之文集。计有教门、问答、释妨、巨儒、高释、往返书信等百余篇。

⑥ 《天竺众制》：指慈云遵式大师制订的《天竺寺十方住持仪》和《别立众制》。《住持仪》是针对寺院高层管理者而设的规章。为了规范僧徒，遵式又别立针对普通僧众的规矩，名曰《别立众制》，二者相得益彰。

粲然靡不备矣。若乃渐渍圣训，讲肄积年，三业四仪，自然合道，上下浃洽，众用和睦。教道湮微，大抵学者安于苟简，流于俗习，动作饮食之间，揖让伏兴之节，或愆礼正，圆觉云外法师清规之书所以立也。识者足以副其诚，昧者足以防其失，荡近世之流弊，创千载之宏规，可不务乎？

至正七年春住天竺灵山教寺①比丘大安序

张 雨 序

至哉！大雄氏之化权也。行己化他，兼该无遗矣。使诸祖之居鹫岭，乞食城中，安禅树下，行己之道则同。使诸佛而住丛林，三千威仪，八万细行②，化他之法亦不得而废焉。

及兹像教之季，众愈盛而道则微，法愈兴而魔则炽。噫！亦必有由矣。往岁龙翔笑隐师③校正《百丈清规》，定为九章，纲领粲然，将以救夫禅林之弊。今圆觉云外师复修《教苑清规》，折中古今，厘为十

---

① 天竺灵山教寺：今杭州下天竺寺，又称法镜寺，位于灵隐山（飞来峰）山麓。始建于东晋，唐贞元二十一年(805)，住持道齐劝请四方学者至本寺讲《华严经》，显种种奇瑞，蒙赐额"天竺灵山寺"。宋真宗大中祥符年间(1008—1016)，天台宗僧慈云遵式入住此寺，大张天台教纲，学徒云集。南宋高宗绍兴十四年(1144)，寺名改为"荐福寺"。宁宗庆元三年(1197)，恢复"天竺灵山寺"的旧称。该寺为天台宗寺院，南宋时为教院五山之一。

② 三千威仪八万细行：指有关比丘行、住、坐、卧四威仪中，所应注意的细行。《楞严经》卷五云："三千威仪，八万微细，性业遮业，悉皆清净，身心寂灭，成阿罗汉。"《大正藏》19 册，127 页上。"万"，底本作"百"，显误，今改之。

③ 龙翔笑隐师：即金陵集庆龙翔笑隐大欣禅师，径山佛智晦机元熙照禅师之法嗣。元武宗至大四年(1311)，笑隐禅师开始于湖州乌回出世接众，后迁住杭州报国寺、中天竺等道场。元文宗天历元年(1328)，文宗以金陵潜邸为大龙翔集庆寺，求四方名德为开山第一祖。笑隐禅师蒙上天竺佛海澄禅师之举荐，首膺其选，得赐"广智全悟大禅师"之号。第二年便奉诏入禁，于奎章阁对论宗旨。文宗大悦，遂赐貂裘金衲衣。顺帝及位后，诏令百丈山东阳德辉禅师重编《禅林清规》，命笑隐禅师参与校正，刊定为九章，从此天下丛林皆取法于此。

类，类以小序标表之。视白云堂旧所传，则加详焉。

呜呼！禅林之规既如彼，教苑之规又如此，规乎？矩乎？在夫据大床大席者①发号施令，躬行而人率化，则何忧夫魔之弗弱，道之弗隆也？是则名为报佛恩，而国恩之报亦不外是。是知从魔事者，辜皇上之心，行数规者，其续慧命之种欤！

且国朝先教而后禅、律，是不可不修其书以张教本于是集也。云外师请翰林学士晋卿黄公②为之序。序所不及者，复俾野人掇而补之。善业所在，夫何敢辞？因时纪事，览者勿责其芜秽焉。

至正七年七月七日灵石山登善庵主张雨书

---

① 据大床大席者：指占据禅床和法席的寺院住持。禅门有"大千世界一禅床"之语。

② 晋卿黄公：即黄溍。

增修教苑清规卷上

天竺大圆觉教寺住持比丘　自庆　编述

祝 赞 门 第 一

【题解】

"祝赞"是佛教重要的法务活动之一,祝赞内容有两类:一种是在诸佛菩萨诞辰、出家、成道等纪念日举行的祝圣仪式,另一种是祝祷国君圣寿无疆的祈福仪式。

为国为民的祝赞内容在佛经中可以寻见,但完整的祝赞仪轨是在中国逐渐发展形成的。祝赞由大乘经典中对护法国王的祝愿演变而来。佛教主张报国土恩,《祝赞门》序中说到,自三公九卿以下的官民皆有常职,身为国家民众之一的僧尼之职在于通过祈祷祝愿为帝王祈福,以报国土之恩。释门也以此作为弘法之俗谛:"一切恩中,国恩为最。钦惟盛朝崇佛,爰及僧伦,所以体恤之者极至,圣圣相承,罔或有间,释子追慕,其容已乎!国忌之规,所以立也。"中国佛教为适应儒家文化,也有尊君爱君的思想,许多大乘经典强调王臣护法,而将护持佛法的责任委托给国王大臣。因此每逢节日,僧人要为皇帝诵经祝福,希望皇帝成为爱民护法的圣王。

在中国,祝赞也与宗法制有关。早期僧人修行,自耕自足,以内修为重,与世俗保持距离,不牵涉政治。至南北朝以后,中国僧侣完全慑服于皇权之下,逐渐衍生出详细的祝赞仪。宋元时期,僧官制度更加严密,皇权对于佛教的控制比以往各朝严厉,元代成书的《禅林备用清规》和《敕修百丈清规》将为皇室而办的祝赞皇帝圣寿万安的法事列入清规的第一章,其项目包括圣节(长达三十天)、景命四斋日祝赞、旦望藏殿祝赞、每日祝赞、千秋节及善月。此后,这些祝赞皇室圣寿万安、回报王朝护持的法事成为丛林重要的定期行事,列入清规。

在《祝赞门》中提到为皇帝所作的诵经祈福一般是在重大节庆举行,如圣节(皇帝诞辰)、景命四斋日(天子即位日)、千秋节(皇太子诞辰)、善月等,另外还有日常祝赞,如藏殿祝赞(初八日、廿三日)和每日祝赞。

圣节即皇帝的诞辰,依《大宋僧史略》卷中及《事物纪原》所载,僧人庆祝皇帝诞辰始于北魏太武帝。北魏神麃元年(428)太武帝圣节之际,佛寺奉诏建祝寿道场,以祈皇帝圣寿万安,唐开元年间亦有类似之举。后北宋开宝二年(969)太祖圣节,三学僧奉诏入殿,试学业,授紫衣,自后圣节必升座说法,祝祷圣寿无疆。元代丛林关于圣节的法会是于皇帝诞生日以前三十日间,启建圣节道场,每日不断讽诵《大般若经》、《仁王经》、《法华经》、《最胜金光明经》等大乘经典,祈圣寿无疆。

景命四斋日(月旦、月望、初八、二十三日)祝赞是逢天子即位之日所举行的祈祷。景命,是大命之意,意谓皇帝禀天之大命。元代以后,禅林每月于此日举行祝赞讽经之仪式,称为景命日祝赞。其仪式是:"景命之前日,堂司行者报众,挂讽经牌。次日早钟后,复鸣僧堂前之钟,众集登殿诵经,回向当今皇帝圣寿万安。"不同的是,《敕修百丈清规》中说的是诵《楞严咒》,《教苑清规》中说的是诵《无量寿咒》、或《大悲咒》,或《消灾咒》。

藏殿祝赞(初八日、廿三日)是于藏殿所举行的祝赞仪式。其仪是念诵佛菩萨名号、《楞严咒》后,转动藏轮,以此功德为皇上祈福延寿。

千秋节祝赞是逢皇太子诞辰所作的祝赞。也是诵《楞严咒》,举疏回向。

每日祝赞是于每日斋粥之时,于佛殿诵三遍《无量寿咒》,以祝祷帝王之安康及国家之隆盛。

还有逢善月祝赞。善月是指正月、五月、九月三个月。《敕修百丈清规·善月》提到善月之由来是佛经中四天王每逢此三月视察人间善恶的记载,如云:"始由隋开皇三年诏天下:正、五、九并六斋日,各寺建祈祷道场,不得杀生命。取藏经中有毗沙门天王每岁巡按四大部洲,正、五、九月治南瞻部洲,故禁屠宰。而唐之藩镇,每上任,必犒士卒,不下数万人,须大烹宰,故以正、五、九不上官,为禁杀也。"三善月戒杀的习俗源于隋文帝,后为唐宋历代所继承。如唐太宗曾听终南山智炬寺明赡大师讲经,赡大师除了陈述为政要领外,还借机说明佛门以慈悲救济为宗旨的道理。太宗听了十分高兴,下令每年三个善月(正、五、九),每月六斋日,一律禁屠杀。

后来三善月和儒家文化结合起来,成为教化人们的说法依据。唐代静琬法师受请为皇太子诸王授菩萨戒,他曾写信给太子说:"不杀曰仁,仁主肝木,木属春生,殿下位处少阳,请春季禁杀断肉,以顺阳和。四曰奉斋,谓年三斋、月六斋。何者?今享大福,咸资往因,复能进德,弥增美矣!"劝太子在三个善月不要杀生,以养气养仁养福。佛经中也强调,被祝赞之人如能配合不杀生,祝赞和祈祷才是最有功效的。

【原典】

普天之下,莫非王土;率土之滨,莫非王臣。自三公九卿百官以至于庶民,皆有常职。职不修而罚从之,故不得不尽其职也。况国家不以此责吾徒,而优礼过之,盖尊其道而崇其教焉尔。为吾徒者,盍思所以报酬之道。其于盛演宗猷,阴翊王化,当尽其职,无或怠焉。

圣　　节①

钦遇万寿圣节,启建金刚无量寿道场一月日。既报洪恩,礼加严肃,僧员不许给假。维那预令堂司②行者覆库司③,备榜纸、疏纸,仍预令诣书记寮行礼,禀云:"启建圣节,请制疏语。"如书记缺,或西班耆旧,或维那自制,不则用现成疏语,见后。制毕,书疏,维那带行仆,捧盘袱上方丈④行礼,请住持金疏。毕,行者就覆住持来早启建。维那仍备榜,张于山门之右。榜、疏并用黄纸,书名别用红纸。制簿差僧上殿,簿中并书双字名,先住持,次两班僧众,依其戒次,量众多少,具写差单,排定日分,周而复始。

至日,各整威仪,候鸣大钟,上殿。至晚鸣大钟,下殿。如有官员入山拈香,鸣钟集众,讽经祝赞。

是日,住持若不升座⑤,只就大殿行祝赞礼。若升座,侍者先一日令堂司行者斋后僧堂⑥前挂上堂牌,仍覆两班云:"来早方丈和尚

---

① 圣节:即皇帝之诞辰。又称天长节。据《兴禅护国论》卷下所载,禅林于皇帝诞生日以前三十日间,启建圣节道场,每日不断讽诵《大般若》、《仁王》、《法华》、《最胜》等经,祈圣寿无疆。

② 堂司:禅林中维那寮的别号。维那掌管僧堂事务,故将其居室称为堂司,因而又以堂司代指维那。隶属堂司而受维那使令的行者称堂司行者。

③ 库司:即库司行者,为丛林中职司会计事务的行者。此职须择有心力、能书算、律己严谨者任之。

④ 方丈:住持的住所。佛经称维摩诘的卧室一丈见方,而容量无限。禅林制定清规时将住持所处之室称为"方丈",后来又以"方丈"代指住持。

⑤ 升座:即升高座之意。系指师家登高座说法。古制,升座与上堂说法同义,至后世乃有所别。至当代则成为住持入住丛林时举行的一种仪式。

⑥ 僧堂:指禅林中僧众日常修禅起卧之堂舍。又称云堂、坐堂、选佛堂、圣僧堂、枯木堂。禅宗七堂伽蓝之一。即凡于禅刹挂搭者,悉依戒腊安排位次,举凡坐禅、起卧、饮食,皆于此堂,兼有僧房、禅堂及食堂之功用。

升座。"次日五更开静后,鸣各处板三下,众坐堂,待头首①入堂,鸣僧堂钟三下。鸣大钟后,鸣法鼓,住持出厅坐,侍者、行者随出问讯②,分列侧立,烧香侍者即往法座左侧立。候众入,鼓转第二通,西班头首出堂,领大众入法堂,朝东序问讯,至座前,就西序立,大众雁列于后。参头③领众行者出堂,先列库厅下,对立。亦候鼓转第二通,东班知事出库厅,众行者问讯,随后入法堂,朝西序问讯,至座前,就东序立。行者退列于后,留侍者位。两序相对略问讯,侍者即回茶堂请住持。住持候鼓转三通,起轿,侍者后。行至法座前,冬月则去帽,大众亦去帽,皆望尘问讯。住持和南登座,侍者侧边随上法座,以香合盖盛片香捧上。

　　住持拈香祝寿毕,侍者接香,以双手插炉中,右手拈从香,略问讯。侍者下座,住持跌坐。侍者、同事俱叉手④出班。小者先引过西,近座前列一行,对住持问讯。毕,烧香侍者引班合掌归位,东序后立。

　　次首座领同事叉手出班,列香椅里,对住持问讯,大众同问讯。毕,首座引班合掌复位,略问讯,东序接问讯。次知事俱叉手出班,副寺先引至西边,列香椅里,对住持问讯,众行者随问讯。毕,都寺引班合掌复位,略问讯,西序接问讯。次东堂、名德西堂⑤出班,列近座前,对住持问讯。

---

　　① 头首:是丛林重要执事职称。丛林中管理寺院的职僧分为东西两班,西班谓之头首,东班谓之知事。相对于东序之知事而言,西序之首座、书记、藏主、知客、浴主、库头统称六头首。

　　② 问讯:佛教礼节。合掌作揖,口问安否,称为问讯。

　　③ 参头:为丛林职称之一。又作参头和尚。参,参僧之意,即自四方前来参禅习道之僧;头,头首之意,即居于首位,并行指导、统理大众之职称。参头,即居新到僧之首位,代行挂搭等各种轨式之人。

　　④ 叉手:即两手交叉之意。印度致敬法之一种。又称金刚合掌,即合掌交叉两手之指头。《观无量寿经》曰:"合掌叉手,赞叹诸佛。"

　　⑤ 名德西堂:丛林职称。名德,指有名誉、有德行之人。名德西堂,乃丛林之西堂中,选择有名誉、有德行者任持之职位,称为名德西堂。此乃一名誉职称。

毕,侍者登座,右手捧香合,左手上香,转身向住持问讯,谓之代众请法①。退立座侧,住持执拂子揖众讲演云云。

毕,座上回向云:"其月某日,钦遇万寿圣节,某寺预于某月某日启建金刚无量寿道场一月日,逐日轮僧上殿,披阅经文。今辰开启,住持臣僧某升于此座,讲演妙义,所集洪因,端为祝延圣寿万安。"结座毕,白云:"大众具威仪,诣大佛殿启建万寿圣节。谨白!"即鸣殿钟,住持领众到殿上,依次立定。住持先烧香点茶②,上首知事递上,侍者下茶,次行者。鸣钹,维那转身,炉前面外立,揖香侍者捧香合,住持上香。次两序叉手,依次两两对出,朝佛问讯,上香。毕,复相朝转身问讯。归位后,东堂、大西堂出班,烧香,归位。

讫,维那最后转身问讯,烧香,归位,立。首座举"南无无量寿佛",众和,同展三拜,为欣佛祝寿也。毕,众收具,住持不收具,就跪。知客跪进提炉,侍者跪进香合,住持烧香,维那宣疏,白佛云:"王中之王,位列百王之上;圣中之圣,道逾千圣之前。仰冀洪慈,俯垂昭鉴:今辰启建万寿圣节。有疏云云。"疏式见后。

维那宣疏毕,知客跪接提炉,行者收具,首座举《楞严咒》行道。咒毕,首座举"无量寿佛"号,维那回向云:"仰冀洪慈,再垂昭鉴:启建万寿圣节,讽演秘章,称扬圣号,所集洪因,端为祝延今上皇帝圣躬。"众和:"万岁万岁万万岁!祝陪天算!无量寿佛,十方三世一切诸佛,一切云云。"

满散③圣节亦如前。住持如到公宇④随官祝赞,首座偏位跪,堂

---

① 代众请法:指住持开堂说法时,烧香侍者代表大众请住持说法。
② 点茶:与点汤合称点茶汤。即指禅寺冲泡茶、汤,用以供养佛、祖师或大众。住持等以茶、汤供应大众以致意之仪式,称为茶礼或汤礼;两者并行之场合称为茶汤礼。新任职事或弟子新入僧堂、行四大节等集会时,此礼绝不可废。
③ 满散:指法会圆满日。即法会期满,众人散去之意。为"启建"之对称。
④ 公宇:指官府的所在地。

司行者跪进提炉,座司茶头①跪进香合,烧香宣疏。毕,堂司行者复跪接提炉。佛降生与成道等日,点茶、出班、烧香并同。

式　榜　黄

某布政司某府某寺

万寿圣节　某月某日钦遇
预于今月某日恭就

大佛宝殿启建

金刚无量寿道场一月日逐日轮僧上殿
披阅经文称扬圣号所集洪因端为祝延

今上皇帝圣寿万岁万岁万万岁

右恭惟

佛日洞明

天龙昭格

某年某月　日都监寺臣僧　某　谨言
传天台教观住持臣僧某

疏语

教建疏(首如前榜语书)

(右)伏以均天之大,荡荡乎无能名焉;与日并明,皓皓乎不可尚已! 戴德罔知高远,叩光莫喻照临。欲殚臣子之忠诚,敢效华封②之

---

① 茶头:丛林中职司茶役之职称。举凡佛前献茶、众中供茶,或客来飨茶,皆其职司。昔时之丛林,于首座寮、维那寮、知客寮、侍者寮等皆设有茶头一职,称四寮茶头,今唯知客寮犹存此职。又,隶属茶头之下,供其使令者,称茶头行者。
② 华封:即"华封三祝"。华:古地名。封:封人,守封疆之人。华州封人对上古贤者唐尧的三个美好祝愿:祝寿、祝富、祝多男子,合称三祝。今以"华封三祝"指代祝颂之辞。语出《庄子·天地》。

虔祝。梵书五千卷,演二十重华藏①,尽入提封②;妙旨③六万言,会百亿国小王,咸归至化。少伸涓效,上报洪恩。恭愿后天不老,行地无疆。寿举玉卮,翠跸④永朝于长乐;功成丹鼎,黄河屡见于清流。谨疏。

　　某年某月　日疏

满散疏

(右)伏以天生圣人,为天下生民之主;国有大命,在国家有道之归。唐虞雍熙⑤,文武兼济。逾万年而得寿,覆寿无私;预一月以为期,虔薪有在。恭愿:天之覆,地之载,配德惟均;商⑥尚质,周尚文,推功复倍。效富寿多男之至祝⑦,衍蛮夷一统之丕图。谨疏。

　　年月　日疏

每 日 祝 赞

大众每日凌晨上殿,候立定,先举《大悲咒》一遍,称"南无无量寿

---

　　①　华藏:即华藏世界。是释迦如来真身毗卢舍那佛净土之名。《华严经》中说,在风轮之上的香水海中有大莲华,此莲华中含藏着微尘数的世界,所以叫做莲华藏世界。此世界总共有二十层,吾人所住娑婆世界,在华藏世界第十三层中间。

　　②　提封:即一统、大统之义。

　　③　妙旨:指《妙法莲华经》,语出宋仁宗赞《法华经》偈:"六万余言七轴装,无边妙意广含藏。白玉齿边流舍利,红莲舌上放毫光。喉中甘露涓涓润,口内醍醐滴滴凉。假饶造罪过山岳,不须妙法两三行。"

　　④　跸:音 bì,指帝王出行时的车驾。

　　⑤　唐虞:是唐尧与虞舜的并称,尧与舜的时代为太平盛世。《论语·泰伯》:"唐虞之际,于斯为盛。"雍熙为和乐升平之义。张衡《东京赋》:"百姓同于饶衍,上下共其雍熙。"

　　⑥　商:原作"商",今据文意改。

　　⑦　富、寿、多男:即华封三祝。

佛"。维那回向云："仰冀洪慈,俯垂洞鉴:上来讽诵秘章,称扬圣号,所萃洪因,端为祝延今上皇帝圣寿万安,祝陪天算云云。"

景命四斋日①祝赞

前一日晚,堂司行者覆方丈、两班、单寮②,挂牌。次早殿钟绝,众集,举《无量寿咒》,或举《大悲咒》,或举《消灾咒》。称"南无无量寿佛",众和三声,维那回向:"仰冀洪慈,俯垂洞鉴:四斋吉旦③,谨集臣僧,恭趋宝殿,讽演秘章,称扬圣号。所集洪因,端为祝延今上皇帝圣躬。"大众同称:"万岁万岁万万岁! 祝陪天算! 无量寿佛、仁王菩萨摩诃萨云云。"

若朔望④,随日审改。正月则云"孟春",余月例知⑤。

藏殿祝赞(初八日、二十三日)

此二斋日,侵晨登殿祝赞。粥罢,鸣僧堂前钟,藏殿鸣钟鼓,令直藏殿人转藏。众集,首座举《楞严咒》,绕藏行道。咒毕,立定,举"南无释迦牟尼佛、南无无量寿佛、南无佛顶首楞严、南无护法诸天菩萨。"众各和三声。维那回向:"仰冀洪慈,俯垂洞鉴:四斋吉旦,谨集僧众,恭趋藏殿,运转天宫法轮宝藏,讽演秘章,称扬圣号,所萃⑥洪

---

① 四斋日:即以每月的朔、望、初八、二十三等四日为持斋日。此四日须讽经持戒以修福德。

② 单寮:又作独寮。丛林中单独使用一寮而无同居者,称为单寮。亦指居住于单寮之人。准许住于单寮,乃对退职之头首、知事、他山退隐之长老而住于西堂者、首座等表示优遇之意。

③ 旦:原作"且",今据文意改。

④ 朔望:又称旦望,阴历每月初一日称为旦或朔,十五日称为望。

⑤ 孟春:即是春季的首月,次月为仲春,复次为季春。

⑥ 萃:原作"华",今据文意改。前文也多次出现同样的回向文。

因,先为祝延今上皇帝圣寿万安,次冀佛日增辉、法轮常转。无量寿佛、仁王菩萨云云。"

或无轮藏有宝①藏处,亦宜行之,但除"运转"之语。

千　秋　节②

至期之前一日晚,堂司行者覆方丈、两班、单寮,并挂牌。次早登殿,举《楞③严咒》。维那白佛,回向:"大圆满觉,应迹西乾,心④包太虚,量周沙界。仰冀洪慈,俯垂⑤洞鉴:某路某寺某月某日,恭遇皇太子千秋令节,谨集僧众,恭趋宝殿,讽演秘章,称扬圣号,所萃洪因,仰祝皇太子睿算千秋,殿下恭愿,祗膺茂典,位副青宫,温文光三善⑥之名,继照协重离⑦之庆。十方三世一切云云。"

善　月

正、五、九月为三长斋,世称善月。每月建祈福道场。先一日,堂

---

① 宝:原作"实",今据文意改。

② 千秋节:有两种意思,一指皇帝的诞辰,始自唐玄宗。二指皇后、贵妃或太子的生日。此处特指皇太子诞辰。

③ 楞:原作"棱",今据文意改。

④ 心:原作"身",据《百丈清规》疏文改。

⑤ 垂:原作"某",今据文意改。

⑥ 三善:是指父子、君臣、长幼之道。典出《礼记·文王世子》:"君之于世子也,亲则父也,尊则君也。有父之亲,有君之尊,然后兼天下而有之。是故养世子不可不慎也。行一物而三善皆得者,唯世子而已。其齿于学之谓也。""行一物而三善皆得"也就是说世子(即皇太子)的一举一动都要遵循父子、君臣、长幼之道。所以皇太子必须要努力学习并处理好这些为人之道才能顺利即位,以便统治天下。

⑦ 重离:即两离,六十四卦中"离"之象为火,《易经·离卦》的《象》辞是:"明两作离,大人以继明照于四方。"这里用以比喻太子继承先王光明之德,继续照临天下四方。

司行者覆住持、两班,并挂善月牌于殿前。具经单,并置簿,差僧每日鸣大钟登殿,看经,祝赞,至放钟下殿。终月,列经目,具疏满散。《提谓经》①云:"诸天帝释、太子使者、阎罗鬼神,俱用正、五、九月旦日,案行王民等为善恶者,四时交代,岁终三覆以校。与四王一月六奏,使无枉错。覆校众生罪福,作善降祥,不善降殃。"自隋②开皇三年,诏天下正、五、九月及六斋日不得杀生命。唐武德二年,诏天下正、五、九月,十斋日,不得行刑屠钓。逮今圣朝,遵行尤笃。各寺凡届斯期,毋或怠也。

世人以此三月忌上任者,避行刑故耳③。

————————

① 《提谓经》:即《提谓波利经》,凡二卷,北魏昙靖撰。又称《提谓五戒经》、《提谓经》。记述佛陀成道后于赴鹿野苑途中为提谓、波利等五百商贾说人天之五戒、十善法,提谓得不起法忍,二百商人得柔顺忍,三百商人得须陀洹果。本经佚失不传,然诸书引用颇多,可窥其大意。

② 隋:原作"随",今据文意改。

③ 《群谈采余·辨惑类》云:"正、五、九月,新官到任,今人多忌,不知所谓。考之唐时以此三月断屠宰,上任必有大宴,宰割遍及下人,缘禁不便,故于正、五、九不上任,非其利也,今无禁而不用。至于移居忌之,岂非因袭之弊耶? 又一说:以正、五、九月建乃寅、午、戌也。寅、午、戌属火,臣音为商,商属金,恐火之克于金,故忌之,未知是否。"

祈禳门第二

【题解】

《祈禳门》包括祈祷、接官、祈晴、祈雨、祈雪、救日、救月、遣蝗、谢晴、谢雨等项。其中,祈祷、接官两项是事仪,其余八项是祈祷时所跪读的疏文。

事仪中,接官是迎接新上任后来访或自外地来访的官员时所行之仪。因为寺院被纳于地方管理,故而必须对地方官有一定的礼节。接官之用意自然是希望官员能由此生愉悦心,从而愿意亲近或护持寺院。当然,古代亦不乏不喜扰民扰僧的清官和一向敬重佛法的士大夫,他们自然无需接送,以免打扰全体住众,影响寺僧的共修。

祈祷是佛门常见的仪规。僧人本以静修坐禅为主要修学任务,之所以有祈祷仪式的规定,是因为"佛以慈悲为化,天以好生为德,然而下民自尊,致感失经背常之事",作为一个受十方信施的僧人,为报众生之恩,逢天灾时,理应为民祈祷,消灾救民。

其实祈祷并不仅限于佛教寺院,中国自古以来就有祈求天地神祇的风气。唐代时,祈祷仪轨逐渐复杂,各种禳灾祈福的法事十分流行。宋代以后,寺院为祈祷人民安乐而启建的有关祈雨、祈晴、祈雪、祈疫、祈日月蚀等方面的法会形成定规,变得更加盛行。

"祈祷"一项中,讲述了祈祷的方法和诚意:祈祷时间以三日为期,如无感应,应继续恳切祈祷,念诵内容以称念南无过去正法明如来(即观世音菩萨)和《大悲咒》为主。

消除自然灾害的祈祷包括祈晴、祈雨、祈雪、救日、救月、遣蝗六种，其目的在于通过讽诵经咒来消除天灾，获得天地神祇的护佑。由于仪规基本相同，而疏文则视情形而各异，故本门仅详录疏文，仪式则略。

"祈晴"、"祈雨"疏文前的"无垢清净光，慧日破诸暗，能伏灾风火，普明照世间"和"悲体戒雷震，慈意妙大云，澍甘露法雨，灭除烦恼焰"二颂出自《法华经·观世音菩萨普门品第二十五》，意希藉大悲观世音菩萨的力量为众生带来光明和甘露。据《敕修百丈清规》，在祈雨法会期间，每日早午粥饭时，僧徒需讽诵七遍《大悲咒》以祈求降雨。举办法会时必须特别庄严道场，讽诵《楞严神咒》，向观世音菩萨祈祷，并宣读启建祈雨疏，表明启建法会的用意。

"救日"是指出现日食现象时，通过祈祷和行善修德的方式使太阳重新出现，照耀万物。古人对天地日月有敬畏之心，认为日食的出现是上天对人们修德不谨的一种警告，因此十分重视日食之时的祈祷与行善。关于救日救月的方法，民间以打鼓拜祭为主，寺院则诵经、做祈祷法事。

"救月"的偈颂是"大智精进佛世尊，我今归命稽首礼，是罗睺罗恼乱我，愿佛怜愍见救护"，其出自《大智度论》卷十一："罗睺欲啖月时，月天子怖，疾走诉佛而说偈言：'大智精进佛世尊，我今归命稽首礼，是罗睺罗恼乱我，愿佛怜愍见救护。'佛为罗睺而说偈言：'月能照暗而清凉，是虚空中大灯明，其色白净有千光，汝莫吞月疾放去。'尔时婆稚见罗睺汗出放月，以偈问曰：'汝罗睺罗何故战栗，犹如病怖，不安乃尔？'罗睺答曰：'我若不放月，头破作七分。设得生活不安隐。以故我今放此月。'"

这是说，吞月的是六道众生之一的罗睺罗阿修罗，而非民间传说的天狗。罗睺罗意为障月。他与帝释战时，能以其手执日月，障蔽其光，故有此名。《法华文句》卷二曰：'罗睺者，此云覆障，障持日月者也。'举手障日光轮，即形成日蚀；以手障月，即形成月蚀。罗睺罗阿修罗王为何有此神力，经中论其业因说，此人过去为婆罗门时，见火烧塔,遂尽力灭火而保全佛塔,并希望以救塔之福德为因,愿得大身。然虽作此愿,犹不信正法,不正思惟,常爱斗战,不修正业,故死后堕入有天福而无天德的阿修罗道。罗睺罗阿修罗是专门在天上与帝释天作战的敌人,日月放光,障修罗眼,令其不见,故他以手障之而欲食月。阿修罗每次食月后,帝释通过世尊的加持而获解救。

或许今人认为罗睺罗阿修罗食月之说是无稽之谈,但古人敬畏天地,遇月食则反省自身修为,使之成为全民修德的好时机。日、月象征光明,象征力量,万物无日月之明则无法生存。而日月之蚀,使天地之间高级能量损耗,需通过善念产生相应的作用力才能补救,因此有救月之仪的产生和善行补救的祈祷方式。《道藏·云笈七签》卷四十云:"救日月蚀是一药"。佛经认为,日、月是智慧清凉之象征,救日救月实则是恢复众生本具的智慧与清净。

"遣蝗",是在不杀生的情况下所作的行善止恶的祈祷。历史上,蝗灾发生时,往往也是地震、旱灾等多灾并起的时代,特别是蝗、旱交相为虐,带来巨大的自然灾害,百姓几无生存之地。因此需要遣蝗救百姓。由于遣蝗涉及对生命的伤害,所以古人遣蝗也不完全是以灭除蝗虫作为救灾手段的。

诵经祈祷是最有效的一种遣蝗方式。《敕修百丈清规》载:"遣蝗。切见飞蝗蔽天,惟凶荒之可虑。……由是谨发诚心,启建遣蝗道场,每日命僧讽诵经咒,仰扣诸圣。所冀驱遣虫蝗,速赐消弭。……民安其业,物遂其生。"蝗与民夺食也是众生业力所感,惟有诚心祈祷,以止恶因,方能感动上苍,挽回定业。

天灾如愿解除后,寺院还有"谢晴"、"谢雨"等仪式,即跪读疏文,表达敬谢天恩之意。

【原典】

佛以慈悲为化,天以好生为德。然而下民自孽,致感失经背常之事。吾徒当本国朝度僧之意，为民祈祷，宜加精恪，昭回佛天慈好之心。庶几祸消未萌，灾变为福。其如是，复何安居逸食之愧乎？

祈　祷

凡遇祈祷，住持预集两班茶议。令库司备办供仪，提调洒扫门径廊庑，严治坛场，敷陈香灯花幡，巡警大小寮舍斋洁。复令头首制疏意回向，堂司行者挂牌报寮。

至日，殿上营列供养，住持专加虔谨，僧众各务整肃。三日为期，于斋粥二时，鸣钟集众，登殿讽诵、祈祷。初时，首座举"南无过去正法明如来云云。"制语启白，举《大悲咒》若干遍，行道。立定，亟称"观世音菩萨"及"护法诸天菩萨"圣号，和合十声。维那回向："仰冀佛慈，俯垂昭鉴：某路某寺住持比丘某，盖为知……"（如后各列）。复举圣号，和各十声毕。（"十方三世一切诸佛，一切"云云）。余时举唱、回向同前，但免启白。

三日后，如未蒙感格，则以本寺僧众若干员，分作几引，每引讽咒若干遍，称号，恳切祈祷。如是相继，轮流不断，从朝至暮，以感应为期。兼复别修功课，必期至效，方可满散忏谢。如有灾异，亟欲祈祷，止如上规，直通意旨启白。

接　官

官员入山祈祝，或先报至，即令堂司行者覆住持、两班，挂接官牌。令人远探，候将及山门，鸣钟，住持执提炉，领众门迎，至殿，拈香设拜。知事当预问官御情旨，转达住持、头首知会，慎不可忽。

举咒、称号、回向（或住持，或头首，不拘）毕，请归方丈，或法堂。设位献茶，祗待如仪。或游览陪从，话语勿谈世事。或法门、山门急务,当量便申禀,不可造次,有伤大体。去时鸣钟,大众门送。若迎送大官,鸣楼钟,次则鸣僧堂前钟。

祈　晴

无垢清净光,慧日破诸暗,能伏灾风火,普明照世间。①

霖雨不休,万物莫遂厥性;陂塘欲决,四民咸以为忧。匪太阳照临匪私,实品汇业累感召,特伸祈恳,望赐昭彰。由是谨于某月某日,启建祈晴道场,每日集众,讽诵秘章,称扬圣号功德,祈祷常住三宝、大悲观世音菩萨、奉福护法、列席诸天、帝释尊天、四门天王、日宫太②阳天子云云,平等祈求,乞彰感应。伏愿扫荡阴霾,俾式乾于后土③;豁舒杲日,庶廓净于天倪④。地利丰饶,天时顺序。

祈　雨

悲体戒雷震,慈意妙大云,澍甘露法雨,灭除烦恼焰。⑤

水为物命,岂胜烁石之威;食是民天,深切望霓⑥之叹。由下地⑦同业⑧所感,非上天鉴物有偏。欲遂济通,须凭祈扣。由是谨于某月

---

①　此偈出自《法华经·观世音菩萨普门品第二十五》。明,原作“阴”,据《法华经》改。

②　太:原作“大”,今据文意改。

③　式干:典出宋玉《九辩》:“皇天淫溢而秋霖兮,后土何时兮得干。”

④　天倪:即自然界之分野。典出《庄子·齐物论》:“何谓和之以天倪?”

⑤　此偈出自《法华经·观世音菩萨普门品第二十五》。

⑥　望霓:即盼望下雨之意。典出《孟子·梁惠王下》:“民望之,若大旱之望云霓也。”云霓,下雨的征兆。

⑦　下地:与上天相对之地,称下地。

⑧　同业:即共业,各人共同善恶之业,随而各人感共同的苦乐果报。就正依报言,指能招感自他共同受用的山河、大地等器世界。

某日，启建祈雨道场，每日集众，讽演秘章，称扬圣号功德，祈祷云云
奉福护教、列席诸天、五方行雨龙王、六合雷公电姥、风伯雨师、雨部
圣众，诸处溪源潭洞隐显龙王、岳渎山川、灵坛社庙云云，平等祈求，
乞彰感应。伏愿电掣雷訇，起蛟龙于川泽；云行雨施，苏禾稼于田畴。
庶五谷之有秋，俾四民之乐业。

祈　　雪

冬令如春，虑致下民瘴疠；腊前未雪，曷期来岁丰穰。敬摅①一
众之精诚，愿睹六华②之祥瑞。仰惟洪造，俯赐详明。由是集众，讽
诵秘章，称扬圣号功德，祈祷常住三③宝、大慈观世音菩萨、奉福护法
诸天、帝释尊天云云，平等祈求，乞彰感应。伏愿千里飞花，平地瑞占
于盈尺；九秋多稔，生民欣贺于有年。藏伏祲氛，导宣和气。

救　　日

累德重光，环四洲皆仰临照；行天失度，极八方咸起震惊。虽凭
历纪之推祥，恐罹阴沴④之厄数。欲复金轮，还瞻旧观，须依绀相，曲
示周旋，辄启祈祷，用徇救护。由是集众，讽诵秘章，称扬圣号，祈祷常
住三宝、观世音菩萨、日光菩萨、奉福护法诸天、三界万灵、满空圣众，平
等祈求，乞彰感应。伏愿光回宇宙，气协阴阳。天下晏如，岂用眩戈挥
之伎；太平有象，孰须形盆覆之讥。四方咸颂尧声，八表同光舜德。

---

① 摅，音 shū，意为抒发、表达。
② 六花：冰晶形成时有着六边对称的特性，故人们认为雪像花一样有六个花瓣，因而称雪为六花。
③ 三：原作"二"，今据文意改。
④ 沴：音 lì，意为灾难、不和。

救　月

大智精进佛世尊，我今归命稽首礼，是罗睺罗恼乱我，愿①佛怜愍见救护。

蟾蜍届望，一轮正满于兹宵；罗彗②肆妖，全璧适亏于今夕。故星纪躔③入月纪，乃天心警诫人心。欲万方重仰清光，当此际合陈大造。由是集众，讽诵秘章，称扬圣号功德，祈祷常住三宝、大悲观世音菩萨、月光菩萨、奉福护法诸天、权实真宰、三界万灵、满空圣众，平等祈求，乞彰感应。伏愿冰轮完复，不靳玉斧之修；白兔重苏，还戢金罶之旧。大地山河普照，广寒宫殿咸开。万象光昭，九霄色正。

遣　蝗

飞蝗入境，惊看蔽天遮野而来；异物为灾，宁免戕稼害禾之惨。遗捕故凭于官守，蹂践何补于耕农？敢仗妙用之功，式畀④祆禳⑤之福。由是谨于某月某日集众，讽诵秘章，称念圣号功德，祈祷云云。奉福护法、列席诸天、三界二仪、满空真宰、阴阳造化、赏罚圣贤云云，平等祈求，乞彰感应。伏愿慈风猛扇，遣绳绳缉缉于无何有之乡；愿海周流，荡蠢蠢蚩蚩于常寂灭之理。非但遣一物之灾异，抑将同六

---

① 愿：原作"类"，据《大智度论》改。
② 罗彗：指吞食月亮的罗睺罗。
③ 躔：音 chán，意为天体运行。
④ 畀：音 bì，意为给予。
⑤ 祆禳：音 xiān ráng，意为祈祷。

合①以欢心。

谢　晴

灵耀宣光,千里霁华开望眼;苍生仰德,八纮②晴色动欢心。自非大道垂鉴之明,曷睹太阳启关之照?复陈涓善,敢答洪恩(云云)。伏愿求而辄应,已占丰岁之嘉祥;感而遂彰,更卜秋田之刈获。阴阳顺序,民物阜康。

谢　雨

人或悖理,兼旬惊旱魃③之威;天不遗民,一雨慰桑林之泽。凭兹优渥④之润,顿济发生之心。既沐恩波,敢忘隆德(云云)。伏愿八方称贺,人人怀击壤之歌⑤;四海交欢,处处期鼓腹⑥之咏。一味普益,万物增光。

---

①　六合:指上下和东南西北四方,泛指天下。典出《庄子·齐物论》:"六合之外,圣人存而不论;六合之内,圣人论而不存。"

②　纮:音 hóng,八纮本指八方极远之地。典出《淮南子·墬形训》:"九州岛之外,乃有八殥……八殥之外,而有八纮,亦方千里。"后以八纮泛指天下。

③　魃:音 bá。旱魃,传说中能引起旱灾的鬼。《诗·大雅·云汉》:"旱魃为虐,如惔如焚。"孔颖达疏:"《神异经》曰:'南方有人,长二三尺,袒身,而目在顶上,走行如风,名曰魃,所见之国大旱,赤地千里,一名旱母。'"

④　优渥:指雨水充足。典出《诗·小雅·信南山》:"益之以霢霂,既优既渥。"

⑤　击壤歌:先秦民谣。内容为"日出而作,日入而息。凿井而饮,耕田而食。帝力于我何有哉?"此处用以形容四时调顺,民生安乐。

⑥　鼓腹:鼓起肚子,意为饱食。典出《庄子·马蹄》:"夫赫胥氏之时,民居不知所为,行不知所之,含哺而熙,鼓腹而游,民能以此矣。"

报本门第三

【题解】

《报本门》倡扬报诸佛诸祖之恩。佛祖是僧人慧命之本源、一切众生修行之楷模,佛祖所说的法是僧人修行度众的依据,"一大藏教,本众生之性,诸佛揭而示之,诸祖对而扬之。以文字广第一义,流行世间,俾诵其书、修其道者,皆有以复性之本,陟佛祖之阶也。"《报本门》是说每逢如来降生、成道、涅槃之日以及天台祖师等人忌日,应设忌供法会,以示追思纪念,不忘佛祖法恩。

一、如来的忌供

(一) 如来降诞

《报本门》所载如来降生、成道、涅槃之日的忌供仪式与《敕修百丈清规》所述基本相同。其中,以四月初八如来诞辰日最为隆重,并演变为佛教信众的节日——浴佛节。浴佛节源于释迦降生时九龙吐水的典故。据经典记载,太子在蓝毗尼园降生,地上涌出香水二池,一冷一热,沐浴太子之身,虚空中有九龙吐水以呼应。四大天王抱持太子,忉利天王用天衣承接。此时,太子面向四方,自行七步,说:"天上天下,唯我独尊"。故浴佛所用之像为释尊诞生时右手指天、左手指地的太子像。

浴佛是以香汤浴太子像，这一做法的由来是《浴像功德经》："若欲沐像，应以牛头栴檀、紫檀、多摩罗香、甘松、芎䓖、白檀、郁金、龙脑、沉香、麝香、丁香，以如是等种种妙香，随所得者，以为汤水，置净器中。先作方坛，敷妙床座，于上置佛。以诸香水，次第浴之。用诸香水，周遍讫已，复以净水于上淋洗。其浴像者，各取少许洗像之水置自头上，烧种种香以为供养。初于像上下水之时，应诵以偈：'我今灌沐诸如来，净智功德庄严聚。五浊众生令离垢，愿证如来净法身。'"

关于法会的布置，《教苑清规》"如来降生"条载，于每年佛诞生日（农历四月八日），监管内外事务的库司严设花亭，其内安置一座佛降生像，另于其下备办香汤盆，盆内安放二小杓。大众礼拜供养后，可用香汤浇沐佛降生像。《教苑清规》所载浴佛仪式除了祝愿词和《敕修百丈清规》略有出入外，其余仪式唱念，如安置太子像、敷陈供养、说疏、唱浴佛偈等基本相同。

除了禅宗设立的纪念佛诞的仪规外，天台宗知礼大师弟子净觉仁岳撰有《释迦降生礼赞文》，是依《太子本起经》等所拈的十首偈赞，并以五悔法门作为行法的结仪，颇具天台忏法特色。

（二）如来成道

"如来成道"是纪念如来成道日的供仪，俗称"腊八节"。释迦成道之前，苦行六年，骨瘦如柴，后受牧羊女供养乳糜，体力恢复，端坐菩提树下思惟，而于十二月初八开悟成道。佛教徒为纪念佛陀成道事，乃于此日以米及果物煮粥供佛，称腊八粥，后来演变成为中国民间习俗。关于供仪，《敕修百丈清规》卷二云："腊月八日，恭遇本师释迦如来大和尚成道之辰，率比丘众，严备香花、灯烛、茶果、珍馐，以伸供养。"[1]

---

① 《大正藏》第48册，第1116页上。

《教苑清规》所载纪念如来成道的疏文与《百丈清规》不同,而具有浓厚的天台特色,其文根据《法华经·如来寿量品》来展现如来不可思议的佛身佛德,彰显圆教。疏文说道,以法身寿命言,如来成道并非今世事,他已于过去尘点劫前成佛。《法华经》中,佛应弥勒请问,告诉大众:"我实成佛以来,无量无边百千万亿那由他劫",经中并以"五百尘点劫"举释尊成佛以来久远之劫量。故疏文云:"非证而证,久证于尘点劫前;无成故成,近成于菩提树下。"

疏文中除了阐述从本垂迹的思想,还说到如来为度生所作的种种善巧方便,如疏文中说"熟前番人虽云已矣,愍末裔者其如之何。"这是《法华玄义》所说的种、熟、脱三益。种、熟、脱即下种、调熟、解脱之略称,是佛化益众生的三阶段。下种即众生与佛法最初之结缘,调熟即成佛之种子逐渐成长至近于开悟,解脱即成佛之种子结圆满之悟果。三益之说出自《法华经·化城喻品》。此品说有久远佛,名大通智胜如来,出现于过去三千尘点劫以前。此佛未出家前有十六王子协助弘扬《法华经》,一一皆度化六百万亿那由他恒河沙等众生。释尊为过去协助大通智胜佛的十六王子之一,此灵山法会的听众皆为此如来当时的结缘众。经中说,法华会上大众,往昔在大通智胜佛时听闻《法华经》。得信受领解,下一乘佛种,称为下种;之后又迷失本心,或着小乘,或着五欲,如来深知众生此性,遂设种种方便诱导之,称为调熟;至灵山会上更闻《法华经》而得当来成佛之记别,称为解脱。而现今听讲《法华经》的众生即是末裔者,是未来释迦佛应度的结缘众,这又是另一个种、熟、脱的循环,纪念如来成道的意义即在于此。

(三) 如来涅槃

关于如来的第三个纪念法会为佛涅槃日,时间为农历二月十五日。《佛祖统纪》记载："如来于周穆王五十三年（壬申）二月十五日入灭，凡在伽蓝必修供设礼，谓之佛忌。"①涅槃法会的纪念仪式体现了中国佛教的孝道思想。道诚《释氏要览》卷下说："二月十五日佛涅槃日，天下僧俗，有营会供养，即忌日之事也。俗礼，君子有终身之孝，忌日之谓也。又谓不乐之日，不饮乐故。"②儒家君子重视孝道，提倡慎终追远，作为佛弟子也应该在佛涅槃日纪念佛陀，设立涅槃会供养。

关于涅槃会的仪轨，宋元时代的诸种清规如《禅苑清规》《入众须知》《校定清规》《备用清规》等均有详细记载③，年代越往后，涅槃会的仪轨越是完整、隆重。涅槃会供仪所用的仪轨包括设斋、叹佛、宣疏、升座、祝香、敷座说法、举咒回向等。

相比而言，《敕修百丈清规》对涅槃会的记载较简单，《教苑清规》的记载则比较详尽，且颇为郑重其事。首先，涅槃日未至前，住持要求新学熟读《遗教经》，"五日一次，诣首座前背试"。佛陀在《遗教经》中告诫弟子们，佛入灭后，当以波罗提木叉为本师，以制五根，离嗔恚、憍慢等，并勉人不放逸而精进道业。教寺要求新学初心背诵此经，以示不忘佛灭度前之教诫。

关于念诵仪式，《教苑清规》规定，僧众集体至佛殿，依宋代天台宗僧净觉仁岳的《释迦如来涅槃礼赞文》修礼忏，这与以前的诸多禅林规章明显不同。

仁岳《释迦如来涅槃礼赞文》规定的仪轨次第有梵香跪唱、奉请、顶礼、五悔、右旋道场、讽《遗教经》、称扬佛号等数项，主要叙述佛陀涅槃的经过，赞叹佛陀的功德，并在文中的十礼部分中说明佛陀涅槃的各个境界，以偈颂加以赞叹。如第一礼为"一心顶礼涅槃教主堪忍

---

① 《佛祖统纪》卷三十三，《大正藏》第 49 册，第 319 页中。
② 《释氏要览》卷下，《大正藏》第 54 册，第 309 页下。
③ 圣凯《论涅槃会的成立与展开》，《闽南佛学》（第 2 辑），2003 年。

世界现声光集众时身释迦文佛",第二礼为"一心顶礼涅槃教主堪忍世尊受纯陀施食时身释迦文佛",第三礼以下依次是:卧宝床现病、入月爱三昧、示人天相好、观世间寂定、入四禅灭度、入金棺白氎、示饮光在柩、入香楼火化等。最后四礼分别顶礼涅槃会上所说法门修多罗藏,及菩萨、缘觉声闻僧众。以上十四礼代表了佛法僧三宝。此后即修行五悔,五悔的每一项修完后均要归命顶礼三宝,五悔中除了首项忏悔外,余四项皆用偈颂形式,最终目的是为了"俱时明了如来性"。

涅槃会供像的设置是:"于法堂上置涅槃佛像,左右叙列涅槃会上结集诸法藏、结集诸菩萨僧、结集缘觉僧、结集声闻僧四位牌衔配之。"这种独特的设置除了是对教主释迦牟尼佛表达感恩外,还显示了天台教寺对佛陀大小乘遗教的重视。但遗憾的是,这种佛像设置方法并没有得到发扬,所以自庆感叹:"近来诸方从简,就佛殿上食设拜而已,岂尽报本之诚乎?"

二、隆重的国忌

"佛忌"之后是"国忌"。国忌即天子、皇后等皇室成员之忌日。依《佛祖统纪》卷四十记载,唐代已于天下各郡举行国忌。唐开元二十六年(738),玄宗敕令天下诸郡建立开元、龙兴二寺。翌年,敕天下僧道,凡遇国忌,即于龙兴寺行道散斋;若遇千秋节,则于开元寺举行祝寿。文宗时曾一度停罢,宣宗即位又恢复其制。宋太宗淳化三年(992),李宗讷奏请于国忌时宰臣以下须行香、禁酒食以表追思。

国忌仪式是:在法座上安御座,用黄纸书写圣号牌位。住持上汤茶,全体僧众念诵《楞严咒》以及释迦佛号和楞严诸天名号。最后由维那念回向文。

三、天台祖师忌

（一）智者大师忌

天台祖师忌供法会主要包括智者大师忌、诸祖忌、开山历代祖忌、嗣法师忌等，统称为祖师忌。宗派之祖及历代列祖与寺院开山之历代列祖等，均有功于天台佛学的发扬，故每逢祖师忌日，教寺各有赞疏并回向文，以报历代天台祖师之恩。其中尤以天台宗开创者智者大师的忌疏最为翔实感人。

智者大师的忌辰是农历十一月二十四日，天台宗非常重视这位创始人的功绩，在《教苑清规》中，其他祖师只列有一篇忌疏，唯独智者大师疏文则有两篇。《教苑清规》并将智者大师忌辰定为冬安居止单的日子："如夏前归堂者，在四月八日谢。如祖忌斋归堂者，在十一月二十日谢。"①规定挂单云游僧欲参加常住僧众共修者，夏天必须在结夏前七天归堂，冬天必须在智者大师忌日前三天归堂，此后不接收云游挂单僧。

智者大师被誉为"东土小释迦"，乃开启中国佛教宗派第一人，他身处南北朝时期，以其伟大智慧融合了当时分重义理、实践的南北佛学，开创了教观双美的天台宗。就所依经典言，天台宗是依据《妙法莲华经》而建立思想体系，故又名法华宗。但其更为人所知的宗派名——天台宗，则是因创始人智者大师住于天台山而得名。

疏文以彰显智者大师修行与弘法之德为主，并涵括赞叹其生平。第一篇疏文彰显了大师至高的法王地位，尊其为泰山北斗，如云："陈隋应运，蛮貊同文"，作为陈隋国师，他以缜密圆融的止观思想和无碍

---

① 见《摄众门》。

辩才吸引无数僧俗到场学法。当时僧正慧恒、僧都慧旷皆长于辩论，故激扬问难，势如冬冰之峨峨。大师一一解疑释难，犹如夏日之赫赫，顿时冰溶霜化。天子欢喜，群臣赞叹，当时僧众皆舍旧法从学于大师。故疏文云："小根小茎，毋望洋向若而叹；大枝大叶，皆拔茆连茹而征"，同时以三周说法、五味半满等圆教名相形容智者大师说法之圆融无碍、会三归一。又，此篇疏文提到的"招手"是贯穿大师生平的重要线索，"有伴即来，招手勿忘"，是他从出家发愿时至最后圆寂前都一直加持的冥应，这一线索在《别传》中有详细记载。

第二篇疏文主要宣赞智者大师的禅观功德。天台一宗解行规范的建立，得力于智者两次入天台山修习的禅观实践以及他证悟出山后三大部的演说。禅观实践主要是"大苏妙悟"和"华顶降魔"。智者受学于慧思禅师，他到光州大苏山拜见慧思时，慧思一见面就很高兴地对他说："昔日灵山，同听《法华》，宿缘所追，今复来矣。"后来授以普贤道场，令修法华三昧。其时智者大师精进诵《法华经》，寂然入定，见灵山一会俨然未散，豁然大悟。在证悟法华三昧的基础上，由定发慧，问一知十，达到"观慧无碍"的境界。在天台山的九年隐修期间，他降伏天魔，神僧加持赞叹，使他证得一实谛法门。之后，智者大师论说己心中所行法门，演绎了天台三大部。此篇疏文涵括了更多智者大师的事迹，如诵经证悟法华三昧，发旋陀罗尼；金陵讲法，统一南北学风；华顶降魔；劝人放生，讲《金光明经》救度鱼类等，都是对大师修证与弘法事迹的描述与赞叹。

忌疏也表达了浓重的哀仰之情、敬奉之仪和弘法之愿，如疏文一云："生民以来未有，愈高泰山北斗之具瞻；此舟过后更无，益重浮木盲龟之难值。"让人深感佛法难遇、善知识难逢的悲哀。疏文二云："药垂瞑眩，不举步而悟故乡；迹免玲瓶，即此心而见真性。誓报难明之化，洞然无尽之灯。"表达了天台学子弘传智者大师教法以报祖师之恩的心愿。

智者大师忌辰的具体供仪是：于法堂敷陈供仪，严饰祭筵、炉、瓶、香、几，一一如仪。上间设法衣、拂子、梲架、椅等。中间分列九祖、山家诸祖、山门始祖、嗣法师等位，仍设祭筵。下间设部文、炉、瓶、椅等。至日，鸣钟集众，头首举"南无旋陀罗尼菩萨"，行香并修礼忏。住持上汤茶，维那或知客读疏。整夜唱诵顶礼，并修五悔，念《安乐行品》，行道后回向。宋代遵式大师曾撰有《天台智者大师斋忌礼赞文》，是一篇结合天台五悔修法仪式纪念智者祖师的佳作。

（二）章安尊者忌

诸祖忌主要是指章安尊者忌、荆溪尊者忌、四明尊者忌。这是对天台十七位祖师中于台宗有中兴之功的祖师作一纪念。所纪念的三位祖师中，可与阿难同功并德的是章安尊者，其人有结集天台法藏之功；荆溪湛然尊者为唐代中兴祖师，他将天台三大部注释弘扬无遗；知礼大师为宋代中兴教观祖师，僧传记载其为佛子罗睺罗尊者投生。"章安结集，荆溪记述，四明中兴，此三祖之功，大于名教，故当表而出之。"忌疏中分别提到各中兴祖师的贡献，加以称扬赞叹。

章安尊者的忌疏中这样称述其结集的功德："虑衡台过后以无闻，故荆扬往来而不惮。殆可庆喜同功并德①，斯与智者大师默识心通。"章安灌顶（561—632），俗姓吴，字法玄，祖籍常州义兴（今江苏宜兴），后移居临海章安（今章安镇）。七岁从摄静寺慧拯法师出家，"日进文词，玄儒并惊，清藻才绮，即誉当时。"二十七岁时，因其师慧拯法师圆寂，于陈至德元年（583）投天台山修禅寺，礼智者大师为师，后一生未离其左右，禀受观法，潜心精研，记录和整理智者大师的佛学理论。《法华玄义》、《法华文句》、《摩诃止观》等天台三大部和《观音玄义》、《观音义疏》、《金光明经玄义》、《金光明经文句》、《观无量寿经

---

① 底本如此，疑有脱误。

疏》等天台五小部,就是由他整理成书的。他探玄发微,独能弘宣智者大师之教,后人将其比喻为阿难尊者,有结集法藏之功。宋代释志磐在评价章安尊者时曾说:"章安侍右,以一遍记之才,笔为论疏,垂之将来,殆与庆喜(阿难)结集同功而比德也。微章安,吾恐智者大师之道将绝闻于今日矣。"智者大师弘法三十余年,谈玄说妙,发挥法华精义,然不蓄章疏,正是由于章安记录整理了智者大师的大部分讲稿,才使其独特的佛学思想得以保存并流传于后世。所以章安在天台宗的发展史上起着非常关键的作用。

疏文中还提到章安尊者在隋末兵乱复群盗竞起的乱世中隐居山寺,潜心撰述,在"何年不见兵火,何月不见干戈"、"菜食水斋,冰床雪被"的艰苦环境中历经五年完成《大般涅槃经玄义》二卷、《大般涅槃经疏》三十三卷。《涅槃经疏》的问世,将南北朝时形成的涅槃宗徒众几乎都导引于台宗门下,使天台宗迅猛发展。著述期间,章安散住于台州各地,传播佛法。晚年移住会稽称心精舍,大力宣讲《法华经》。

如疏文所言,章安灌顶的功绩,在于他以"捷五行于目视,记万言于耳闻"的才能,如阿难尊者记录佛语般忠实记录了智者大师的说法,并将其结集为天台三大部,对天台一宗的成立有着不可磨灭的贡献。

(三) 荆溪大师忌

唐代湛然大师是以注释天台三大部来弘阐天台圆教义理的中兴祖师,他的作为,使天台一宗"焕然中兴"。疏文中所说"或荡于空,或胶于有",是湛然大师出世时佛门中的流弊,中唐时期,禅、华严、法相诸宗名僧辈出,各阐宗风,而天台圆教不彰,故他慨然以中兴天台为己任,对门人说:"道之难行也,我知之矣。古之至人,静以观其本,动以应乎物,二俱不住,乃蹈于大方。今之人或荡于空,或胶于有,自病病他,道用不振。将欲取正,舍予谁归?"①于是祖述所传,撰写天台三大部的注释及其他著作凡数十万言,显扬宗义,对抗他家。通过湛然大师毕生的努力,天台止观教义终于重行于世,"一家圆顿之教悉归于正",如疏文所云:"台衡教观,于是重明"。

湛然大师著述宏富,除了祖述章句外,还创立了独具一格的无情有性说,创造性地发挥了智者大师性恶论的学说。他批判他宗,辩论异说,确立自宗的优势地位,正疏文中所谓"永俾邪徒,咸归正说"。赞宁在《宋高僧传》中亦大为赞叹道:"于是大启上法,旁罗万行,尽摄诸相入于无间。即文字以达观,导语默以还源,乃祖述所传章句,凡十数万言,心度诸禅,身不逾矩。三学俱炽,群疑日溃,求珠问影之类,稍见罔象之功行,止观之盛始,然之力也。"②忌疏中称赞之语"台衡教观,于是重明;灵岳箕裘,宜其远绍"即出于此。

由于湛然对天台止观的大力倡导与弘扬,天台宗在唐代盛极一时。当时,四方僧众来天台山佛陇从湛然大师求学者不计其数,疏文说:"云垂海立,来多士于吴门,楚甸几千百众",他们的参与弘扬使天台宗不仅名扬南北,而且远传至日本和新罗。

(四) 四明尊者忌

天台宗另一位中兴祖师是宋代的四明知礼尊者。他出生于唐末五代天台宗湮灭的时代。晚唐五代战乱频仍,尤其是在遭到唐武宗"会昌法难"的打击之后,诸宗的章疏典籍散佚殆尽。素重教典的天台宗失去了赖以维系法运的教典,教势从此一蹶不振。五代时吴越王钱弘俶遣使国外寻求佛教典籍,高丽僧谛观送来若干论疏,其中以天台为数最多,成为北宋初年天台教学"中兴"的一个重要契机。宋

---

① 《天台九祖传》,《大正藏》第51册,第102页下。
② 《宋高僧传》卷六《湛然传》,《大正藏》第50册,第739页中。

初天台教观的弘扬，经过義寂、义通、四明知礼、慈云遵式等师的努力而益趋兴盛。四明尊者知礼大师，广演教法，专务讲忏，多事著述，使天台宗蔚然中兴。

知礼大师自二十岁从学于宝云义通，即立志弘传一家教观。二十二岁起，已常代义通法师宣讲。三十二岁主讲乾符寺，更是作大狮子吼。三十七岁承接显通法师所舍的保恩院，随即将其辟为"永作十方住持，传演天台教观"的千古道场。诚如志磐所云："四明法智，以上圣之才，当中兴之运，东征西伐，再清教海，功业之盛，可得而思。"①知礼大师辩才无碍，不但本国朝野僧俗请教者络绎不绝，甚至远在日本的高僧大德也来询求法要。疏文中赞述其弘法盛况为："讲贯连环，同淳化天禧之岁；行门启钥，追乾符保恩之时"，均是描述知礼大师在乾符寺和保恩院讲演天台教观的盛况。

以上三位天台祖师的忌辰分别是：章安尊者八月初七日忌；荆溪尊者二月初五日忌；四明尊者正月初五日忌。这些忌日也被纳入到《诫劝门第八·月份须知》中。诸祖忌的仪式是：至祖师忌日，挂真或设牌位，敷陈供仪，鸣钟集众，首座举"南无某祖师菩萨"，住持亲自上香，三拜。两序也出班上香，三拜。然后住持跪炉前，维那宣疏，称扬圣德。最后念诵《法华经·安乐行品》回向。

四、开山祖师忌

除了上述天台祖师要特别设供外，还有开山祖师也应当纪念。"开山"指开山建寺，故寺院第一代住持皆以"开山"尊称之。开山又有创建开山及劝请开山之分，创建开山系亲自开创寺院，并自任住持。劝请开山是虽亲自开山建寺，然另请有德之僧任住持。禅宗以

---

① 《佛祖统纪》卷八《知礼纪赞》，《大正藏》第49册，第194页上。

达磨和大智禅师为开山祖师，将二人供奉在开山堂，此堂通常设于佛殿前面的西边，与东边伽蓝堂相对峙。《教苑清规》说道，对开山祖师也应在法堂设供仪，由住持上香上大供，大展三拜。全体僧众诵《弥陀经》回向。

开山祖师有开创之功，嗣法师则有继承之德，故亦应设供忌。嗣法师指僧徒除了剃度受戒师外，尚有依止其人修学某一宗之法的师父，此师称为"嗣法师"。嗣法之徒称为"法嗣"。嗣法师示寂后，僧众每年于其入寂日诵经献香，称为"嗣法师忌"。逢忌日，住持入堂烧香，大展三拜。

五、檀越忌

另有檀越忌，是为曾护持寺院的檀越设供，追荐修福。如知礼大师住持过的延庆寺在修建期间曾得到宋代名相曾公亮的帮助。据《曾相公府延庆寺置庄田帖》记载，知礼大师某夜梦见伽蓝神对他说："来日相公入院，出门将迎。"第二天，曾公亮入寺来拜谒，知礼大师便把昨晚的梦告诉他。曾母得知此事后说："果应此梦，当为檀信，送供于此院。"后来，曾公亮果然官至宰相，成为北宋著名的政治家、思想家。为了不忘延庆寺伽蓝的感应，曾家"买田辟屋"，为延庆寺购置庄田，如公亮所说：

> 自蒙圣朝御用宰执，家母不爽此愿，置买庄田于明州鄞县清道乡。或存则为保庆平安，或化则为追远讳日。永永羞设，年年不废。家母遗言，所置不多，贻远子孙，次第置买，添归常住，永远供僧。乃存亡获益，俾令根深条茂，源远流长者也。[1]

---

① 《四明尊者教行录》卷六《曾相公府延庆寺置庄田帖》，《大正藏》第46册，第913页上。

有了曾公亮的捐助，延庆寺的规模更加扩大，名声也愈传愈远，知礼大师在此寺得以大开讲筵，"法席之严，听徒之多，展钵铺单，堂中几数千指……此非内有大导师以传持教观，外得大檀施以延供十方，恐未易崇盛如此！"①延庆教院由内弘外护成为当时的二浙之冠。

檀越忌的仪式也非常正式和隆重。每逢忌辰，寺院会提前通知檀越家属，并量宜迎接。法会由住持亲自上香，以表重视。最后由维那赞扬回向。

【原典】

法之为本至矣，佛祖之道由是而生焉。则凡有志于道者，可不知其本哉？一大藏教，本众生之性，诸佛揭而示之，诸祖对而扬之，以文字广第一义，流行世间，俾诵其书修其道者皆有以复性之本，陟佛祖之阶也。然生死幻有之质，推本于生成，尚知所以报，况诞育世出世无上法身者乎？诚能以出世妙道诱掖庶汇尽复本性，报本孰加焉？又复国朝创业垂统，先帝皆是果位，应御天下。大宝法王亦以大权辅化，化事既终，咸归证地。覆恩所被，与教共隆，而使吾徒究复本性，得不追所自耶？其于讳日，拳拳恳恳，思而敬之。

如来降生（四月八日）

将届降生，住持专诚命库司预备供养，令行者于佛殿设毗蓝园，香汤②盆安太子像，置二小勺于盆内。至日，敷陈供养并香汤毕，堂司行者覆"打起"，大众各具威仪，备香汤钱，候钟声，俱诣大殿，依次

---

① 《四明尊者教行录》卷六《曾相公府延庆寺置庄田帖》，陆沉跋。
② 香汤：有香气之汤水，即调和诸种香而煎成之汤水，多用于洗净身体。

立。住持上香,三拜,不收坐具,进前,奉汤食,行者递上,侍者捧置于几。问讯毕,复位,三拜,再上香,下覷点、茶,又三拜,收具。两序出班,维那揖香如前式。大众三拜,收具,住持跪炉,维那宣疏白佛云:"现大人相,充满太虚,深远雷音,遍周法界。巍巍乎高等须弥,晃晃乎明逾日月(云云)"(疏式见后)。

维那宣疏毕,首座举唱《浴佛偈》云:"我今灌沐诸如来,净智庄严功德聚。五浊众生令离垢,同证如来净法身。"行道、浴佛毕,立定,举《安乐行》①,复行道,经毕,复举佛号各三声。毕,大众云:"愿灭三障诸烦恼,愿得智慧真明了。普愿罪障悉消除,世世常行菩萨道。十方三世(云云)"。

疏式

某路某寺住持末裔比丘(某),与众小比丘等,四月初八日恭遇本师释迦如来大和尚降生之辰,谨备山殽野蔌、茗碗炉熏,专伸供养。讽诵经文,称扬圣号,所集功德,用酬慈荫者。

右伏以千圣②嗣兴,莫不由实道而成正觉;一法可赞,所谓以慈心而游世间。既膺人寿百岁之时,遂补贤劫四佛③之处。取万二千国中央之地,示三十二相劣应之身,固敢为天下先,而自称人中胜④。岂羡继天之贵,盖昭唯佛之尊。应迹如存,仰明星而犹朗;化仪虽往,想白虹而尚腾。适逢赐影之辰,少效惟馨之荐。奉匜⑤香水,用沐金躯。集兹有作之熏,仰报难思之德。本师释迦如来大和尚,伏愿弥

---

① 《安乐行》:即《法华经·安乐行品》。

② 千圣:指贤劫千佛。

③ 贤劫四佛:为贤劫出世的第四尊佛,即释迦佛。

④ 自称人中胜:指太子初诞生时,右手指天,左手指地,云:"天上天下,唯我独尊。"

⑤ 匜:音 yí,古代盥洗时舀水用的器具,形状像瓢。

隆至化,阐宗风复振皇风;未丧斯文,寝邪法流通正法。罄有相,证诸相非相之实相;统含生,悟无生受生之真生。等未来时,如出兴日。

谨疏。

如来成道(腊月八日。礼式同上,但去《浴佛偈》耳)

非证而证,久证于尘点劫①前;无成故成,近成于菩提树下。盖从本而垂迹②,为行己而化他,降灵于睹史陀宫③,利见于迦维卫国。视金轮而脱屣,指雪山为故家。分卫④五人,燕坐六载⑤。随机时有赊促,岂证道异过当?云散仪霄,自尔水月交际;春回巘谷,不妨花柳芬菲。念化仪无得而称,惟内证尤不可示。熟前番人⑥虽云已矣,愍

---

① 尘点劫:据《法华经》卷五《如来寿量品》,释尊成佛以来已经五百尘点劫。即粉碎五百千万亿那由他阿僧祇三千大千世界为微尘,每经东方五百千万亿那由他阿僧祇之国土而下一尘,如是东行,至微尘净尽,而其所经之世界皆化作微尘。如是之一尘为一劫,而释尊成佛以来,复过于此五百千万亿那由他阿僧祇劫,以此显示世尊成佛以来劫量之长远不可算计。

② 从本而垂迹:《法华经》卷五《如来寿量品》载,一切世间天人等皆认为释尊是伽耶始成的新佛,但实际上其于五百千万亿那由他劫以前便已成佛,伽耶成佛之身只不过是其垂迹而已。

③ 睹史多宫:即兜率天宫,意译则为"知足"。《涅槃经》曰:"此天,欲界最胜,故补处菩萨皆示生此天,为教化众生故。"

④ 分卫:即乞食之意。

⑤ 燕坐六载:指佛陀在成道前曾修苦行六年。

⑥ 熟前番人:天台宗以"种熟脱"为佛化益众生之三阶段。"种"即下种,谓将成佛之种子播于众生心中。"熟"即调熟,谓传播教法。"脱"即解脱,谓从苦中脱离。天台宗认为,自佛最初将成佛之种子播于众生心中,以迄最后之开悟,可分为此三阶段。《法华经》中提到,释尊过去为大通智胜佛的十六王子之一,而灵山法会的听众皆为此如来当时的结缘众,其人今皆已调熟。此处的"熟前番人"即指这些人。

末裔者其如之何？歆艳遗音，怅惕罔措。伏愿俾末世优昙①再瑞，复睹明星；使浇季②甘蔗③重荣，还瞻慧日。

如来涅槃（二月望日）

灯夕④后，住持令堂司行者报示新学熟读《遗教经》，五日一次诣首座前背试。至二月初一日为始，每日斋了，堂司行者覆："打起。"，集众诣佛殿，讽诵净觉法师有礼文⑤。四明延庆至日，皆如天台祖忌行之。于法堂上置涅槃佛像，左右叙列涅槃会上结集诸法藏、结集诸菩萨僧、结集缘觉僧、结集声闻僧四位牌衔配之。近来诸方从简，就佛殿上食设拜而已，岂尽报本之诚乎？

疏语

鹫岳臎期，显一乘而极唱；鹤林⑥顾命，指三德以真归。自高山先照，示以出兴；至峻岭余辉，云当入寂。知唱生而唱灭，恒常不变，

---

① 优昙：即优昙钵罗华，意译则为"灵瑞"或"瑞应"，是多年生草本植物，茎高四五尺，花作红黄色，产于喜马拉雅山麓及斯里兰卡等处，三千年开花一次，开时仅一现，《法华经》中以此喻经王之难遇。

② 浇季："浇季末法"之省称。浇，薄。季，末。"浇季"即人情、风俗、道德浮薄之时代。

③ 甘蔗：甘蔗种为释迦族之祖。此处指释迦佛的正法。

④ 灯夕：是古时对元宵节的一种别称。旧俗于农历正月十五日元宵节之夜张灯游乐，故称其夕为"灯夕"。

⑤ 净觉法师有礼文：指知礼大师弟子净觉仁岳所著《释迦如来涅槃礼赞文》。

⑥ 鹤林：指世尊于印度拘尸那揭罗城跋提河畔入灭之娑罗树林。据《大般涅槃经》后分卷上所载，世尊入涅槃已，娑罗树乃垂覆宝床，遮盖如来，其时娑罗树惨然变白，犹如白鹤，故有此称。又因世尊于此林入灭，故"鹤林"一词亦成为"佛涅槃"之代称。

法性本然;见令始而令终,会必有离,世相如是。医师背丧①,贾客他行。花柳无私,俄浃②逢于远日;蘋蘩③可荐,罔敢坠于遗风。式表芹诚,仰祈藻鉴。伏愿分身俯降,护身使佩于灵符;慧命长存,赎命见颁于重宝。庶令后裔,克绍先宗。

国　　忌

上宾日,届期,先一日晚,库司令堂司行者覆住持、两班,挂讽经牌报众。就法座上安御座,用黄纸书圣号牌位。严设香华、灯烛、供养之仪。

至期,鸣僧堂前钟集众。住持上汤茶,首座举《楞④严咒》。咒毕,举释迦、楞严诸天号。维那回向云:"天上天下,圣主为尊;世出世间,法王自在。仰冀洪慈,俯垂昭鉴:某路某寺住持传教观僧某,今月某日恭遇某圣圣忌之辰,谨集僧众,讽诵秘章,称扬圣号。所集殊勋,上资圣驾。伏⑤愿逍遥八极⑥,仰翠舆玉辂之来仪;自在中天,享瑶关琼台之娱乐。十方三世(云云)"。

---

①　医师背丧:指《法华经》所说医子喻。《法华经·如来寿量品》说,某良医因事至他国,其诸子误饮毒药。迨父还,取好药济诸子,诸子有尚未失心者,服之而愈,已失心者,则拒不敢服。父便往他国,诈言死。诸子闻之,哀切之余,乃醒悟而服好药,悉除病毒,父乃归来相见。此系以良医比喻如来,以诸子比喻三乘人。三乘之人信受权教,未得正道,如来以方便力使之服大乘法药,速离苦恼。

②　浃:音 jiàn,意为再次、屡次、接连。

③　蘋蘩:指蘋和蘩,两种可供食用的水草,古代常用于祭祀。后以"蘋蘩"借指能遵祭祀之仪。

④　楞:原作"棱",今据文意改。

⑤　伏:原作"供",今据文意改。

⑥　八极:指八方极远之地。《淮南子·墬形训》:"八纮之外,乃有八极。"

天台大师忌（十一月二十四日）

维那和会礼数，与说戒同。

将届忌辰，住持专诚命库司备供养之仪。维那预先和会人借书画、器皿，分项掌管。复和会唱礼人员，三夜习仪。方丈初夜，库司次夜，堂司后夜，务尽孝思，毋或饕餮①也。宿夜日，参头差行者于法堂敷陈玩具，严饰祭筵、炉、瓶、香、几，一一如仪。上间设法衣、拂子、椸架、椅等。中间分列九祖②、山家诸祖③、山门始祖④并嗣法师等位，仍设祭筵。下间设部文、炉、瓶、椅等。

当晚，堂司行者覆方丈、两班："打起。"鸣僧堂前钟，集众。候住持至，各去帽⑤。头首举"南无旋陀罗尼菩萨"⑥，右旋行香一匝，各归蒲团位，展具三拜，默运香华。散华毕，依忏主礼文，专诚修礼。候奉请时，住持起，上汤茶（正日上汤食，颙茶侍者一一恭进）。奉请后，仍

---

① 饕餮：音 tāotiè，中国古代传说中的一种凶恶贪食的野兽，龙的第五子，后来用以形容极度好食的人。

② 九祖：指天台宗九祖：第一祖龙树菩萨、第二祖北齐慧文、第三祖南岳慧思、第四祖天台智顗、第五祖章安灌顶、第六祖法华智威、第七祖天宫慧威、第八祖左溪玄朗、第九祖荆溪湛然。

③ 山家诸祖：指志磐《佛祖统纪》列入本纪部分的十七位天台祖师。《佛祖统纪·释本纪》云："自北齐始开龙树之道，至于天台大弘《法华》，章安集为论疏，荆溪制记申明，禀承教观，实居震旦，是谓今师师承，作《东土九祖纪》二卷。自遂法师嗣荆溪之业，师师相承，历晚唐五代，暨我本朝，教法散而复合，仰惟四明法智，用能中兴天台一家教观之道，同功列祖，作《兴道法师下八祖纪》一卷。"

④ 山门始祖：指本寺开山祖师。

⑤ 帽：据《四分律》卷四十载，佛允许比丘于冬寒时以毳或劫贝（棉类）裹头，后世袭用之。我国南朝萧齐时代，宝志始冠布帽，后世遂称为志公帽，广用于禅林中。

⑥ 南无旋陀罗尼菩萨："旋陀罗尼"，意为"辩才无碍"、"说法圆满"。天台后人顶礼智者大师时，唱首辄称"南无旋陀罗尼菩萨"，表示仰慕和祈请加持之意。

请山家诸祖、山门始祖等。及嗣法师请毕，赞叹宿夜。正日，维那读疏，或知客读（疏式见后）。前、后堂首座缴疏，宿夜唱诵，前六段顶礼；正日唱诵，后六段顶礼。仍顶礼列祖毕，忏五悔，讫，设三拜。头首举《安乐行》，行道。经毕，举佛号。毕，众云："愿灭三障诸烦恼（云云）"。

堂司行者唱云："知客请方丈和尚、两班大众就此献汤。"汤毕，维那备汤果，或请大众，或但请唱礼人，随山门例不同。次行堂参头领众诣筵讽经。正日辰时，常住点心。堂司行者打起，唱礼①、讽经，与宿夜同。至午时，大众起堂斋，维那请唱礼、提调②等人就寮斋斋粥。毕，堂司行者就僧堂覆住持、两班，鸣僧堂前钟，诣供筵讽经。毕，行者讽经。候礼时，首座居中，左右各三人，互相同声，奉请有声音者一人唱序。

知客去帽烧香、下汤，维那汤果亦然。

疏语

古塔开扃，半座③平分风月；灵山在目，三周④俱付筌蹄。摧我慢自高之幢，示吾今亲证之地。陈隋应运，蛮貊同文。小根小茎⑤，毋

_____

① 唱礼：是法会表白，终后唱礼，师登礼盘，唱五悔五大愿等之文，谓之唱礼。负责唱礼之人亦称唱礼，与下文的梵音师为同一性质。

② 提调：相当于各寮主的助理。提举其事而能为调理，谓之提调。

③ 半座：《法华经》卷四《见宝塔品》载，在释尊说《法华经》的会座上，从地涌出七宝塔，塔中多宝如来分半座给释尊，以证明释尊所说的《法华经》真实不虚。

④ 三周：即《法华经》的"三周授记"。"三周"指"法说周"、"譬说周"与"因缘周"。上中下三根之声闻由于听闻《法华经》之三周说法而得悟，佛为之各各授予作佛之记，称为"三周授记"。

⑤ 小根小茎：和下句"大枝大叶"皆出"法华七喻"之"药草喻"。药草有三种，即小草、中草、大草。小草比喻人、天，中草比喻声闻、缘觉，大草比喻菩萨。药草虽有大小不同，若蒙云雨滋润，皆得敷荣郁茂，能治众病，故以之比喻三乘人之根器虽高下不同，若蒙如来慈云法雨润泽，则皆能成大医王，普救群生。

望洋向若而叹;大枝大叶,皆拔茹连茹而征。众丘绕司命,逊其高寒;诸子驾安车,鞭其觳觫①。生民以来未有,愈高泰山北斗之具瞻;此舟过后更无,益重浮木盲龟之难值。玄珠②休景,智鉴沉光。搅和酥酪之既成,收卷波澜而遐举。《象》《武》方绝尘于无何有,郑声将乱雅于侏离淫。允赖正音,洗空邪说。谬记刻舟之迹,辄营讳日之斋。撷芳于沼沚之毛③,式资明信;展敬于涓埃④之效,允答洪休⑤。

法空宝觉智者大禅师,伏愿有伴即来,招手勿忘⑥。于金地如月初上,分身岂间于潢流? 再振玄猷,庶昌厥后。

又疏

《钧天》《韶护》,合吾节乃张;凤凰麒麟,适其时则出。会斯文之将丧,故亚圣之偶兴。

恭惟天台教主法空宝觉智者大禅师,豁见灵山,洗虞渊之佛日;

----

① 觳觫:音 húsù,恐惧战栗貌。《孟子·梁惠王上》:"王曰:'舍之。吾不忍其(指牛)觳觫,若无罪而就死地。'"

② 玄珠:比喻道的实体或教义的真谛。

③ 沼沚之毛:沼,小池。沚,水中的小洲。毛,草。语出《左传》:"信不由中,质无益也。明恕而行,要之以礼,虽无有质,谁能间之? 苟有明信,涧溪沼沚之毛,蘋蘩蕴藻之菜,筐筥锜釜之器,潢污行潦之水,可荐于鬼神,可羞于王公,而况君子结二国之信,行之以礼,又焉用质?《风》有《采蘩》《采蘋》,《雅》有《行苇》《泂酌》,昭忠信也。"

④ 涓埃:指细流与微尘,比喻微小。

⑤ 洪休:犹洪福。宋秦观《代贺兴龙节表》:"昭哉嗣服,缵六圣之洪休;大矣孝熙,备三宫之至养。"

⑥ 招手勿忘:《智者大师别传》云:"当拜佛时,举身投地,恍焉如梦,见极高山,临于大海,澄渟蓊郁,更相显映。山顶有僧,招手唤上,须臾申臂至于山麓,接引令登,入一伽蓝,见所造像在彼殿内。梦里悲泣,而陈所愿:'学得三世佛法,对千部论师说之无碍,不唐世间四事恩惠。'申臂僧举手指像,而复语云:'汝当居此,汝当终此。'"后来,智者大师到了天台山,寻觅修行之地时,定光禅师告诉他:"但闻鸣槌集僧,是得住之相。忆睹招手相引时否?"

大匉木铎①，鼓震旦之金声。贯一乘极唱之音，洞三际终穷之妙。午照揭矣，容鱼目之夺珠；大道廓如，空郑声之乱雅。帘月柏香，而真法供养②；江陵金地，而顺物委蛇。获一旋陀罗尼，姑示迹中之迹；想三阿僧祇劫，已极天中之天。香风吹优昙钵华，铁鼓透那罗延箭。抱玉泉之源渺，霈一雨于梦中。仰华顶之峰高，降众魔③于镜里。至若帝王师法，凡圣奉尊，皆吾祖之绪余，奚下凡之足议。

（某）等忝值示归，双树逮至千年，云仍近百世之孙，传续愧一丝之眇。魂摇鲸海，空怀四帝之雄姿；恩戴鳌山，莫睹二严之奇相。望江声而动哭，瞻斗气以凝悲。辄陈寒涧之蘋④，聊奉惟馨之荐。

呜呼我祖，罔极苍天！伏愿下印千江，弥满一天之月；究竟六味⑤，吹嘘九地⑥之春。矜氛埃轇輵⑦之秋，哀败种离披⑧之极。药

---

① 木铎：比喻宣扬教化的人。典出《论语·八佾》："天下之无道也久矣，天将以夫子为木铎。"此处指佛法的宣扬。

② 此句典出《智者大师别传》："于时但勇于求法，而贫于资供。切柏为香，柏尽则继之以栗。卷帘进月，月没则燎之以松。息不虚黈，言不妄出。经二七日，诵至《药王品》，诸佛同赞：'是真精进，是名真法供养。'到此一句，身心豁然，寂而入定。"

③ 降众魔：此句指"华顶降魔"之事。《智者大师别传》云："寺北别峰，呼为华顶，登眺不见群山，暄凉永异余处。先师舍众，独往头陀。忽于后夜，大风拔木，雷震动山。魑魅千群，一形百状，或头戴龙虺，或口出星火，形如黑云，声如霹雳，倏忽转变，不可称计。图画所写降魔变等，盖少小耳，可畏之相复过于是。而能安心，湛然空寂。逼迫之境，自然散失。又作父母、师僧之形，乍枕乍抱，悲咽流涕。但深念实相，体达本无。忧苦之相，寻复消灭。强、软二缘，所不能动。明星出时，神僧现曰：'制敌胜怨，乃可为勇。能过斯难，无如汝者。'"

④ 寒涧之蘋：寒涧，阴冷的山涧。寒涧之蘋比喻祭物的微不足道。

⑤ 六味：指苦、醋、甘、辛、碱、淡。《大般涅槃经》卷四更以此六味喻该经之法义。此处指以佛法拯救众生之意。

⑥ 九地：即"三界九地"之省文，是对处于三界轮回中的众生的总概括。九地为：欲界汇为一地，名五趣杂居地。色界有四地，即初禅名离生喜乐地、二禅名定生喜乐地、三禅名离喜妙乐地、四禅名舍念清净地。无色界有四地，即空无边处地、识无边处地、无所有处地、非想非非想处地。以上合称"九地"。

⑦ 轇輵：音 jiāogé，交错杂乱之意。

⑧ 离披：分散下垂貌，纷纷下落貌。

垂瞑眩,不举步而悟故乡;迹免玲㻌,即此心而见真性。誓报难明之化,洞然无尽之灯。

诸祖忌(章安尊者八月初七日忌
荆溪尊者二月初五〔日〕忌
四明尊者正月初五日忌)

山家诸祖忌辰,宜皆修敬,而于天台忌辰祫祀,礼也。章安结集,荆溪记述,四明中兴,此三祖之功大于名教,故当表而出之。届期别祀,亦礼也。

凡临忌辰,维那预令堂司行者覆方丈、两班,挂牌报众,库司办供仪。隔宿,于法座上挂真①。真缺,设牌。

至日,敷陈供仪。堂司行者覆方丈、两班,鸣廊板、僧堂前钟,集众。候住持至,不得覆帽,鸣引二下。首座举"南无某祖师菩萨",领众右旋,烧香一匝,立定。住持上香,三拜,不收坐具,进炉前,上汤,上食,侍者恭递。俟捧至几上,退就位,三拜,仍进前烧香,上齅献②茶。毕,复位,三拜,收坐具。住持上片香,行者鸣行香钹,维那出班揖香,两序出班上香(式如前),大众同展三拜。住持跪炉,维那宣疏:"仰冀真慈,俯垂洞鉴(云云)"(疏语如后)。毕,首座举《安乐行》(如前式)。若行宿礼,亦如之,但免出班、上食而已。

---

①　挂真:指悬挂迁化尊宿之像于真亭。据《禅林象器笺·丧荐门》载,真,真仪之意,即迁化尊宿之肖像。遇尊宿迁化,有两处场所可悬挂其肖像,一为法堂,二为山门之首真亭。举行挂真之仪式,称为"挂真佛事"、"挂照佛事"。

②　献:原作"猷",今据文意改。

章安尊者忌疏

　　得鱼①忘筌，能即言说而为解脱；示月须指，故因文字以显总持。虑衡台②过后以无闻，故荆扬往来而不惮。殆可庆喜③同功并德，斯与智者默识心通。恭惟天台宝授结集法藏章安禅师总持尊者，佩宿誓而复来，禀今师而善继。捷五行于目视④，记万言于耳闻。由自任天下之难，故超出门人之上。菜食水斋，冰床雪被，不辞著述之劳；超云迈印，跨朗笼基⑤，岂图讲说之胜？悲斯文之若坠，示甘露之在兹。东宫之法施方还⑥，内院之宝台已待。

　　(某)等叨生法末，获奉圆闻。俄讳日之来临，痛深恩而罔报。聊伸菲供，少展涓诚。伏愿再降摄静⑦，白日群雄，不劳弹指，重复回澜。青毡旧物，竚听欬声。庶大教振开皇之风，俾末裔睹江陵之盛。

---

　　① 鱼：原作"高"，今据文意改。

　　② 衡台：指分别住于南岳衡山和浙江天台山的慧思大师、智者大师。古人往往以地名代指祖师，而不直呼其名讳。

　　③ 庆喜：为佛陀十大弟子之一的阿难尊者的意译名。汉译《大般若经》等经典多用庆喜之名，而少用阿难之名。

　　④ 捷五行于目视：指一目五行，形容看书非常快。《辽史·杨遵勖传》："天下之事，丛于枢府，簿书填委。遵勖一目五行俱下，判决如流。"

　　⑤ 超云迈印，跨朗笼基：语出《佛祖统纪》："师晚年于会稽称心精舍讲说《法华》，时人赞之，有'跨朗笼基，超云迈印'之语。""朗"指兴皇法朗，"基"指"山阴慧基"，"云"指"光宅法云"，三人事迹并见道宣《续高僧传》。"印"则未详是何人。

　　⑥ 东宫之法施方还：指章安大师曾为时为太子的杨广讲《净名经》。《佛祖统纪》云："二年(602)四月，遣扬州参军张谐入山，宣令慧日道场道庄、法论二师于东宫讲《净名经》，全用智者疏文判释。"

　　⑦ 摄静：指摄静寺，为章安尊者的出家处，他七岁入摄静寺依慧拯法师出家。此寺在今浙江省台州市椒江区。《民国临海县志》载："无碍寺，在县东南一百三十四公里，旧名栖道，梁时嘉法师建。隋改摄静。旧传僧泡顶尝升座讲经，时海寇拥兵入，见持帜朝者甚盛，身皆丈余，骇而窜，遂又名山兵。宋治平三年改无碍院。"

荆溪尊者忌疏

或荡于空,或胶于有,舍哲匠谁其正诸?① 既衷以理,既辟以文,顾圆宗岿然存矣。符掞轮游河之梦②,专尊王贱伯之功。记诸部于台岭,毗坛数十万言③,云垂海立;来多士于吴门,楚甸几千百众,凤翥龙翔。辞优诏以深藏④,挈宏纲而独任。天扶杞国,日取虞渊⑤。台衡教观,于是重明;灵岳箕裘,宜其远绍⑥。(某)等滥同展卷,实切衔恩。适逢讳日于花朝,聊陈薄供;遥想灵龛于佛陇,莫睹真容。

天台记主荆溪大师圆通尊者,伏愿悲誓所薰,即文字广第一义;遗编是赖,期自他入不二门。永俾邪徒,咸归正说。

四明尊者忌疏

圣祖往而玄化微,憭若悬丝之引石;邪说行而间世出,明如杲日

---

① 语出《佛祖统纪·东土九祖纪第三之二》:"道之难行也,我知之矣。古之至人,静以观其复,动以应其物,二俱不住,乃蹈乎大方。今之人或荡于空,或胶于有,自病病它,道用不振。将欲取正,舍予谁归?"

② 语出《佛祖统纪·东土九祖纪第三之二》:"(左)溪与之语,知为道器,尝谓师曰:'汝曾何梦?'答曰:'畴昔之夜,梦披僧服掖二轮游大河中。'溪曰:'嘻!岂当以止观二法度群生于生死之渊乎!'"

③ 语出《佛祖统纪·东土九祖纪第三之二》:"乃祖述所传,著为记文,凡数十万言,使一家圆顿之教悉归于正。"

④ 语出《佛祖统纪·东土九祖纪第三之二》:"天宝、大历间,朝廷三诏,并辞疾不起。"

⑤ 虞渊:即禺谷,传说中日没处。古人认为太阳早晨从东方的"旸谷"出发,晚上落入西方的"禺谷"。

⑥ 灵岳箕裘,宜其远绍:箕,扬米去糠的竹器或者畚箕之类的东西。裘,冶铁时用来鼓风的皮囊。绍,继承。此处"远绍箕裘"比喻后来者能继承佛祖的事业。

之旋空。岂唯燹火之息哉,宜载昙华之现耳!

恭惟中兴教观法智大师四明尊者,幼生鄞水,神僧遗佛子之灵①;初禀宝云,弥月讲《心经》之要②。遂作学徒渊薮,真成法海舟航。鼓吹一乘,网罗众典。行天台难行之行,胁不至席,四十余年;记毗陵未记之文③,手不停书,几千万字。青襟蚁集,赤帜云张。中兴教观,舍师其谁?远绍箕裘,一人而已。何鹤林之变色,致梁木之缠悲。空抱遗编,难回寂定。(某)等痛适临于讳日,实常感于深恩。薄荐蘋蘩,少酬埃滴。伏愿④不忘冥护,永俾弘传。讲贯连环,同淳化天禧之岁;行门启钥,追乾符保恩之时⑤。重振斯文,益昌厥后。

---

① 据《佛祖统纪·兴道下八祖纪第四》,知礼大师为佛子罗睺罗转世:"父经以枝嗣未生,与妻李氏祷于佛,梦神僧携童子遗之曰:'此佛子罗睺罗也。'因而有娠,暨生,遂以为名。"

② 语出《佛祖统纪·兴道下八祖纪第四》:"太平兴国四年(979),从宝云学教观,始三日,首座谓之曰:'《法界次第》,汝当奉持。'师曰:'何谓法界?'座曰:'大总相法门圆融无碍者是也。'师曰:'既圆融无碍,何有次第?'座无对。居一月,自讲《心经》,听者服其速悟。"

③ 毗陵:指湛然大师,荆溪湛然居毗陵(江苏常州),常自称"毗陵沙门"。"记毗陵未记之文"语出《佛祖统纪·兴道下八祖纪第四》对知礼大师的评价:"四明法智以上圣之才,当中兴之运,东征西伐,再清教海,功业之盛,可得而思。是以立阴观妄、别理随缘、究竟蛣蜣、理毒性恶、唯色唯心之旨,观心观佛之谈,三双之论佛身,即具之论经体,十不二门之指要,十种三法之观心,判实判权,说修说性,凡章安、荆溪未暇结显诸深法门,悉表而出之,以为驾御群雄之策,付托诸子之计。"又,《佛祖统纪》卷五十一《宗门尊祖议》云:"而四明法智以佛所生子垂迹海隅,一家教部毗陵师未记者悉记之,四种三昧人所难行者悉行之。"皆肯定了知礼大师是继湛然大师之后中兴天台教观的重要人物。

④ 愿:原作"类",今据文意改。

⑤ "讲贯连环"等句:描述知礼大师弘讲天台教观的盛况。语出《佛祖统纪》卷八《兴道下八祖纪第四》:"淳化二年(991),知礼大师始受请主乾符,绵历四载,诸子说随。至道元年(995),以所居西偏小院,学徒戾止,盈十莫容,遂徙居城东南隅保恩院。"同书又记天禧年间(1017—1021)知礼大师倡法华忏闻于朝廷之事,文繁不录。

开山历代祖忌

开山祖,若法门重望,功被山门,宜如前诸祖,设法堂,上礼仪。亦须制疏,赞其功德。若历代忌,届期,堂司行者预报库司备供养,请祖堂位牌,就法堂中间铺设。

粥罢,集众,住持、两序一行排立。住持上香、汤、食、茶。毕,大展三拜①。首座举《阿弥陀经》行道,经终,称圣号("弥陀、观音、势至"等)。维那回向:"因缘所生法,我说即是空。亦名为假名,亦名中道义。仰冀真慈,俯垂昭鉴:今月某日,山门伏值前住当山第几代某祖师斋忌之辰,营备菲仪,以伸供养。谨集比丘众,讽诵真乘,称扬圣号功德,奉为觉灵,增崇品位。伏愿十乘②斋策,优游即入清凉池;三观弥修,任运同归秘密藏。再回寂定,重辉法灯(云云)"。

或徒弟法眷、江湖道旧,俵嚫③请众讽经,维那回向:"仰冀真慈,俯垂照鉴:徒弟比丘某等,伏值前住当山先师和尚某法师斋忌之辰,谨命同袍,讽诵真乘,称扬圣号(云云)"。

若就祖堂下食,一位讽经,非礼也。

嗣 法 师 忌

嗣法师者,传道解惑。授受之际,得益非少,当知根源。凡遇忌辰,礼宜尽诚。须预计算合用制供钱物,归常住置食设供,或自就方

---

① 大展三拜:即大展坐具以三度礼拜,是僧人对本尊或尊宿所行之礼式。
② 十乘:指十乘观法,系《摩诃止观》所说的圆顿止观之具体行门。即通过观心成就修至圆教初住的十种观行法门。分别为:一、观不思议境。二、发真正菩提心。三、善巧安心止观。四、破法遍。五、识通塞。六、道品调适。七、对治助开。八、知次位。九、能安忍。十、离法爱。
③ 俵嚫:俵者分与之义,分与人之施物云俵嚫。

丈营办。隔宿,令堂司行者覆两班,报寮。法堂上铺陈祭筵玩具,法座上挂真。宿夜,集众讽经。至日,粥罢,鸣堂钟,集众,对座雁立。住持上香,上汤,三拜。又上食,上䑣,三拜。上茶,又三拜,大众同三拜。盖在座下皆曰"参学",故尊住持也。今诸方众中,或不拜者有之。维那宣疏(或住持叙意亲制,或书状侍者制),首座举经,领众行道,住持则侍立座左。经毕,举佛号,众云:"愿灭三障(云云)"。次行者讽经(宿夜同)。斋时,住持入堂烧香,大展三拜,以答众礼也。归位,侍者行䑣。当晚,就方丈备汤果,请两班、江湖道旧。(须令客头行者①预请。)

法眷俵䑣,讽经如前。

檀 越 忌

隔宿,堂司行者覆方丈、两班,挂牌。库司预专人诣檀越家,请子孙到寺拈香,量宜迎接。复设②供仪。

至日,就祠堂敷设。子孙至山已,集众。住持上香,首座③举《弥陀经》,称号。维那回向:"真如界内,绝生佛之假名;平等性中,无自他之形相。仰冀神仪,俯回昭鉴:今月某日,山门伏值故檀越某人(称呼)远忌之辰,营备菲仪,以伸供养。仍集合山④大众,讽诵真乘,称念觉号,灼化财功德,专为神魂庄严报地。伏愿心游妙理,质托净邦,香风起处闻经,莲华开时见佛。"化纸,诵《往生咒》三遍,毕。〔"十方三世(云云)。"〕

---

① 客头行者:略称"客行"。是寺院中隶属于知客并受其使令以担任职务之侍者。
② 设:原作"讲",今据文意改。
③ 座:原作"坐",今据文意改。
④ 合山:又作"全山"、"阖山",指一丛林之全体,或指一山之全体僧众。此外,集合于一寺修行之全体僧众称为"合山清众",又作"阖山清众"。

住持门第四

【题解】

　　住持为一寺僧众之首,其职任之重要毋庸赘言,因此《住持门》对住持如何受请、付承嗣法衣、交割什物、上堂说法等事项阐述较为详细。其目有议举住持、请新住持、新住持入院、住持常用、退院等五项。

　　第一目"议举住持"中,说到新住持如何产生的问题,即由寺院提供候选名单,并申报官府。第二目是迎请新住持的仪式,包括十个细目,主要是关于寺院专使如何去他寺迎请新住持,新住持与专使的礼仪应酬及辞别所在寺院僧众的种种礼数。第三目是住持入院仪式,也称"晋院"或"进院",指新住持入主某寺的隆重仪式。第四目提到的"住持常用"共有八件,主要是关乎住持领众修行、上堂说法及代表寺院与其他丛林来往、信众应酬等事项,其中以朔望上堂最契丛林古规重视弘修之本意。这些条目以丛林礼数为主,体现了古人重视以礼相待,以礼增进法谊的思想。下面就本门五大目内容作一略述:

　　第一,住持的选任系十方丛林选贤制。

　　佛教的僧团制度建立在民主的六合精神基础之上,因而选贤任能是其基本的特征,寺院住持贤能与否是佛法兴衰的关键。天台宗非常重视对寺院住持的选择,历代祖师如智者大师、知礼大师、遵式大师等人都深刻认识到这一点,而制订了有关寺院住持的行持法度。

如知礼大师住持过的延庆寺本系保恩院前二任院主居明、显通二师舍给知礼大师、异闻法师,以传天台智者大师教法的,知礼大师接管并重建该寺后即将其定为十方丛林住持制,"依准江南湖南道山门体式,永作十方住持"①。宋代寺院由住持制或继承制的不同可区分为十方住持制(慎选诸方名宿)、甲乙徒弟制(如师徒相承、兄弟相继)、差住持制和舍造寺院者自己招请四种,皆需申请立案。其中以前二种寺院最多②。寺院性质亦可变更,如延庆寺的前身保恩院本属于甲乙徒弟制,经知礼大师改革后的延庆寺则属于十方住持制。

甲乙徒弟制现今称为"子孙丛林",此类寺院之财产属一僧或一脉系之僧人所有,住持系师徒相承,如俗世之父子兄弟相续,官方无权过问。

关于十方住持制,《禅林象器笺》解释说:"(十方制)请诸方名宿住持,不拘甲乙,故为十方刹也。"《敕修百丈清规》云:"凡十方寺院住持虚席,必闻于所司,伺公命下,库司会两序勤旧,发专使修书制茶汤榜,请书记为之。"③十方住持制寺院系公请诸方名宿主持寺务,故又略称为"十方院"。十方制乃众人共食,不分亲疏彼此。遇住持出缺,则延请诸方名德,其原则不是师徒相承,而是选贤与能。

不论是十方制还是甲乙制,既经申请立案,即为定制。若需变更体制,还得申请官府批准。如知礼大师将延庆寺住持制度更改后,即以"具状申奏"的方式获得州官的认可,借官方的力量将这一制度保持下来。《教苑清规》说道:"不可以乡人法眷,私情贿赂,不择臧否,以玷教门。"即是避免寺院成为子孙丛林之意。《教苑清规》中所规定议举住持的方式是:"履践端正、学识高明、允合舆论、厮次相应、堪服

---

① 《四明尊者教行录》卷六《使帖延庆寺》,《大正藏》第 46 册,第 909 页中。

② 黄敏枝《宋代政府对于寺院的管理政策》,《东方宗教研究》第一期,1987 年。

③ 《敕修百丈清规》卷二,《大正藏》第 48 册,第 1123 页下。

众望者,准使院通例,十名阄三名。然后填龛,勘合申院。"这是元代中后期江南行宣政院的一种选举制度。

阄选住持①之制实施的细则如下:当寺院住持出缺,重新选任时,首先由诸山保举三名住持候选人,然后上呈行宣政院,由主管官员们共同出席进行阄拈,这叫"公会阄拈",也是最为关键的步骤,拈中者最后由行院发文书委任。

第二,迎请新住持。

住持人选确定以后,就要举行迎请新住持的仪式。古代以住持为寺院最高道德首领,因此,新住持的迎请和入院仪式非常隆重。

院堂阄拈出新住持后,寺院就要派专使去迎请,并挂牌公告大众:"卜选住持某日入院,今请某某为专使。"专使一般由本寺西序中首座、维那等执事,或西堂、勤旧僧人来担任,为了慎重起见,他们还得由知事一人陪同前去迎请。寺院中掌管财经的议事要载明本寺所有田产物业及迎接仪从,一切必具。

代表寺院僧众去他寺迎请住持的专使在起程之日须到首座寮、维那寮、知客寮、侍者寮等众寮告别。出发时间一到,客堂即鸣大钟三下,集合全体僧众为其送行。专使到了彼寺(即所举请住持所在之寺)以后,先到客堂安顿好行李,接着请侍者通报住持。得到住持的允准后,即"敷设卓袱,安疏帖,报两序",接下来便是住持与专使之间的应对礼仪:

> 至,住持出接,专使问讯,请跌坐。住持中立,专使插香初展云:"某蒙山门使令,攀屈尊严,获奉慈颜,下情不胜感激之至。"二展云:"即日共惟,新命堂头和尚尊候,动止多福。"三大展三拜。住

---

① 为了防止树党徇私、妄庸窃位的情况出现,大䜣禅师率先在议举住持时采用阄选方法:"大方居众常千百人,而难于择师,吾以三名定公选,防奸弊也。行之期年,似有成效。"

持答一拜："某自揆疎谬，难膺此请，盛礼过厘，不胜皇蝶。"①

这一应对以后，专使捧呈疏帖，住持接受。之后便是揖坐归位，侍者烧香献茶，还有同来行仆亦参拜住持，两班大众皆诣方丈室礼贺。待大众散去以后，知客领专使巡察毕，再到方丈室，专使呈纳本寺须知、仪从、什物等，让新住持对即将接手的丛林情况有个大致了解。为了报答专使的盛意，住持还特为专使开药石。为表迎请之诚，专使为新命住持煎点②，即为受请住持设斋供众。

为了避免住持不允所请的尴尬局面出现，礼请住持之前应当私下征求新住持的意思，如果住持允许则派专使去请，否则就不必如此劳师动众了。

住持受请后，先要在原来寺院付承嗣法衣，以示后继有人、不断法脉之意。继而辞众，到诸寮辞别，升座叙谢后从西廊离开。

第三，住持入院仪式。

入院也称"晋院"、"进院"、"晋山"，指新住持入主某寺，其时所举行之仪式称"晋山式"或"晋院式"。新住持晋院仪式中较重要的一项是"升座"（上堂）说法，所以人们转而将新住持就职仪式称为"升座"，寄希望于新住持"登法王座，作狮子吼"，弘化一方。升座原意是升法座说法，如《碧岩录》云："世尊一日升座，文殊白槌云：'谛观法王法，法王法如是。'世尊便下座。"所以"升座"在禅宗中具有和说法修证相联系的神圣意义，与今时专指就职仪式而言已大不相同。丛林中新住持一般前一日受请，次日即升座。在丛林规矩中，升座之法式与"上堂"相同，所说之法则与"普说"同。

《教苑清规·住持门》中没有专门出现"升座"两字，但在《祝赞

---

① 《卍续藏经》第57册，第307页下。

② 煎点是煮茶的两种方式之合称，分称则为煎茶、点茶。煎茶是将茶叶研末在锅中煎煮，点茶是将茶叶研末后先放入各小茶碗中，煮好开水后分点入茶碗。此处代指设斋设茶供众。

门》中提到的升座规矩与禅规基本相同："如有官员入山拈香,鸣钟集众,讽经祝赞。是日住持若不升座,只就大殿行祝赞礼。若升座,侍者先一日令堂司行者斋后僧堂前挂上堂牌,仍覆两班云:'来早方丈和尚升座。'"仍保持了升座的原意。

　　住持就职仪式在古代称为"入院",《敕修百丈清规》说到"古法入院"和"现法入院"两种入院仪式,古法入院在当时已经比较少行了,其仪式如下:

　　　　若古法入院,腰包顶笠至山门首,下笠炷香,有法语,就僧堂前解包,屏处濯足,取衣披搭,入僧堂炷香。圣僧前大展三拜,参随人同拜。挂搭已,到佛殿拈香,有法语,大展三拜。次土地堂、祖堂炷香,各有法语。入方丈,据室有法语。次拜堂祝圣。此是古法也,今则少有行之。

这一程序延续了唐代的晋院仪式。唐代行晋院式时,新住持必须头顶斗笠,腰背行包。到了山门口,放下斗笠,并且说法语。然后到僧堂前放下行包,先洗足,继而取出衣具挂在僧堂内的钩上,表示依住丛林(即挂褡),接着到僧堂烧香,到中央圣僧(一般是文殊菩萨像)前展大具,顶礼三拜,随同的人也同时礼拜。挂褡后,即至佛殿拈香,这时要说拈香法语,随后又展大具,顶礼三拜。之后到土地堂、祖师堂前烧香,也各要说法语。最后入据方丈室,也说法语祝祷。如此次第开堂祝祷,是唐代所行的晋山古式。

　　宋、元、明及近代丛林所行的晋山式则渐趋于隆重复杂,包括堂前鸣钟、巡堂一匝、知事具状、香灯旛盖、茶汤斋食等项,远比古式的晋山式繁复,其仪式细则在《黄檗清规》①里有详细记载。

---

　　① 《黄檗清规》系由日本黄檗宗第二世祖师木庵性瑫(1611—1684)校阅,第五世祖师高泉性潡(1633—1695)编修。此书乃效《百丈清规》之体,叙述黄檗宗之宗祖隐元隆琦(1592—1673)所制定之规则仪式等。

《教苑清规》提及的住持晋院仪式也较为复杂隆重,其仪式主要有三个步骤:一、择日挂牌告知大众。二、大众迎接住持入院,住持历堂举法语;三、住持接受寺印,寺院职事前来礼拜祝愿。

住持经过正规仪式入院后,知事代表寺众为方丈设斋以示祝贺。两序勤旧按惯例共同到方丈室咨禀告退,交割什物。方丈除了答谢专使、留请两序、集众说法外,还要到檀越祠堂讽经,赴历代住持灵塔炷香,表示继承历代祖师大德之志业尽心竭力重兴本寺的决心。

第四,住持的日常职责。

在古代,住持最重要的日常行事不是对外交流和处理事务,而是对内教育、领众修行,如"住持普说"就是每日都要举行的说法仪式。"普说"指普集大众说法,为一般学人开示宗乘,通常在寝堂(方丈室)或法堂举行。普说有"告香普说"与"檀那请普说"两种。"告香普说"是指大众告香,即僧众插香而请住持或师家普说开示。"檀那请普说"是指为了堂塔的庆赞、亡者的追荐等事项,施主请住持为大众说法。这种以追荐亡者为目的的普说,特别称为"对灵普说",后世更特别将这种普说称为"升座"。所以《教苑清规》将普说列入"住持入院"一项。

教寺的普说系延用《敕修百丈清规》之规定而来。《敕修百丈清规》卷二《住持章》"普说"条云:"有大众告香而请者,就据所设位坐。有檀越特请者,有住持为众开示者,则登法座。凡普说时,侍者令客头行者挂普说牌报众,铺设寝堂或法堂。粥罢,行者覆住持,缓击鼓五下,侍者出,候众集,请住持出据坐。普说与小参礼同。"①普说之前先要通知大众,所以堂司行者要挂牌报众,所挂之牌称为"普说牌"。《教苑清规》所载普说仪式有四项:一、挂普说牌报众。二、鸣昏钟集众。三、住持登座举法语。四、大众集方丈室叙谢,汇报

---

① 《大正藏》第48册,第1120页下。

心得。

禅规中将普说列为住持日常行事之一,而《教苑清规》的相应部分中只提到"上堂"这一说法形式。二者虽同是升座说法,却略有区别:普说不烺祝香、不搭法衣,上堂则略为隆重些。朔望上堂指于农历每月初一、十五两日上法堂说法。古时长老住持可随时上堂,中世以后则有定期及临时上堂之别,有旦望上堂、五参上堂、九参上堂、谢秉拂上堂、谢都寺上堂、出队上堂、出乡上堂等诸种上堂形式。每逢朔望之日,侍者吩咐客头行者挂上堂牌以报示僧众。住持上堂升座时,大众皆应站立听法①,并有鸣鼓、问讯、拈香等仪则。《百丈清规》卷二《住持章》对此有较详描述。《教苑清规》所述与禅规基本相同,其仪式次第大略是:禀住持、挂上堂牌告众、敷陈法座、鸣廊板集众、两序僧众排队行至法座前问讯及分班对立、住持登座拈香祝寿、职事僧众依次叙谢。这些仪式一般在每月初一、十五日举行,然而天台山家是重视讲说教理的,因此上堂说法不一定非得局于此二日,故《教苑清规》在仪式后补充云:"古来山家,讲贯连环,宁拘朔望。近既疏缺,未免举行。端祝圣寿,当提唱宗乘;开导后昆,则举扬要义。若山门事务,自就方丈茶议,毋谈世谛,令众倦听。"这是就重视演说教法的天台教寺而言的,可见《教苑清规》的作者希望通过住持的对众讲说来传持天台教观,以法华要义开导后学。《教苑清规》有关住持的种种仪则要求,皆对一寺住持的领众修持和弘传教法的能力寄予了深切的希望。

除了上堂外,住持日常行事还有茶汤煎点等丛林礼节。对外交往则有"施主入山"和"诸山相访"两项。

"施主入山"条特意提到斋僧一事必须专款专用,不可互用,否则

① 《敕修百丈清规》卷末《古清规序》云:"长老上堂升座主事,徒众雁立侧聆。"《大正藏》第48册,第1158页上。

得互用罪,三世诸佛不能救,必堕恶趣。"互用罪"指戒律上所说的滥用三宝物之罪,其罪分四种,即:(一)三宝互用,以佛物作法物、僧物,或以法物作佛物、僧物,或以僧物作佛物、法物。(二)当分互用,例如檀越(施主)捐金欲造释迦像,却将之用于造弥陀像。又如某物本决定赠予甲寺之僧,却将之赠予他寺之僧。(三)像宝互用,例如用供养五分法身之物供养形像,又如用供养第一义谛僧之物供养剃发染衣之僧。(四)一一互用,如以堂宇等各受用物、田园等各系属物、香灯等各供养物、饮食等各献纳物,一一相互滥用。因此,"施主入山"条转引了《人天宝鉴》所说的湖南云盖山守顺法师因以檀越供僧物造僧堂而犯互用罪堕入火枷地狱的事例,作为对寺院住持或执事的劝诫。

"诸山相访"是指大寺之间的佛法交流,包括尊长、法眷、道友之间的交往。如果是尊宿,则挂牌令全体僧众迎接,其人到来后请其为大众开示法要。若平辈法眷相见,则不必迎接,到法堂相见寒暄即可。如果是法孙来访,则其人要亲自到方丈室拜见住持。

第五,住持退院。

住持入院既有种种规章,故住持退院之规程亦有明文规定。"退院"即指住持之隐退,或称"退居"。丛林住持年老有疾,或心力疲倦,或诸缘不顺、自宜知退时,必须将常住钱物、方丈什物点交清楚。又备单目两份,以寺记印押,住持、库司各收一本为照,将寺院经济作一明白交代。至退院之日,公请一人看守方丈室,住持上堂叙谢辞众。下座后,住持亲自挝鼓三下而退。此后,住持即被称为"退院和尚",至于其去处,《教苑清规》说道:"若留本寺,居东堂。"东堂又称东庵,常与西堂(西庵)并称。西堂为他寺前任住持、退院长老客居本寺者之居处,东堂则为本寺前任住持、退院长老之居。这是因为,丛林以东为主位,以西为客位,由于本寺前任住持、长老是旧主,故居东堂;而他寺前任住持、长老来,待之若宾客,故居西堂。

退院和尚一般闲居养静,再不问事,或闭关专修,无暇他顾。"相继住持者须当尽礼温存",新住持对退院老和尚须恭敬供养侍奉,以作为后学奉养师尊之模范。唐宋时代的退院高僧,多半远隐他山,不肯作形似恋栈的事。元明以来,寺院性质分明,退院老和尚一般在本寺东堂念佛养老。

【原典】

夫我能仁之制,三日迁居①,八秽②靡畜,树石田里,皆许宣通。四事供输③,十方应慕,虽有伽蓝,不居常产,无有"住持"之云也。教流震旦,官以九司。官舍谓有法度之处,名之曰"寺",遂名僧舍,以安其众。必择齿德两尊、为众范模者而统领之,始有"住持"之称焉。至今,国朝慎选举,其德行可以服众,言论可以警世,然后举而任之。苟其材德不称,虽耆耄不与焉。故凡登其选者,操大法之柄,诞敷圣言,启迪后学,昌法运于像季④,惠生民于尘刹,乃所以裨王化、光世教

① 日:原作"月",今据文意改。"三日迁居"之原则据戒律而来。《佛说四十二章经》云:"佛言:剃除须发,而为沙门。受佛法者,去世资财,乞求取足。日中一食,树下一宿,慎不再矣。"《后汉书》卷三十《襄楷传》:"浮屠不三宿桑下,不欲久生恩爱,精之至也。"早期僧人在一个地方修行逗留不超过三宿,是为了防止对衣食住行之住处生出贪心。

② 八秽:谓比丘八种不合戒律之行为,即购置田宅、种植耕栽、贮聚谷粟、畜养奴婢、畜养群畜、藏积金银钱宝、藏积象牙刻镂等物、藏积铜铁釜镬以自自煮爨。

③ 四事供输:即四事供养,谓供给资养佛、僧等日常生活所需之四事。四事,指衣服、饮食、卧具、医药。

④ 像季:指像法时代之末期。佛灭后五百年为正法。正法后一千年为像法。像法系正、像、末三时之第二时,其教法运行状况相似于正法时代,故称像法。为有教、行二法而无证果之时代。

也,岂贪位苟禄所足尚哉? 其或行不备,德不掩,负且乘,覆公悚①者,厥惟艰哉!

一、议举住持②

　　主席之位,不宜久虚。两序、勤旧先就库司③会茶议定,具呈宗主、三宗诸山知会。约日,本寺大众、江湖名胜④公同保选履践端正、学识高明、允合舆论、厥次相应、堪服众望者,准使院通例,十名阄三名,然后填佥勘合申院。凡诸山知事勤旧⑤,不可以乡人法眷,私情贿赂,不择臧否,以玷教门。近代以来,树党徇私,德不称位,寺院废弛,宗风⑥不竞,盖由此焉。戒慎! 惟谨! (公保既定,两班耆旧⑦,诸山继时,先佥草榆。)

----

　　① 覆公悚:语出《易·鼎》:"鼎折足,覆公悚。"悚,鼎中的食物。覆悚,谓倾覆鼎中的珍馔。后因以"覆悚"喻力不胜任而败事。
　　② 本门序号如"一"、"(一)"等系笔者为阅读方便添加。
　　③ 库司:除了司掌会计事务的库司行者之义外,有时也指监院或库房的办事处。
　　④ 江湖名胜:丛林称云游四海之僧众(云水僧)为"江湖"。盖于唐代时,江西有马祖道一,湖南有石头希迁,此二师同时大树法幢,德声享誉四方。当时天下僧众广集,多以参游二师门下为要,故依地名而称参学之僧众为江湖僧、江湖众,略称江湖。僧堂亦称为江湖道场、江湖寮;师家则称江湖名胜禅师。
　　⑤ 勤旧:指禅院知事、侍者、藏主等之退职者。以彼等尝勤于事务,故称勤;又已退职,故称旧。
　　⑥ 宗风:指一宗之独特风貌或家风特点。如禅宗有临济宗风、曹洞宗风等。天台因分支较少,一直保持着以法华圆教为无上依止的宗风。自宋以后,则由知礼大师等人的提倡,而形成了"教宗天台,行归净土"之宗风。
　　⑦ 耆旧:又作耆宿,即年老德高,道行深湛之老者。《集异门足论》卷四,谓有生年之尊长耆旧,称为生年上座。《毗尼母经》则谓法腊过五十以上,且为国王、长者、出家人所尊重者称为耆旧长宿。

二、请新住持（凡十件）

（一）发专使①

院堂阄拈既定，伺公帖下日，都寺②往首座寮，斟酌专使。次日，库司会两班勤旧茶，都寺烧香，归位，白云："卜选住持，某日入院。今请某某为专使。"白毕，转椅烧香，献汤。至晚，管待③专使，商议差能事行者老郎预通书次。择人制山门疏④、茶汤榜⑤。榜用绢素，修广如法。

为专使者，西序中或首座至维那，或西堂，或勤旧，必须知事一人同去。掌财议事，具写本寺所有产业、什物、须知。迎接仪从，一切必具。

起程之日，专使诣诸寮相别，鸣僧堂前钟，集众相送。三门钉挂帐设，面里设特位，两序、勤旧、光伴⑥，讲茶汤礼。如上首知事去，则下首知事行礼。如头首勤旧去，则上首知事行礼。揖座烧香，归位，

---

① 专使：指专为某事而派遣的使节。

② 都寺：为都监寺之略称。禅寺东序六知事之一。乃督管全寺庶务之职称，负责，早暮勤事香火，应接官员施主，会计簿书，出纳钱谷等。推举法腊高而行事廉谨，素为大众归服者任之。

③ 管待：即照顾接待。意同款待。

④ 山门疏：是一寺僧众劝请新住持时所作之文疏。

⑤ 茶汤榜：是丛林中堂头和尚请众用茶时，为通告众僧，于僧堂之外所悬挂之告示板。其榜由书记以绢素书写之。

⑥ 光伴：是光荣随伴之义。于法会之际，伴随首座而列席者。《禅苑清规》卷三："特为新请首座，(中略)聊表贺谢之仪，兼请知事大众，同垂光伴。"《卍续藏经》111 册，447 页下。此光伴者之座位，位于住持座位之右边（或斜对面处），称为光伴位。

相伴①吃茶。再起烧香，对专使揖香，归位，相伴吃汤。专使起谢而去。

```
┌─────────────────┬─────────────────┐
│   山门坐位        │   库司坐位        │
│                  │                  │
│       山门        │                  │
│                  │   都   首         │
│   专    专        │   寺   座         │
│   使    使        │   东   西         │
│                  │   班   班         │
│   伴    伴        │   东   西         │
│   光    光        │   班   班         │
│                  │   东班耆旧 西班耆旧 │
│   维    维        │                  │
│   那    那        │   侍   侍         │
│                  │   者   者         │
│       大众        │                  │
└─────────────────┴─────────────────┘
```

（二）专使到彼山

专使至彼已，先访知客，同到库司相见。毕，送客位，安置行李，继访侍者，通覆住持。如蒙允请，令敷设桌袱，安疏帖，报两序。

至，住持出接，专使问讯，请跌坐。住持中立，专使插香初展，云："某蒙山门使令，攀屈尊严，获奉慈颜，下情不胜感激之至。"二展，云：

---

① 相伴：是随伴之意。即随伴正客，陪与粥斋等。《联灯会要》卷五："师云：昨日老僧对上座一转语，不称意，一夜不安。今请上座别转语，若惬老僧意，便开粥相伴过夏。"皆其例。《卍续藏经》136 册，257 页下。

"即日共惟新命堂头和尚①尊候动止多福。"三大展三拜。住持答一拜:"某自揆疏谬,难膺此请,盛礼过厘,不胜皇媒。"

专使捧呈疏帖,住持受,左右进卓,置几上看过。侍者揖专使坐,两班②、光伴、首座分手,专使面住持坐。侍者烧香、献茶。同来行仆参拜毕,两班送专使归。安下毕,住持即远礼回方丈。堂司行者鸣僧堂前钟,两班同大众诣方丈礼贺。众散,知客领专使巡寮。毕,再诣方丈,呈纳本寺须知、仪从、什物。当晚,特为专使药石③。至夜,汤果皆请大耆旧、两序、光伴、库司营办。

(三) 专使特为新命④煎点

专使先与新命议定斋糜轻重,两序、勤旧、乡人、法眷、办事贴齖斋料等费,专使亲送钞纳库司置办。至日,专使诣方丈,插香拜请,初展,云:"今辰午刻,就云堂⑤特为煎点,伏望慈悲降重,下情不胜战汗之至。"再展,云:"即日如前。"三触礼,住持曲身略答,令方丈请客行者同专使行者禀请两班、大耆旧,挂煎点牌报众。于僧堂内敷设主席位,于知客板头设专使位。

至斋时,专使僧堂前候,住持入堂,问讯归位揖坐,归中问讯揖众

---

① 堂头和尚:即方丈和尚。正式进入法堂的时候,住持走在最前面,故名。又引申为禅林之住持,又称堂上、堂头和尚。《临济录·行录》:"首座云:汝何不去问堂头和尚,如何是佛法的大意?"《大正藏》47 册,540 页下。

② 两班:即两序。

③ 药石:又作"药食",指丛林之晚餐。佛制,比丘过午不食,故寺院称午后之饮食为"药石",亦即"晚食"之隐语。意谓服之以疗饥渴。据传,古代僧人每日仅两度用食,至冬日晚间,为御寒与消饥,常将一块烘暖之石块置于腹部,作为疗治一切胃肠疾病之万灵丹,后世遂将每日之第三餐称为药石。

④ 新命:指一寺新任命之住持。又称"新命住持"、"新命和尚"、"新住持"。

⑤ 云堂:又称僧堂。以僧众聚集,众多如云,故称云堂。据《禅林象器笺·殿堂门》载,僧堂亦曰云堂,谓众集如云之故。

坐,圣僧①前烧香,次上下间,次堂外烧香。归堂内住持前,上下间,次堂外问讯,仍归中间,问讯退侧,少立。候行食遍,再烧香,下住持覰,并两序、勤旧、大众覰。毕,归位,伴斋②。俟折水③出,鸣鼓,专使再起,烧香行礼同前。行茶遍,如前问讯,收住持盏④,专使行礼,初展,云:"某聊备疏饭。伏蒙慈悲降重,下情不胜感激之至。"再展,叙寒温。三触礼,送住持出,再归堂烧香,大展三拜,巡堂⑤一匝并外堂。复归内堂中间,问讯,收盏,鸣钟三下,众退。专使继上方丈致谢,次诣库司谢办斋,再诣方丈,请住持至晚药石,至夜汤果,皆请两序、勤旧、光伴。

(四) 山门管待⑥住持并专使

库司会议管待。先一日,上首知事诣住持前,插香拜请。次诣客位,禀请专使,令库司客头请两序、勤旧、光伴,备币覰,当如礼,不可轻蔑,词语行礼并与特为礼同。寝堂⑦中敷住持高座,设专使、两序

① 唐宋以降,丛林于僧堂中央安置圣僧宾头卢尊者像,众僧围之,周围设置坐床,日夜坐禅办道。

② 伴斋:即陪伴新任住持共进午食之意。在禅院中,伴斋,乃指午食之意,或指于佛事时,供养之食事。《敕修百丈清规》卷三"请新住持"条:"次行大众覰毕,归位伴斋。"《大正藏》48 册,1124 页中。

③ 折水:指丛林斋粥之后,将洗涤钵、盂、匙、箸等器之水弃之。折,即毁弃、舍弃之意。

④ 盏:即茶盏,是古时饮茶用具。其基本器型为敞口小足,斜直壁,一般比饭碗小,比酒杯大。

⑤ 巡堂:指住持、首座等巡视僧堂之举。其目的据情形有别:坐禅时,住持、首座之巡堂,表点检之义;圣节时,维那之巡堂,表告报之义;入院、挂搭、结制时之巡堂,表礼贺之义;茶汤时之巡堂,表请谢之义。

⑥ 管待:即照顾接待,意同款待。

⑦ 寝堂:指住持之寝室。为住持在公事方面接待宾客、僧众之处所。一般在方丈室之外,别置寝堂。

等位,如后式。同来仆从远接者,管待外当别
犒劳。

山门管待新命,设中位,专使面坐。若住持
特为专使,则与首座分手,不居中位。

（五）新命辞众上堂茶汤

至起程日,专使诣诸寮相别。新命上堂,致
谢两序、勤旧、大众,法语,下座亲往鸣鼓三下,
向法座立,普与大众问讯。从西廊出,鸣大钟诸
法器,大众门送,行仆门外排立。山门钉挂帐
设,中敷高座,向内,首座,向外,摄居主位,西
堂、勤旧分手,光伴、东西序两边朝坐。上首知
事行礼,揖坐,揖香,归位,点茶。收盏,再起烧
香,揖香,归位,点汤。汤罢,起谢上轿,两序勤旧备轿远送,住持当
力免之。鸣大钟,住持轿远方止。

凡住持多因迁赴他山,僧行怀其宿憾,辄致唇吻,传之官员士庶,
因一人无知而使一寺蒙其恶名。老成耆宿,外护邻封,当戒戢之。然
为住持者,凡事留遗爱可也。

（六）西堂头首受请

专使到寺,先访知客问讯,略露请意。知客先令人到所请人寮,
使备接专使。少顷,用拌袱①盛书疏帖,同知客诣所请人寮,插香行
礼。如请当代,礼同。毕,受请人就委知客同专使上方丈行礼,禀云:
"今某寺请某人为住持。"礼毕,继往诸寮、库司人事,回寮。所请人送
专使安下处歇息。至晚,请汤果两班、光伴。次日,方丈报两序并耆

①　拌袱:又称盘袱。即于盘上铺小袱,盛疏、印等信物。

123

方丈坐次

住持	首座①
东序	西序
光伴	光伴
勤旧	勤旧
	法眷

本寮坐次

新命	首座
东序	西序
光伴	光伴
勤旧	勤旧

旧,同往所请人寮作贺。次第受贺讫,巡寮,人事。当晚,方丈请新命、专使汤果,药石,两班相伴。

(七)专使特为受请新命煎点

专使预送钱到库司,备办煎点,仍诣新命前,议定方丈瞩,并两序、勤旧、江湖名胜②、乡人、法眷等贴瞩。

至日粥罢,专使怀香诣方丈,触礼拜请:"今晨午刻,就云堂聊备蔬饭,特为新命和尚。伏望慈悲,特垂降重。"复诣新命前拜请,同前礼。方丈客头同专使行者请诸寮,挂煎点牌于僧堂内。住③持对面设新命位,外堂知客板头设专使位。住③持预分付请客行者,将至斋时,先请新命到方丈少坐。俟鸣板,僧众入堂,专使诣方丈,请住持并新命同赴堂。专使随入堂,先揖住持,归位。次揖新命,归位。次归中,问讯,揖众坐。进炉前烧香,右手执合,左手上香。左转身,先到住持前问讯。再烧香,到新命前问讯。余礼同前。

下食行瞩,茶毕,先收住持盏,专使至住持前,初展,云:"某聊备蔬饭,伏蒙和尚降重,下情不胜感激之至。"再展(云云)。三触礼④,住持略答。专使送住持出外堂中间,再回堂内。又收新命盏,专使至新命前,二展,词语如前。三触礼,新命略答。送新命出,专使再

---

① 原作"坐",今据文意改。

② 江湖名胜:见《住持门》"议举住持"条注。

③ 住:原作"位",今据文意改。

④ 触礼:又作略拜、即礼、速礼。指折迭坐具置于地而行叩拜之礼。依大鉴清规载,古法规定小僧见大比丘时,须两度展折坐具而礼拜三回,大比丘则约制小僧免行此礼;小僧即以坐具触地三拜,大比丘答以一拜。

回堂内,烧香,大展三拜,巡堂一匝,并外堂。归中,问讯,谢大众。收盏,鸣钟三下,出堂。专使上方丈谢住持,次谢新命,次谢库司办斋。复请住持并新命至晚药石,至夜汤果,皆请两班、勤旧、光伴。

斯盖古礼,当力举行,近多泛简,俵䞋而已。

(八) 付承嗣法衣

佛祖传付,心心相照。师资授受,啐啄同时。灵山得记①之侪,皆传如来教观。但缘兴在迦叶,故付别指一人。金口祖承二十三传而至师子②,而我二祖北齐③悟《大论》"三智一心中得",远承龙树④,以授南岳。天台初见南岳,为说四安乐行,以教研心,妙悟三昧⑤。继继承承,余辉残照,以至于今,故知所传教与观也。衣之所传,盖表

———————

① 灵山得记:指在灵山宣讲的《法华经》中有三周授记之说。上中下三根之声闻由于听闻法华经之三周说法而得悟,对此,佛为之各各授予作佛之记。

② 金口相承:是天台法统说。金口,佛亲自说教之意;相承,师资次第依法传承之意。据《摩诃止观》卷一,天台宗有金口相承、今师相承、九祖相承等三种相承之说,其中之金口相承又称金口祖承,系指自迦叶尊者至师子尊者,并二十三祖之相承。

③ 二祖北齐:指天台宗二祖慧文禅师,北齐僧,其活动时间约在东魏孝静帝天平二年(535)至北齐文宣帝天保八年(557)间。开悟后,游化河淮,聚徒千百人,盛弘大乘。后以心观传授南岳慧思禅师,开天台教法宣说之基,天台宗之徒奉为第二祖(或谓初祖),世称北齐尊者。

④ 龙树:天台二祖北齐慧文禅师因阅《大智度论》至卷二十七,悟证"一心三智"之妙旨。又读《中论》至四谛品之偈:"众因缘生法,我说即是无,亦为是假名,亦是中道义。"而顿悟空有不二中道之义。遂承龙树之教而建宗风,故天台宗尊龙树菩萨为初祖。《大正藏》30册,33页中。

⑤ 妙悟三昧:文出《智者大师别传》:初获顶拜,思曰:"昔日灵山同听《法华》,宿缘所追,今复来矣。"即示普贤道场,为说"四安乐行"。于是昏晓苦到,如教研心。于时但勇于求法,而贫于资供。切柏为香,柏尽则继之以栗。卷帘进月,月没则燎之以松。息不虚黈,言不妄出。经二七日,诵至《药王品》,诸佛同赞:"是真精进,是名真法供养。"到此一句,身心豁然,寂而入定,持因静发。照了《法华》,若高辉之临幽谷。达诸法相,似长风之游太虚。

信耳。嗟乎！流习之弊，忘本逐末，懵然不知承嗣者何事，曰师，曰弟子，是亦可羞也夫！

若新命嗣法①于师，先与师之心腹人吐露其意，请求法衣。受衣日，恭诣师寝堂，师乃当中趺坐，略伸警策之语，付衣。新命即抽故衣，披法衣，对师大展九拜②而退。当日，请新命斋，下瞩。是晚药石，并请法眷、光伴。

（九）山门管待受请人并专使

隔宿，先令请客侍者诣新命寮请新命。专使次日就寝堂，对中面里设新命位，左右设专使位。两序、勤旧、光伴烧香、下瞩等，烧香侍者行礼，如常式。

（十）受请人辞众

新命临行之日，粥罢，同专使上方丈，插香拜辞。次诣库司诸寮辞别。库司预令人山门首钉挂帐设，敷位，鸣大钟集众相送，讲茶汤礼。上首知事烧香，行礼与当代同。

若名德③尊宿、大西堂、首座，则住持必须升座④。新命亦须隔宿令侍者同专使怀香诣方丈触礼，禀借法座。次日粥罢，于法座对面设新命位，座左亦设住持位，鸣鼓集众，住持升座，令侍者请新命坐（虽

---

① 嗣法：是继承法统，即弟子嗣师之法。嗣承之师称为"嗣法师"，嗣法之徒称为"法嗣"。

② 大展九拜礼：即三行大展三拜，为最敬最上之礼，乃于佛祖忌日时，向导师所行之礼。

③ 名德：指有名誉、有德行之人。名德比丘，则系对有名誉、有德行的比丘之尊称。此外，禅林中选择有名誉、有德行者任持之职位，有名德西堂、名德首座等。

④ 升座：即升高座之意，系指师家登高座说法。据古制，升座与上堂同义，至后世乃有所别。古时住持随时升座说法，今则成为举行丛林方丈仪式的专用术语。

请亦不可据坐,有妨大众故也),赞美新命之德,为法而出,劝请举扬,慰众渴仰,法语下座。古人有引座①之法,即此谓也。

　　住持归座左,向外而立,专使同侍者至新命前问讯。毕,新命出住持前,问讯,次与两序大众问讯,升座,举扬,叙谢,结座,下座。诣住持前,触礼三拜,次向法座立,辞大众,普同触礼三拜。从西廊出,众送门首。行茶汤礼如前。

三、新住持入院(凡一十件)

(一) 入院

　　若古法入院,腰包顶笠,至山门首,下笠炷香,有法语②。就僧堂前解包,屏处濯足,取衣披搭。入僧堂炷香,圣僧前大展三拜,参随人同拜。挂搭③已,到佛殿拈香④,有法语,大展三拜。次土地堂⑤、祖

---

　　① 引座:是引导升座之意。禅林中,由住持为大众介绍即将升座说法之尊宿或新上任之住持,谓之引座。有两种情形:其一,他寺尊宿来访,首座劝请其升座说法,必由住持为之引座。其二,他寺住持虚席,请本寺西堂或首座迁补,必先遣专使迎请本寺住持引座,而后受请之新住持升座。
　　② 法语:本指佛陀的教说。唐、宋时代,有以韵语演说佛法而成所谓"偈"者,后来亦由此而演变成以散文作契合佛法之修行法语,作为进道助勉作用。后世则专指诸祖之教示与禅师开示之机语为法语。
　　③ 挂搭:又作挂单、挂褡。僧人游方行脚,入僧堂挂其所携之衣被等于堂内之钩,有依住丛林之意味。挂搭之时限,为八月一日开且过,翌年之四月一日锁之;由四月至七月,此期间称为止挂搭,即不允许云衲之挂搭。
　　④ 拈香:即于诸佛菩萨及祖师像前烧香、上香。又作捻香。开堂之日,拈香祝天子,谓之祝圣拈香。为佛拈者,谓之嗣法拈香。嗣法拈香,住持自以香插于炉,其余拈香,住持拈香付侍者,侍者以之插入炉中。又为佛祖及檀越等拈香,后陈法语者,是名拈香佛事。《禅林备用清规·达磨偈》曰:"住持举拈香佛事。"
　　⑤ 土地堂:土地神及护法神之堂,设于佛殿之东边。

堂炷香,各有法语。入方丈,据室,有法语。次拜堂祝圣①。此是古法也,今则少有行之。

新命到来,当看甚处安下,近则众往祇迎,远则两序、勤旧而已。住持令专使预报,免众远迎。若安下处近,当办汤果,两序、勤旧、光伴②,依选定日辰入院。库司令执局人③隔宿排办,挂"接住持牌"报众。至时,鸣大钟诸法器,大众门迎,两行排立,行仆立大众外。新命到门,烧香,转身立定,举法语。直入大殿烧香,举法语,大展三拜。鸣僧堂前钟,大众先归钵位④立。新命入堂,圣僧前烧香,大展三拜,参随人同拜。维那至住持前问讯,引巡堂一匝。两序送新命归钵位,触礼一拜。或新命曾于本山办事,不巡堂。次至土地堂、祖堂烧香,各有法语。

至方丈,据室,侍者进前,炷香问讯,侧立。伺举法语毕,行者进卓笔砚,知事具状(见后),备样袱,捧呈寺印。新命看封,付知事开封。新命视篆讫,就状上先花押,次题日子,使印于上。知事收状,衣钵侍者⑤收印退卓。

住持起立,知事、全班进列香椅前,上首插香,同

当寺库司比丘某

右谨申纳
寺印一颗

新命堂头大和尚伏候
慈旨

某年某月　日　当寺库司比丘

某

状

状印寺呈

---

① 祝圣:即禅林祝祷皇帝圣寿无疆之仪礼。依《敕修百丈清规》卷一载,凡景命日(皇帝即位日)、四斋日(月旦、月望、初八、二十三日)及旦望(每月一日、十五日)于藏殿所举行之仪式,皆为对圣上之祝赞。为祝祷圣寿而住持上堂开示,称为祝圣上堂;为祝圣而焚香,称为祝圣拈香。

② 底本如此,疑有脱字。

③ 执局人:指担任六局(首座、书状、藏主、知客、知浴、知殿六头首)的职者。为六局所属之行者称为局行者。

④ 钵位:指行钵之位。又作行钵位。即僧堂之中,粥、斋二时行钵之际,大众所排次之座位。

⑤ 衣钵侍者:指掌管住持资具、钱帛之僧。《禅林象器笺·职位门》衣钵侍者条载,衣钵侍者掌住持钱帛。

两展三礼①。初展云:"兹者伏蒙和上光镇法班,山门不胜荣幸!"再展云:"即日时令谨时,共惟新命堂头大和尚尊候起居多福!"三触礼。次头首、勤旧进前插香,香不受。诸山等草贺毕,客头行者②喝云:"请诸山堂头和上、两班耆旧就座献汤。"汤毕,请官客、诸山点心。若前代住持别迁未赴,或退居东堂,未据室前讲交代礼,新命受草贺了,鸣僧堂前钟,领众躬送前代③归寮,对触礼一拜。次两班大众作贺。东堂归寮。次行仆皆当参拜。

(二)山门请新命斋

上首知事候据室后人事稍毕,备裰袱、炉烛,具状(式见后),怀香诣方丈请斋,两展三礼。初展云:"午刻就云堂备蔬饭祗迎,伏望慈悲特垂降重,下情不胜战汗之至。"再展,叙寒温。三触礼,住持略答。知事呈状,方丈客头收状,库司客头铺设僧堂内住持位,知事行礼与特为管待同。

(三)开堂⑤祝寿

古之辇下列刹⑥,朝廷差官,驰命敦

请	斋	状
可漏子④ 状请 新命堂头和上大法师尊座前 当寺库司比丘 某 谨封	迎伏望 慈悲特垂 降重 某年月日 当寺库司比丘 某 状	当寺库司比丘某 右某取午刻就云堂备蔬饭祗

----

① 两展三礼:指二度展折坐具而礼拜三回,又作两展三拜。乃丛林礼法之一。展者,将作礼,初欲展坐具(坐具即尼师坛),师家止之,乃作折势,鞠躬叙事情,是为一展。复欲重展,复被止,乃作折势叙寒暖,是为两展。然不拜则情不足,故不展坐具以手持之触地三拜也。

② 客头行者:见《报本门第三》"嗣法师忌"条注。

③ 前代:指前任住持。

④ 可漏子:又作壳漏子、可漏,即古代禅林之信封或书信袋。可漏,原指壳漏、卵壳,谓书状或书信封入筒中,如虫等之容身壳内。

⑤ 开堂:原为古代译经院之仪式,后转指新任命之住持于入院之时,开法堂宣说大法之仪式。

⑥ 辇下:系"辇毂下"的简称,意为在皇帝车驾之下,代指京师。列刹系寺院之意。辇下列刹意为京城寺院。

请。或部使者,或郡县,遣币①礼请,就某寺或本寺,官给钱料,设斋开堂。各官自有请疏及茶汤等榜,见诸名公文集。近来开堂,各寺自备。至时,入院侍者分付行者,铺设法座,覆诸寮,挂上堂牌,具写官员、诸山名目,预呈住持。于座左设位,铺桌、衣袱、炉烛,排列疏帖,预先和会。维那宣公文,首座宣山门疏,以次头首或诸山江湖名胜②宣其余疏③。

　　知事预请上首诸山住持一员白椎座前,对面排官员位。侍者覆方丈,鸣鼓,众集,侍者同专使入,请住持出,铙钹,幡华、桃灯迎引至法堂主位铺设处,立。如受请时未拈衣④、抽衣⑤,举法语,披法衣。毕,专使进前,插香行礼,初展云:“伏蒙和尚光据法筵,下情不胜感激之至。”再展,叙寒温。三触礼拜,住持答一拜。专使呈公文,住持受,举法语。专使接与维那宣读,行者扛疏。次山门诸山江湖疏一一递上,有法语分送宣读。

　　若见任官⑥请开堂有疏,亲自捧递,有法语。宣毕,住持转身,香椅里对座问讯。指座,有法语。登座,拈香祝圣,次拈帝师⑦、省院⑧、

---

　　① 币:原作“弊”,今据文意改。

　　② 江湖名胜:见《住持门第四》“议举住持”条注。

　　③ 其余疏:指除了山门疏外,尚有诸山名德之疏。如延请新住持时,劝请邻近诸山住持驾临之文疏,称为诸山疏;诸方禅寺住持寄予新命入寺住持之贺表,称为江湖疏;同门上呈新任住持之贺表,则称同门疏。

　　④ 拈衣:是拈取袈裟着用之意。又作提衣。于禅林中,住持新入院时,从师家手中接受法衣,着于自己身上,此为嗣法时之作法。

　　⑤ 抽衣:即脱除袈裟。其法有定制。

　　⑥ 任官:本指委任官职,此处指现任在位官员。

　　⑦ 帝师:一如国师,中国历史古代官职的称呼,有二义:一是国家的最高宗教领袖,例如藏传佛教八思巴为元朝忽必烈时期的帝师。二是皇帝或皇帝未登基前的老师,例如方孝孺是明朝建文帝的帝师。

　　⑧ 省院:隋唐至宋的中央最高政府机构为三省六部。三省六部三省指中书省、门下省、尚书省;六部指尚书省下属的吏部、户部、礼部、兵部、刑部、工部。至元代,废三省制,只保留中书省,行一省制,中书省设左右丞相。元朝中央一级机构,主要由中书省(总政务)、枢密院(秉兵柄)和御史台(司黜陟)组成。中书省下分左三部(吏部、户部和礼部)、右三部(兵部、刑部和工部)。

台宪①、郡县②、文武官班香。侍者逐一度香,并烧从香。惟承禀香,住持怀中拈出,亲插炉中,敛衣跌坐。侍者下座,对住持问讯,两序出班问讯,礼与旦望上堂同。

诸山住持送入院者,亦出问讯,住持起立,礼毕复坐。侍者登座,烧香问讯,住持当令侍者请官员、诸山坐。诸山上首出,白椎鸣椎一下云:"法筵龙象众,当观第一义。"住持提纲毕,先叙谢官员、诸山、江湖名胜、道旧(云云)。此日开堂,端为祝圣,不敢多词叙陈。

专使、知事、头首、勤旧、大众略题过耳,详在晚参③普说④时。叙陈结座毕,白椎人复鸣椎一下云:"谛观法王法,法王法如是。"下座。先受官员作贺,毕,知事接送客位,管伴客头行者即进炉烛,一字排列座前,专使插香,两展三礼。毕,堂司行者喝云:"诸山人事。"次喝云:"西堂人事。"展礼又喝云:"知事人事。"两展三礼,又喝云:"首座大众人事。"诸勤旧齐插香,同大众两展三礼。次江湖名胜、道旧、法眷、乡人等展贺。毕,进挂愚椅子据坐,侍者插香,大展三拜,小师⑤、师孙插香三拜。次执局行者插香礼拜,次参头⑥领众行者插香礼拜,次直厅⑦、轿番⑧、庄

---

① 台宪:指御史台或御史台官员。

② 郡县:郡县制是继中国古代宗法分封制度之后出现的以郡统治县的两级地方行政制度。中央→郡→县,直线行政。

③ 晚参:为"朝参"之对称。指晚间之住持开示法要、参禅或念诵。晚参之废举可视情形而定。宋代汾阳善昭禅师因北方寒冷,一度废止晚参,曾有异僧劝谏之。

④ 普说:谓于丛林中,普集大众说法。即师家为一般学人开示宗乘。乃入室、独参、小参之对称。一般系于寝堂或法堂举行。在特别之说法时,则学人烧香请求普说,此称为告香普说。为通知大众普说所挂之牌,称为普说牌。

⑤ 小师:系指受具足戒未满十年之僧人;或指弟子。

⑥ 参头:见《祝赞门第一》"圣节"条注。

⑦ 直厅:即守厅,代指守厅的人。

⑧ 轿番:指抬轿之仆人。又作轿从。轿者,肩舆;番者,更递之意,即谓轮流抬轿。

甲、作头①、老郎、人仆②参拜。

毕,住持即往客位致谢官员、诸山。毕,至斋罢,次第巡寮,诸斋同于一处门外设香几、炉烛、坐位,各具威仪。伺住持至,于下首迎入,请跌坐。住持进香,首者答香,略叙寒温,致谢送出。或长廊分作几处设位,各头首寮亦于门内设位,下首迎送。古者行堂亦往烧香一炷,当还礼。众行者两行排立,问讯迎送。

(四)山门特为新住持茶汤③

茶汤榜预张僧堂前、上下间。库司仍具请状(式见后),备拌袱炉烛,诣方丈,插香拜请,免则触礼,禀云:"斋退就云堂点茶特为,伏望慈悲降重。"禀讫呈状,随令客头请两序、勤旧、大众、光伴,挂点茶汤牌报众。僧堂内铺设住持位。斋退,鸣板三下,鼓鸣一通,集众。知事揖住持入堂,归位,揖坐,烧香一炷,住持前揖香,从圣僧后转归中,问讯,立。伺下特为茶,往住持前揖茶,退身圣僧后。右出烛香,展三拜,起,引全班至住持前,两展三礼,送出。复归堂烧香,上下间问讯,收盏,退座。汤与茶礼同。

茶汤状式

当寺库司比丘某
右某谨取今辰 斋退 晚刻 就云堂点 茶 汤 用伸陈
贺之仪伏望
尊慈特垂
降重
某年月日　当寺库司比丘　某
可漏子同斋状式　状

---

① 作头:旧称工匠头目为作头,亦称手工业作坊业主。《唐大诏令集·景陵优劳德音》:"京兆府及诸州雇斸玄宫石匠及宫寝作头巧儿,虽给庸直,就中辛苦,各赐勋一转。"此处指在寺院中服务的各行的头首。

② 老郎:指寺庙中的粗杂工,古代口语。

③ 茶汤:住持等以茶、汤供应大众致意之仪式,称为茶礼或汤礼;两者并行之场合称为茶汤礼。或专为某人所设之茶礼、汤礼,称为特为茶或特为汤。

（五）当晚普说

斋罢,侍者覆住持云:"今晚普说。"令堂司行者拝普说牌报众,令方丈听叫,茶头等于方丈厅设座,挂愚小法被①、香炉、花瓶、烛台、彩袱。侍者具写专使、两序、耆旧、江湖名胜、庵塔庄库,暂到入院侍者。或有官客、诸山留宿者,逐一列名,预用呈禀。候昏钟鸣,堂司行者禀侍者覆住持,次覆两班。鸣诸寮板三下,鸣法鼓一通,众集,两班归位,立定。住持出,登座。侍者、两班出,问讯毕,住持举法语。毕,叙谢。行者秉烛,侍者呈目,予先叙谢知事、头首、东堂、西堂、专使、勤旧、大众等,庶得详尽。结座,下座,客头行者喝云:"方丈和尚请诸山和尚、两班、单寮②、勤旧、诸山就方丈献汤。"知事送官客归客位汤果,住持伴诸山等汤果。

次日,檀越祠堂③讽经,并历代住持塔所炷香。库司差人严设建寺舍田檀越祠堂,备办供养。粥罢,集众,住持至,炷香,上茶汤。毕,归位。首座举经,维那回④向。若前代住持塔所,当一一自去炷香,上食设拜,并库司办祭具。

（六）管待专使

知事预禀住持,议专使并宣疏帖人賙资轻重,衣钵合备贴賙,须令合节。至日,寝堂钉挂铺设位次,请两序、勤旧、光伴,设专使特为位。请客侍者躬请专使,余人则方丈客头禀请,礼与寻常特为同。

---

① 法被:于禅寺法堂或本堂等之佛前(须弥坛之正面)所垂悬之斗帐、布帛等,即称法被。又禅家用以覆盖桌椅之布,亦称法被。

② 单寮:见《祝赞门第一》"景命四斋日祝赞"条注。

③ 檀越祠堂:见《报本门第三》"檀越忌",至日至祠堂敷设供仪,全寺僧众诵经回向。寺院专为檀越设祠堂,是此檀越对寺院有建寺舍田的巨大贡献,并非泛泛之辈。

④ 回:原作"向",今据文意改。

（七）留请两序

两序俟管待专使毕，约诣方丈，咨禀告退。住持未可遽从，垂情委曲送出。侍者令客头行者备桦袱、炉烛、汤具，住持带侍者诣库司诸寮勉留。客头先报，退职人出门外，右边迎住持入居主位，分手坐。侍者烧香、行汤、收盏，住持尽礼劝留。若职过满，亦须宽耐，候住持稍暇，再禀辞退。

（八）报谢[①]参访出入

入院之后，须参见府县官属，次谒檀越、寄居官贵。近今参见官贵，以帕子为礼，须常预备，随时宜也。诸山须用门状[②]，合报谢及相访处，知事逐一禀覆。若住持远出，令行者传语头首、知事，知会库司，探伺归期。令堂司行者挂接和尚牌报众。候入山，鸣大钟集众门迎。住持先令传语免之。出轿问讯："勿劳大众。"即往佛殿、土地堂烧香。首座领众至方丈，住持接已，问讯，众退。客头揖请两班、耆旧献汤，略叙话而退。方丈行者插香礼拜，次参头领众行者礼拜。毕，住持须巡寮报礼。若在城附郭，朝暮出入无时，不必讲行。或密回方丈，两序、勤旧皆诣方丈问讯。

（九）交割什物[③]

入院后，会两序、耆旧茶，详说山门事务。所有御书宝器、砧

---

① 报谢：一般指感谢报答佛恩、师恩之意。此外，如供养僧侣之谢礼，或巡礼圣地等所行之布施，亦可称为报谢。

② 门状：又曰参榜，参状。即古代拜访时通姓名用的名片，称名刺或名帖。纸阔六七寸，内不书文：自左方卷之，用丝束分中少上，题姓名于其上。

③ 什物：寺院所藏种种之器财称为什物。什为杂之义，聚之义。《涅槃经》卷六曰："经书什物。"《玄应音义》卷二曰："什物，什者十也，聚也杂也，亦会数之名也。又资生之物也，今人谓家产器物犹云氤云什物。"

基①什物,先呈住持,次呈两序耆旧,眼同②检示,逐一点对,交割明白。计算财谷簿书见管③若干,具呈方丈,仍备榜晓示诸庄。须知诸方多于住持进退之际作弊苟取,后患非轻,不可不审。

(十)两班、勤旧煎点住持

先一日,首座、知事、勤旧为首各一人诣方丈,插香拜请住持,次请侍者小师。至日,寝堂中设特为住持位,两序、勤旧位如常坐。侍者小师问讯住持。毕,就两序、勤旧末位坐。至时,首座请住持出,揖坐行礼。若免,即烧香进前,问讯,下颿。首座、知事、勤旧三人为首问讯,归位,坐食。毕,首座起身烧香,归位,吃茶。若诸山道旧及办事、法眷、小师等,请寝堂煎点礼同。但煎点人设位高下,临时斟酌。

四、住持常用(凡十件④)

(一)朔望上堂

前一日晚,侍者禀住持云:"来晨祝圣上堂。"令堂司行者挂上堂牌,覆两班。次早,侍者再禀住持,令客头行者敷陈法座,茶头行者烧香点烛,堂司行者鸣廓板各三下报众。坐堂至鸣鼓,两序领僧行至法座前问讯,分班对立。(众中有不候领首至,先自立定者,非法也。)

---

① 砧基:即"砧基簿",丛林中记载建筑器材或日常什物之账簿。砧基,原指建筑物之基石。砧基簿是始建寺时所定殿堂廊庑之柱础图,虽为后日无用之物,然住持之人不可不知之,故入寺后,宜询问详细,逐一点对交割。

② 眼同:指众人一同处理事务之意。《禅林象器笺》"言语门"载,众眼一同观而为事;系元朝俗语。

③ 见管:是"见管钞"之简称。见管,即现在管理之意;钞,即纸币之意。即指现前所有之钱财。反之,支出之钱财,则称为支钞。《禅林象器笺》第二十九类《钱财门》:"幻住庵清规,亡僧唱衣,云:'除支外,见管无。'"

④ 原文题为十件,实则为九件。

住持登座,拈香祝寿毕,趺坐。两班问讯,侍者登座请法之后(冬月,住持则云:"天寒,各请覆顶①。"),叙谢或先知事,或先头首,随山门例。次西堂耆旧、僧众。或外有诸山住持,并大名字,座右设位。官客对座设位(识礼尊法,则不坐也。),叙谢则在两班先,即就法座下礼谢。次者则后两班叙谢,即往方丈拜谢。

古来山家②,讲贯③连环,宁拘朔望!近既疏缺,未免举行。端祝圣寿,当提唱宗乘④;开导后昆⑤,则举扬要义。若山门事务,自就方

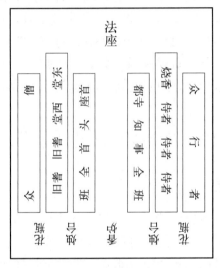

法座图

① 覆顶僧人问讯时往往摘帽致敬礼拜,冬月天寒,住持会请两序将帽子带上,称为覆顶。
② 山家:相对于山外之称,特指天台宗之正系。如《山家义苑》、《山家绪余集》、《山家教典志》等诸书中之"山家"一词即指天台宗或天台家。天台智者大师久住天台山,天台宗之四明知礼久住四明山,各于所住之山演布法义,高唱天台之学,故皆称为山家。
③ 讲贯:相当于讲习。《国语·鲁语下》:"昼而讲贯,夕而习复。"韦昭注:"贯,习也。"
④ 宗乘:指各宗所弘的宗义及教典。
⑤ 昆:原作"毗",今据文意改。后昆亦作"后绲",后学、子孙之义。

丈茶议，毋谈世谛，令众倦听。若名德西堂①、前堂首座，受他山请，则住持引座举扬，登座不拈香。及施主请升座等，皆不拘时。（余式如前《祝赞门》）

（二）朔望僧堂并寝堂点茶

凡朔望，粥鼓鸣时，方丈茶头备汤、茶、盘、盏，置僧堂台上。请客行者候行钵水人出，就座请两序，并请耆旧，问讯云："方丈和尚请小刻就寝堂献茶。"侍者候折钵水人出，归中问讯，圣僧前烧香，往上下间，并外堂上下间问讯，归中问讯，边立。鸣钟一下，行盏。鸣钟一下，行茶。茶行将半，侍者如前内外堂问讯，归中问讯，退。鸣钟一下，收盏。鸣钟三下，下堂。方丈即鸣小板一通，众至问讯。板绝，众坐，侍者烧香。（东首面内立，归中问讯。进炉前三步半，小问讯。双手开合，盖留左臂上。右手把底，复安盖上。右手烧香，把底安几上，双手拈盖合定，少问讯。左转身三步半，问讯。茶至，问讯，揖茶退。）

（三）会两序耆旧茶汤位次（东序耆旧至监寺，西序耆旧至维那）

凡方丈会茶汤，首座分手。如首座缺员，下至知客分手。知事不宜分手，混杂西班位次，头首亦不杂东班位次。或遇大诸山来，则诸山分手，首座次位。若是山门节腊，或小诸山来，亦只首座分手，诸山面住持排位。若蒙堂②茶汤，住持不赴③，则蒙堂大耆旧居主位，首座分手。住持来赴，亦首座分手，则耆旧面住持设位。如大殿、法

---

① 名德西堂：见《祝赞门第一》"圣节"条注。

② 蒙堂：指禅林都寺以下的知事于退职后所赡养之寮舍；或用以指居住于蒙堂的僧众。蒙有静养之意。蒙堂之管理者，称作蒙堂寮主。蒙堂始作于宋代明州阿育王山之大觉怀琏禅师，后世均效此而作。

③ 赴：原作"起"，今据文意改。

堂等处,凡缺住持,其位虚设,两班位次与常式同。

（四）会西序茶汤

凡会西序,首座分手,其本山办事、诸方办事,随职高下分坐,职同次之(式见后)。近来多因位次争长,以致丛林盛礼废矣。为住持者当公论之。宾有礼,主则择之,此之谓也。若库司会西序亦然,住持不赴,都寺作主。头首寮,首座作主。首座不赴,次头首居主,与本山第一位分手,转本山次位与江湖分手。

右上图示（方丈会西序）：

方丈会西序	
住持（主）	首座（伴）
本山第三位	江湖第四位
本山第五位	江湖第六位
本山第一位巡	江湖第二位巡

（五）特为大诸山煎点

住持先一日令行者擎桦袱盛请书、香炉、烛台、香合,侍者往烧香拜请,或免拜。次日依名书照牌,用卓衣彩袱陈设于方丈厅前。客至,预认照牌,侍者报住持接客。客进,问讯,略叙寒温。毕,侍者问讯,请特为人归位,揖坐,左转身,东南角立伺。俱坐定,侍者问讯,至香炉前,侧身避特为位,小问讯,烧香(例如前)。左转身,去特为人前问讯。转身,东南角旧处立,大问讯。

烧光伴香行者入卓,次第下食。候饭到时,衣钵侍者令行者抬𫑡出,侍者烧香问讯特为人(同前)。行𫑡食罢,次第打茶鼓一通,鼓绝,侍者再烧香(例前)。行者进茶,侍者进特为前问讯,揖茶。又转身旧处立,问讯。烧光伴香行者收盏,打鼓三下,出卓。特为人进香案前拜谢。

左图示（特为煎点位）：

头首	首座	住持	知事
		香台	香台
江记		香台	香台
	半班照管		半班照管
	转身		
	南		

（六）诸山到方丈煎点住持

凡诸山来煎点住持，须先一日访侍者，略序来意。同到方丈，侍者通报，伺住持出，具香拜请，不用书，为重平交①人却用请书。受请已，即令衣钵侍者引访库司，侍者传方丈语，委办食。是晚，令方丈请客头同带来行者请两班、西堂、大耆旧、光伴，侍者分付排设坐位。至时，催客。客至，煎点人揖入位，立定。煎点人方请住持出，问讯，请归位，揖坐。出香案前问讯，至香炉边小问讯，左手烧香。左转身至住持前问讯，转身香椅西问讯，烧光伴香，归位。候饭至时，再烧香，至住持前问讯，立。候抬颾列住持前，问讯，归位。饭罢，即起烧香，至住持前问讯。茶至，再问讯，揖茶，再转身香椅西，烧光伴香，归位。行者收盏退卓，致谢。

如或煎点大众光伴，挂煎点牌。至日，僧堂严设住持位，住持对面设煎点人位。若嗣法人到寺煎点，则设嗣法人位，居知客板头。火板鸣，大众赴堂，煎点人请住持，随住持入堂，揖坐，转身圣僧前烧香，至住持前问讯，转圣僧后出。住持引手揖煎点人坐，行食遍，煎点人起，烧香下颾，问讯住持及下众颾。行饭，饭毕，收钵，退住持卓。煎点人烧香，至住持前问讯，从圣僧后出，炉前问讯。鸣钟，行茶遍，至住持前揖茶，复从圣僧后出，往住持前两展三礼。初展云：“微礼渎尊，特辱降重，下情不胜感激之至。”再展（云云）。三触礼，送住持出。煎点人复归堂烧香，上下间问讯，谢光伴，复归中问讯。鸣钟，收盏，往方丈谢降重，住持随至客位致谢。

---

① 平交：指无上下之差别而平等交际，或指道德、资历、年龄等与我齐等者。即指同辈。《禅苑清规》卷五："如平交或戒腊相等（或是法眷、弟侄之类），但问讯请之。"（《卍续藏经》111 册，453 页上）又与自己之年龄、资历、德行同等之首座，称为平交首座。

（七）施主入山

施主到寺，或先至知客寮，或至库司，引上方丈献茶，送安下处。若官贵大施主，当鸣钟集众接之，同上方丈献茶。若施主请升座，先请知事商议，同诣方丈，炷香拜请。至日，铺设法座，座前设施主位。挂上堂牌，鸣鼓，众集，知客同施主上方丈请住持。住持出，登座跌坐，施主座前设拜，知客揖引入位听法。（但受礼就立，坐则慢法也。）下座拜谢。

若斋僧①，先与知事议定斋料用费，维那实具僧行数目，俵嚫多寡随施主之心，不可辄专。僧堂内设施主位，与住持分手。斋毕，知事陪施主僧堂少立，待大众出堂致谢。次住持、知事到客位谢。若有寄钱斋僧，住持须责付知事尽数办供，俵嚫不可互用，刻落招因带果。

《人天宝鉴》云："湖南云盖山智禅师夜坐方丈，忽闻焦灼气枷锁声，即而视之，有荷火枷者，火犹起灭不停，枷尾倚于门阃。智惊问曰：'汝为谁？苦至斯极耶？'荷枷者对曰：'前住当山守颙也，不合互将檀越供僧物造僧堂，故受此苦。'智曰：'作何方便可免？'颙曰：'望为估直僧堂，填设僧供，可免尔。'智以己赀如其言为偿之。一夕梦颙谢曰：'赖师获免地狱苦，生人天中，三生后复得为僧。'今门阃烧痕犹存。"然颙公以供僧物作僧堂，皆僧受用，尚受互用之报若此。今丛林拨无因果，非惟互用，甚至窃取常住为己有者，宜何如哉？

---

① 斋僧：是设斋食供养僧众。又作饭僧。指入寺供养或延僧至俗家供养。依受供养僧侣之数目多寡，又有五百僧斋、千僧斋、万僧斋之别。

（八）诸山相访（尊宿、尊长、法眷^①、嗣法、平交、邻封^②）

凡尊宿到寺,先须通门状到方丈,即令挂接尊宿牌,鸣钟集众门迎。彼若尚简,则潜入寺,住持于寝堂具香烛相接。鸣僧堂钟,令报两班大众,插香问讯。毕,众退,两班者旧就陪坐,烧香吃茶。毕,侍者插香礼拜,带来侍者、行者、人仆、轿从参拜方丈。执局及参头领众行者、人仆、轿番以次参拜。侍者复烧香,献汤罢,送客,位主居右,送入,插香,客辞免,略叙寒温而出。两班参随别送安下。客头令备轿,住持同引巡寮,报礼侍者随侍。（若以下诸山,则侍者引巡寮。）客头预报诸寮,巡毕,住持同入方丈叙话。如有乡人、道旧^③人事,复归安下相接。请客侍者诣客位,拜请云:"方丈拜请和尚今晚就寝堂^④药石,伏望慈悲降重。"寝堂钉挂帐幕,设位。（行礼如常式。）药石毕,复请汤果,皆请两序、光伴。侍者覆:"来早上堂致谢。"次早请汤,侍者烧香,问讯,揖汤。行者问讯,仆从声嗟请粥。粥罢,请茶,侍者再禀上堂半斋^⑤点心。

如大尊宿,则首座众头首禀住持,劝请为众开示法要。住持先到客位,陈意若允,首座具状,两序大众同诣客位,插香拜请。次请住持引座,挂牌报众。法座前左右排位。至时,鸣鼓,住持同下法堂位前

---

① 法眷:即法门中眷属之意,主要指修学同一法门之兄弟、弟子而言。法眷中,年龄、资历、职位等居上位者,称为上法眷,反之则称下法眷。又有仅以法眷中较年长者,称为法兄。又寺院任命住持之际,新住持之法兄弟制文疏向该寺院祝贺,此一文疏即称法眷疏;于每年岁旦、结制、解制等诸大行事之际,住持之法眷对住持行礼,称为法眷人事。

② 邻封:本意为相邻的封地。泛指邻县,邻地,此处指邻寺。

③ 道旧:即道友。指久续道交之友。以道相交,故称道;旧者,旧识。新住持晋山时,旧识道友为其制入寺之疏,称为道旧疏。

④ 寝堂:见《住持门第四》"山门管待住持并专使"条注。

⑤ 半斋:为丛林中描述时间之名,即言早朝粥时与正午斋时之中间曰半斋。于粥、斋中间的点心称为半斋点心。

当寺首座比丘某

宗旨开示　后学伏望
　　　　　尊慈俯垂　开允谨状
年　月　日具位状　当寺住特比丘某

右某辄以来日拜　请举扬

某辄以今午就寝堂聊备蔬饭伏望尊慈特垂

降重谨状　年　月　日当寺住持②比丘某　右

可漏子　状请　某处堂头和尚法师　具位　谨封

请升座请管待状式

立。住持先引座,(与常上堂同。)下座,两班诣尊宿前问讯。尊宿往住持前问讯,归中普问讯。登座,侍者、两序出班问讯,住持问讯。说法毕,下座,住持前问讯,普与大众问讯。住持、两序大众随诣客位插香拜谢。请客侍者具状请特为管待①,山门置食备贶,方丈备贴贶。两班、光伴行礼与常特为同。

若法眷、尊长至,先讲诸山相见礼。毕讲,居中座,住持插香礼拜,讲法眷礼。方丈内坐,当让中位,亲自烧香,客力辞。侍者行礼,迎送如前。

若嗣法、办事、法孙相访,当躬至方丈。住持即令鸣僧堂钟集众人。事先请住持中坐,行弟子法眷礼。次讲诸山礼。接送同前。但特为管待,请客侍者炷香禀请,不具状。凡诸山相访,大小远近不同。若大诸山,当迎接如前尊宿礼。若次诸山平交者,斟酌中礼可也。若比近邻封从简者,径造方丈,免劳众迎接,礼如常式。

(九) 退院

住持若年老有疾,不任化导,则雍容揖逊③,求贤以自代。或心力疲倦,或缘法不顺,自宜知退。常住钱物,须要簿书分明。方丈什物,点对交割。具单目,一样两本,茶会两序勤旧,金押④用寺记印。

---

① 待:原作"侍",今据文意改。
② 原文"持"前多一"特"字,为衍字。
③ 揖逊:犹揖让,禅让。
④ 金押:指处理公务时,在文书上签名画押表示负责。

住持、库司各收一本为照,公请一人看守方丈。至退日,上堂叙谢,辞众下座,亲往挝鼓三下而退。若留本寺,居东堂。相继住持者,须当尽礼温存。

两序门第五

【题解】

《两序门》说明协助住持管理寺院的两序职事的各自职责。职事也称执事，指在佛殿法堂举行佛门仪式时，序列于两侧的僧众，因此又称为两序，即东序和西序。两序是仿效古代朝廷文武官员分班而立的制度而设。东序选精通世事者担任，亦称为知事；西序选学德兼修者担任，亦称为头首。东序为主位，西序为宾位，故将直接为住持工作的丛林执事待以主礼，列于东序；将辅助住持工作的德僧待以宾礼，列于西序。

东序西序又以等级高低分为知事人员（一级）、主事人员（二级）和头事人员（三级）。以其承担的职责轻重又可分为列职与序职两部分：列职相当于职务，侧重按办事能力和工作需要列其职别；序职相当于职称，侧重按出家资历和修持功夫定其位次。

《教苑清规》中两序的职称基本沿用自禅规，但名称稍有不同，另外亦有教寺独特的职事名称。

兹将《教苑清规》与《敕修百丈清规》中所列两序职事列表对照如下：

《教苑清规》与《敕修百丈清规》序职列职对照表

职事名称	《敕修百丈清规》	《教苑清规》
东序知事	都监事	都监寺
	维那	监寺

续 表

职事名称	《敕修百丈清规》	《教苑清规》
东序知事	副寺	副寺
	典座	典座
	直岁	—
西序头首	前堂首座	前堂首座
	后堂首座	后堂首座
	书记	忏首
	知藏	书记
	知客	维那
	知浴	知客
	知殿	—
	侍者	侍者
列　职	寮元	知殿
	寮主副寮	知藏
	延寿堂主	知浴
	净头	净头
	化主	—
	园主	—
	磨主	—
	水头	水头
	炭头	—
	庄主	庄主
	诸庄监收	监收

两序职事的职责略述如下：

一、西序头首

（一）前堂首座：禅刹的僧堂东面之中央有安置圣僧之龛，其前为前堂，其后为后堂，各由一首座来统领。顾名思义，前堂首座即是前堂的第一座，也即统领前堂之僧，其位次仅亚于住持，取"居席之首端，处众僧之上"之义而名。禅寺首座以领众参禅为主，僧堂坐禅号令之权，在首座不在住持。教寺的前堂首座则以讲经释难为务，系"丛林表率，人天模范，专务说释，开发后昆"。其主要职责有四：一是领众则中规合矩，赴堂则瞻前顾后。二是对职事有勉励劝诫之责，对僧行失礼者依法训惩。三是须熟稔天台教观，并以之开导后学僧众。四是垂恤老病，津送死亡。如住持圆寂，即是由首座主丧。

（二）后堂首座：管理后堂之僧称后堂首座，与"前堂首座"相对称。然前堂首座略称为"首座"，后堂首座则略称为"后堂"。后堂首座的职责与前堂类似，也是辅赞宗风，讲说天台教观；轨范后学，为晚生道德模范。

（三）忏首：领导忏堂修行的职称。修忏在天台宗中是与止观同等重要的修持内容，其修行项目包括坐禅、礼佛、诵经等仪。忏首的主要任务是领众朝夕修行，并代表大众向佛菩萨敷陈启白。

（四）书记：掌管一寺文疏翰墨的职称。凡寺院法会的榜疏书问、祈祷词语，对外交往所用的一切书信奉表等，都由书记执笔。书记须由宗说俱通、解行全美者担任。书记在禅宗中位居首座之下，在天台宗，则居忏首之上，与首座相等，因天台宗重视讲说笔录故。

（五）维那：为掌理僧众进退威仪，并负责举唱回向的重要职称。其职掌有如下几条：一、纲维众僧纪律，如果僧众有争竞，要善于辨析和会。二、如有僧人挂单，要验其度牒真伪，并安排戒腊位次图。三、如有病僧，当为调理，亡僧则津送，并为他们举行祈祷回向，极宜至诚。四、点读说文、布萨。五、逢天台祖师忌辰,尽礼修敬。

（六）知客：司掌迎送、应接宾客之职称。凡官员、檀越、尊宿或诸方名德之士来访,知客皆以香茶迎待,随即令行者通报方丈,然后引见。其职以接待宾客为主,故凡来客之食宿、听法、拜谢等事项,皆由知客引领。若遇客僧死亡,须主其丧事。堂僧圆寂,管理丧事收支费用。维那若告假不在寺中,则由知客代其行事。

（七）侍者：随侍长老左右,为长老办理杂务的利根沙弥或出家不久之比丘。禅宗侍者的种类较多,天台宗则列有烧香侍者、书状侍者、请客侍者、衣钵侍者等四种,职责如下：

1. 烧香侍者：住持讲课前,预先点对部文,预分科目。如有人拜访住持,由烧香侍者通报,并烧香行礼。

2. 书状侍者：为住持起草往来文书信函。如寺中缺书记,则兼掌寺中所有文翰。

3. 请客侍者：负责招待住持的内客,逢年过节代住持具仪送礼。若外客则由知客负责。

4. 衣钵侍者：掌管住持的钱帛资具,通常多选老成之士担任此职。

二、东　序　知　事

（一）都监寺：督管全寺庶务的职称,略称"都寺"。职责主要是：接待官员施主,稽考簿书,训诲行童,役使仆隶。

（二）监寺：总领山门事务的职称。监寺负责筹办寺内吉凶庆吊事宜,统筹考算一寺收支,备办物资等,并须定期将日单、旬单、每月结单呈给方丈。

（三）副寺：负责分担监寺的工作,护持常住之物。此外,还要每日措办柴薪,至夜巡警火盗。

（四）典座：负责大众斋粥之职称。

三、列　　职

（一）知殿：司掌佛殿花烛及洒扫诸事的职称，即今俗称"香灯师"者。

（二）知藏：主管和保护寺院所藏一切经论典籍之职称。大众看经，须得知藏许可，方能借出经论。

（三）知浴：司掌浴室、浴灶及所用柴薪等的职称。

（四）净头：负责清扫厕所的职称。凡供此职者皆是自发道心之人，因经律中有通过洗厕来忏悔罪障的说法。

（五）水头：司掌汲水、烧热水以供大众盥洗的职称。

（六）庄主：掌管寺院田地农务等的职称。职掌事务包括监视田界、修葺庄舍、补治塍塘，提督农务，安抚庄佃。庄内所有小事，当随时处理，事关重大者，则须申诉寺中主事者裁定。庄主这一职事因涉及职权范围较广，因此其人选需慎重决定。

（七）监收：管理寺院田地收入及租税等杂务的职称。元代时与庄主同设，在庄主管辖之下，职权相当于知库。任此职者须克己为念，奉众为心。

《教苑清规》基本沿用了《百丈清规》的职事名称，建立了一套类似禅寺的内部行政管理机构，为完善教寺的丛林制度起了一定的作用。其中，"忏首"是颇能体现教寺特色的一个重要职位，为禅林清规所无，此职相当于禅寺的首座。

除了上述职事，教寺还有一个特殊的职称，那就是"都讲"。都讲，又称都讲师、都讲和尚，原为古代寺院讲经时负责发问之人，后来教院请法师来专职讲经，其人也称都讲，并成为教院教寺重要执事之一。都讲有时是专职，有时则由首座兼任。

《两序门》的后一半内容说到丛林职事的辞职和圆职制度。寺院职事一般以半年或一年为一任期。任满之日,各职事先辞住持,次日又辞大众,云:"某等昨蒙方丈和尚令,归库司充知事,一年已满,心力劳倦,告退归寮。谨白。"请辞者在斋堂向全寺上座职事人等禀告,并鸣椎礼拜,问讯而退。

各职事请辞后,为了重议人选,住持于初九、初十日邀约全山长老及诸头首召开会议,共议职位的选任和分配。经诸长老、头首通过后,由住持发布任命令,客堂挂牌昭告全寺。挂牌时间在每年正月十五或七月十五日。

就职当天,新任职事当到法堂谒见住持,随后即依职送位就任。新职事到方丈礼座就职时,住持要当面加以训勉,告诫其尽心职务、遵守清规。其次新职事还要到各老职事房中,一一拜候。这是丛林职事"请职圆职"的基本流程。

在新旧职事交接什物之时,还有一定的手续。前任离职,其所住的寮舍需要清点,离职者不能搬走常住财物。交割之时,库司应当置簿一册,具写诸寮交割什物。此簿由住持、知事佥定,分置几个小簿,交付诸寮,以备日后查点校对。

两序职事在丛林中并非管理者,而是助益大众修行的服务者。在修行上,他们是"对境修"的一类修行者,如能尽心尽职,以欢喜心、恭敬心为专务修行的僧众做事,则功德甚大。不少祖师均曾担任过寺院中看似卑贱的工作,如净头、水头等,这在历代僧传中皆有记载。

【原典】

两序之职,皆为众设。纪纲丛林,讲行礼度,流通教观,模范后昆,于是系者,曰西序焉。干蛊寺门,出纳帑庾①,公心竭力,纤芥分

---

① 帑庾:音 tǎngyǔ,指钱粮。宋江少虞《宋朝事实类苑·秦再雄》:"不增一兵,不费帑庾,而边境妥安。"

明,于是务者,曰东序焉。作兴法社①,于斯二者,如身二臂,岂可偏乎?古人交互职之,备历繁重。及归师位②,世出世法,任运应用,无不适宜。今岐分为二者,以至于东西相视,若传舍③之阅过客,甚而相诋不相客者何哉?盖始度者不闲于教训,又任者不择其贤否,故然耳。惟主斯柄者④慎之!慎之!

一、西序头首(凡七职)⑤

(一) 前堂首座⑥

丛林表率,人天模范,专务说释⑦,开发后昆。领众则中规合矩,赴堂则瞻前顾后。斋粥精粗,勉谕执事。僧行失礼,依法训惩。三

---

① 法社:指为修道所结的会社。《大宋僧史略》卷下曰:"梁僧佑曾撰法社,建功德邑会文。"此处意同道场,即修道的寺院。

② 师位:指任住持,文中意经过担任东西序各职的历练以后,知道如何管理寺院,维护寺院道风,日后出任住持,堪为人天之师。

③ 传舍:音 zhuànshè,原为战国时贵族供门下食客食宿的地方。客有上、中、下之分,舍也分传舍、幸舍、代舍。《东周列国志》第九十四回:"(齐愍王)乃置为客舍三等:上等曰'代舍',中等曰'幸舍',下等曰'传舍'。代舍者,言其人可以自代也;上客居之,食肉乘舆。幸舍者,言其人可任用也;中客居之,但食肉不乘舆。传舍者,脱粟之饭,免其饥馁;出入听其自便。"泛指古时供行人休息住宿的处所。

④ 主斯柄者:指寺院一寺之主关系佛法重大,为住持者需认真选拔职事。

⑤ 本门序号如"一"、"(一)"等系笔者为阅读方面添加。

⑥ 前堂首座:简称前板,禅刹僧堂之圣僧龛左右,有一出入板,板之前称前堂,其位置为僧堂之前堂板位之第一座,管理前堂。或单称首座。前堂首座,为诸首座中之最上者,居住持之次席,因之而有第一座、座元、禅头、首众等别称。

⑦ 说释:说法释经之意。于禅宗丛林的僧堂坐禅号令之权,在首座不在住持,首座谓之禅头,众僧皆听首座之命。而在教院讲寺,首座则以说经讲释为其主要事务。

轨①匠物,常切在怀。部味②教观,如凭几杖。垂恤老病,津送死亡。丛林之事,皆悉举行。然虽尊宿硕德,若住持以礼待之,亦为人而出,不以名位为较也。如诸大士赞扬佛化,犹文殊③之助释迦,观音④之辅弥陀,皆是占佛权现,为众上首。如此论之,岂轻任乎?

(二)后堂首座

位居后板⑤,辅赞宗风⑥,讲说轨仪,晚生标格。举行礼乐,不异前堂,盖为众多,故分两职。既领此任,幸勿忽诸。

(三)忏首⑦

三昧忏法,惟自山家。任斯职者,宜须解行全备。若自既昏昏,焉能使人昭昭?务在表率行人,朝夕策导。敷陈启白,若对圣贤。坐

---

① 三轨见《比丘大安序二》注。

② 部:此处指代表天台宗根本思想的三大部。味:此处指五味中的法华醍醐味。部味:代指天台宗所有著作。

③ 文殊菩萨是过去平等国的龙种上如来,《佛说首楞严三昧经》卷下云:"过去久远无量无边不可思议阿僧祇劫,尔时有佛,号龙种上如来,应供、正遍知、明行足、善逝、世间解、无上士、调御丈夫、天人师、佛、世尊。于此世界南方,过于千佛国土,国名平等,无有山河,沙砾瓦石,丘陵堆阜,地平如掌,生柔软草,如迦陵伽。龙种上佛于彼世界,得阿耨多罗三藐三菩提。(中略)汝谓尔时平等世界龙种上佛,岂异人乎? 勿生此疑,所以者何? 即文殊师利法王子是。"

④ 据《千手千眼观世音菩萨广大圆满无碍大悲心陀罗尼经》载,观世音菩萨已于过去无量劫中已然成佛,名为正法明如来。然以大悲愿力,欲发起一切菩萨广度众生,而示现菩萨形。

⑤ 后板:又称后堂,见本门"前堂首座"条注。

⑥ 宗风:见《住持门》"议举住持"条注。

⑦ 忏首:是天台教院独有的职事名称。宋代教院与禅院并立,禅院有西序六头首,司掌僧众的修行教育。临济宗称首座、书记、藏主、知客、库头、浴主等为六头首,曹洞家则以首座、书记、知藏、知客、知浴、知殿等为六头首。教院突出修天台忏仪的特色,有西序七头首,名称与禅院不尽相同。

诵绕旋①，常存观道。能障所障皆泯，能忏所忏俱忘，终日加功，终日无作。先以无生理忏②为主，方用事仪。事行既勤，理观弥进。当慕慈云③，以为标格。或谓圆顿无如是行，良可愍焉。

（四）书记

山门榜疏，书问祈祷，词语应系，文翰皆掌之。然住持专柄大法，何暇文字，而此职固不可缺。董斯职者，洞晓宗乘，兼通外典，亦非一日功也。且禅宗何其多，而斯宗何其少！非谓无其人，盖与维那位次高下，故退藏而不为也。若禅宗书记，位居首座之下，用彼格此，合居忏首之上。盖山家忏首，此任非轻，良以宗说俱通，解行全美，与首座等耳。书记位不可加其右者，盖由此焉。本宗维那，曾历烧香、知客等职，兼复点读说文，祈祷回向，历事繁重。若五山十刹者，职漏亦预保举，又乌得肯复让之？今立论云：若请书记，亦曾先历侍者、知客等职，然后量材擢用，助教海波澜，折冲外侮。亦须兼讲说文，则位处④维那之上，职满预保，永为定式。昔上竺佛光会中，有此山在，书记，敕黄为之，名"出班书记"，岂维那不逊耶？若越次直上，问《祈招》之诗，不知者不在此论也。

---

① 智者大师所著的天台忏仪母本——《法华三昧忏仪》说到修行的十科方法，即：一、严净道场，二、行者净身，三、修三业供养法，四、请三宝方法，五、赞叹三宝方法，六、礼佛方法，七、忏悔六根及劝请随喜回向发愿方法，八、行道法，九、重明诵经方法，十、坐禅实相正观方法。前九属于事修、辅行，末项的坐禅实相正观为理观、正行，为法华忏法之重心。"坐诵绕旋"指十科方法中的后三科。

② 无生理忏：天台宗依大小乘之说，将忏悔之法分为三种：（一）作法忏悔，（二）取相忏悔，（三）无生忏悔。其中，作法、取相忏悔属事忏，无生忏悔则属理忏。《四教仪》曰："理忏者，若欲忏悔者，端坐念实相，众罪如霜露，慧日能消除，即此义也。"

③ 慈云：即宋代与知礼大师同为天台山家派代表人物的遵式大师，因制忏数部，有"慈云忏主"之称。

④ 处：原作"外"，今据文意改。

（五）维那

纲维众僧,委曲调摄,众有争竞,辨析和会。堂僧挂搭①,验度牒②真伪,或腊图位,排列审详。僧众病亡,调理津送。给假参假,观时举行。回向祈祷,极宜至诚。或有他缘,或暂出入,致委客司③,权令摄之。点读说文,务开新学。说戒④布萨,珍重毗尼。天台忌辰,尽礼修敬。厥职烦难,莫越于此。《寄归传》云:"维那,华梵兼举也。维是纲维,华言也。那是梵语,删去羯磨陀三字也。"《僧史略》云:"梵语羯磨陀那,译为事知,亦云悦众,谓知其事、悦其众也。又《声论》翻为次第,谓知僧事之次第也。"《音义指归》云:"僧如纲,假有德之人为纲绳也。"

（六）知客

职典宾客,凡诸方尊宿、官员⑤、檀越、方来名胜⑥,迎接交谈,礼宜典雅。随令行者通报方丈,然后陪上相见。量人重轻,斟酌行事。其旦过寮⑦,常备柴炭灯油,温存暂到。法堂诵文,汤茶照拂,

---

① 挂搭:见《住持门》"入院"条注。

② 度牒:由官方颁发出家得度僧侣之证明书,称为度牒。北魏时代即存此制。唐开元十七年(729)下诏令天下僧尼每三年造籍册,天宝六年(747)令天下僧尼隶属于两街功德使,并由尚书省祠部司出具,称祠部牒,僧尼以此牒为身份凭证,可免徭役。宣宗大中十年(856)开始授予受戒者证明文书,称戒牒。无度牒之僧侣,称私度僧,并不为官方所承认,迄清代为止,代代沿用。

③ 客司:即知客的居室称为客司,或称知客寮。僧堂中知客的座位称为知客板头。隶属知客而听其使令者,称为客头行者。现今丛林的僧堂,知客多兼任副司(会计),由执役僧交替担任,是常住重要的职役。

④ 戒:原作"或",今据文意改。

⑤ 员:原作"负",今据文意改。

⑥ 方来名胜:即诸方名德。

⑦ 旦过寮:谓禅林行脚僧的宿泊处。夕来宿,过旦去之义。游方之人到某寺则先解打包入旦过寮憩息,然后与师家相见。又志愿挂搭丛林之僧,于正式入堂前止宿于旦过寮,亦称旦过僧。

僧堂粥饭，管顾客僧。暂到死亡，主其丧事。堂僧圆寂，同管收支。维那在假，摄行其事。行远在迩，幸勿自夷。方溪嘉声，迨今未坠。

（七）侍者（烧香　书状　请客　附：衣钵）

入室真子，朝夕侍教，期契心宗。观出处语默之间，传部味教观之首。庆喜①之侍瞿昙②，章安③之侍天台，佛祖重寄，其可忽诸？

凡住持开讲，则点对部文，预分科目。若讲唱制作，咨禀所以，记录勿忘。习读④问答，锁试⑤取士，当以至公辅赞法社。节腊、特为，通覆、相看、挂搭、烧香、行礼等事，烧香侍者之职也。

凡住持往复，书问启札，制作文字，先具草呈。如缺书记，山门一应文翰代之，书状侍者之职也。

凡住持应接宾客，管待⑥尊宿，节腊、特为具状行礼，请客侍者之职也。

或维那、知客俱不赴众，或在假，其行事，三侍者⑦皆当摄之。若

---

①　庆喜：指阿难，见《报本门第三》"章安尊者忌疏"条。
②　瞿昙：印度刹帝利种族中之一姓。为瞿昙仙人之苗裔，即释尊所属之本姓。
③　章安：即天台智者大师弟子灌顶。临海章安（浙江临海）人，俗姓吴。字法云，名灌顶。古人为避尊者讳，常以地名或处所名称呼名德僧人，故世称章安大师、章安尊者。章安大师领持智者遗教，笔录《法华玄义》、《法华文句》、《摩诃止观》等，集记大小部帙百余卷，以传后世，今日智者大师之教文不坠，全仗其功。后世天台常以章安之侍智者，如阿难之侍佛陀。
④　习读：指覆读讲、开科科、诵文科等三科习读，是天台宗培养后学的一种教育制度。详见《安居门》"三科习读"条。
⑤　锁试：是天台宗一种重要的学习考核制度。《安居门》"锁试"条："住持次日看卷批判，取其优劣。若说义纯正，深于理致者，则当称赏之，拟擢职事。"以锁试作为担任职事的标准。
⑥　管待：即照顾接待，意同款待。
⑦　三侍者：指以上烧香侍者、书状侍者、请客侍者三侍者。

住持久出,则归众行立,暂出则不离班位。

衣钵侍者之职不立班。盖能纳忠救过,罗致人才,内外庶事,通变圆融,庶得上下雍容,东西和顺,若非丛林老成,不可任此。毋使后生晚辈,乱行败德,被误非轻。

二、东序知事①(凡四职)

(一) 都监寺

佛世设营事比丘,干办②众事,乃古之监院,今之都寺③也。总寺门之庶务,勤香火于朝夕。祇接官员,礼辂施主,出纳钱谷,洁己公心。簿书时时稽考,岁计种种有余。训诲行童④,役使仆隶,倘有过失,量情摈罚,毋恃威暴,惹起事端。庄库职务,举用均平。供众修造,常运胜心。接物待人,不可轻慢。施舍己责,振废滞,节器用。斋粥二时,必⑤须赴堂。行仆行益,自然整肃。巨细事务,咨禀住持而

---

① 知事:指僧团中事务的负责人。源于佛世,《大宋僧史略》卷中曰:"案西域知事僧总曰'羯磨陀那',译为知事,亦曰悦众,谓知其事,悦其众也。稽其佛世,饮光位众于灵鹫,身子莅事于竹林,及耆婆摩罗年甫十六,已证应真。其念身不牢固,请为僧知事。"说明佛世时"知事"一职的要求是很高的,其职由已证阿罗汉果,心无分别,明了因果的大迦叶和舍得弗尊者来担任。耆婆摩罗虽年仅十六岁,已证阿罗汉果,故请求为僧知事。佛法传至后世,知事仍负有司掌庶务、保护僧物之责,故须选顺应诸僧愿望、严持戒律、心存公正之贤者任之。

② 办:原作"辨",今据文意改。

③ 都寺:即都监寺之略称。或称都管、都总,是乃督管全寺庶务的职称。《敕修百丈清规》卷下《两序章》"东序知事都监寺"条:"古规惟设监院,后因寺广众多,添都寺以总庶务。"(《大正藏》48 册,1132 页上)说明最早的时候是住持之下设监院,发展到后来,监院演变为都寺和监寺二职。至近代,监院又演变八大职事之首。

④ 行童:又称童行,即指为寺院服杂役之青少年或小沙弥。行,行者,乃为寺院服杂役者。宋郭彖撰《睽车志》载:"朱三有子,年十三、四,佣于应天寺僧为行童。"

⑤ 必:原作"心",今据文意改。

行。庶见行不失职,众无谤言,夕惕若慄,则善始终。若苟图其身以求厚焉,欲免,得乎?

任斯职者,关系非轻,住持必择其廉能公谨、腊高①历事、为众推服者,预以礼聘之,然后众请,职满送归单寮②。且古之单寮勤旧,虽大刹,数不满十,盖求其贤能廉干之艰耳。果得其人,或连年不易,或数请再充,为其无取于公乎!若神照之佐四明③,石窗之辅宏智,可为龟鉴。《宝积经》云:"佛告迦叶:'我听二种比丘得营众事:一能持净戒,二畏于后世。复有二种:一识知业报,二有诸惭愧及以悔心。复有二种:一阿罗汉,二能修八背舍者。如是二种,我听营事。'"

(二) 监寺

山门事务,都寺总之。盖以众多,复设监寺。应有常住金谷、钱帛、米麦出入,随时上历,收管支用,令库子④每日具收支若干,佥定飞单⑤,呈方丈,谓之日单。或十日一次结算,谓之旬单。一月一结,一年通结有无见管,谓之曰黄总簿⑥。外有米面五味各簿,皆须考

---

① 腊高:指出家僧人的戒腊高于他人僧人。比丘为出俗人,故不用俗龄,而依戒腊算资历高低。戒腊指出家人受具足后的年数。寺院中之僧人等级或排班先后,往往依戒腊为序。

② 单寮:又作独寮。丛林中单独使用一寮而无同居者,称为单寮;亦指居住于单寮之人。准许住于单寮,乃对退职之头首、知事、他山退隐之长老而住于西堂者、首座等,表示优遇之意。

③ 本如:四明知礼大师门下三大弟子之一,富有辩才文辞,修持出众。曾在四明门下任知事三年而悟法华经旨。

④ 库子:又称库司行者。为丛林司掌会计事务之行者。此职须择有心力、能书算、律己严谨者任之。

⑤ 飞单:又称日单。丛林中,副寺或库头每日佥定全寺收支,呈于方丈,称为日单。因一日所记条目不多,数纸往来如飞,故称飞单。此外,飞单每月一者,称为月单,每十日一结者,称为旬单。

⑥ 日黄总簿:指丛林中常住日常所用之总簿。日,日常之意;黄,指黄檗,芸香科之植物,可作药用及染料。为避蠹虫,故将总簿染以黄檗,称为日黄总簿。

算。凡常住财物,虽毫末并是十方众僧有分。如非寺门外护,官员檀越,宾客迎送庆吊合行人事,并不可假名支破侵渔①。其上下库子,须择有心力、能书算、守己廉谨者为之。若有病僧,合用供给之物,即时应付。如仓库疏漏,雀鼠侵耗,米麦蒸润,一切物色顿放守护,并须及时照管,毋得暴殄。

(三) 副寺

副寺之职,盖副贰监寺分劳也。常住钱粮,眼同②出纳,务在公心,毋相私蔽。供给所需,常令备足。缺乏预谋上首,克落常慎下流。每日措办柴薪,至夜巡警火盗。责任非轻,宜加竭力。

(四) 典座

僧中净食,盖缘资益色身。身安则道隆,道隆则本立。故典斯职者,常怀真心供养可也。二时粥饭,一切斋供,当须精洁,务在丰饶。物料调和,捡束局务,至于粒米寸薪,不许弃贱。粥饭上桶,先望僧堂,焚香设拜,次发过堂③。二时就厨下粥饭,食不异众。训诲行者,习学经书,行益普请④,毋得怠慢。循守规矩,均俵同利。抚恤园丁,栽种蔬菜,及时耘灌,不致荒芜。供给堂厨,常令富赡。傍公作善,宜运是心。

---

① 侵渔:指侵夺,从中侵吞牟利。出《汉书·宣帝纪》:"今小吏皆勤事,而奉禄薄,欲其毋侵渔百姓,难矣。"

② 丛林有"爱护常住物,如护眼中珠"之古训,故此处云"常住钱粮眼同"。

③ 过堂:又作上当、赴堂,有别于印度僧徒之托钵乞食,全寺僧众上斋堂用食之意。在丛林之中,依据常规,用餐时自方丈到沙弥,全体皆到斋堂用餐,此即"过堂饭"。

④ 普请:指禅刹中普请大众令从事作务劳役。如佛诞日摘花、晒藏、平时的洒扫、搬柴、摘菜等,皆是普请的事项。俗称出坡。依《释氏要览》卷下"普请"条所说,普请始于律中所述洒扫之事。如《毗奈耶杂事》所载:佛言随要当扫,若月八日,或十五日,鸣犍稚,总集众僧共为洒扫。

三、列职（凡七职）

（一）知殿

常净几案，时满灯油。圣像频常拂尘，供养每日修设。或遇风起，须灭香炉内火，结起幡脚，勿近琉璃①。凡遇节候、四斋日②，开设殿门，以便往来瞻礼。其施主香钱油钱，不得互用。亦任施主随心喜舍，切勿苦觅，令生厌心。

（二）知藏

轮藏乃梁傅大士愍世人不诵经文及不识字，故于双林道场创转轮藏，以奉经卷。其誓有曰："有能信心，推之一匝，则与诵经其功正等。"今诸方仿之，盖重法也。掌斯职者，常加点对函帙，铨次目录。于中缺者完之，损者补之，润者焙之，断者粘之。凡请经看诵者，逐函点付，看毕一一交收入藏，庶免散失。

（三）知浴

凡遇开浴，斋前挂牌。寒月五日一浴，暑天每日淋汗。铺设浴室，挂手巾，出面盆，整把鞋，铺脚布。参头差行者直浴。斋罢，浴头覆维那、首座、方丈毕，鸣鼓三下，浴圣桶内皆著少汤，烧香礼拜，想请圣浴，次第巡廊，鸣板三下。遍鸣鼓第一通，僧众浴。第二通末，头首浴。第三通，行者浴。三通末，知事浴。第四通，人力浴。监作行者

---

① 琉璃：指供于佛前的琉璃灯，因其灯一般以玻璃制作，透明光亮，故名琉璃灯。

② 四斋日：即以每月的朔、望、初八、二十三等四日为持斋日。此日须讽经持戒以修福德。

居末浴,就弹厌之。住持例在三鼓入浴,小阁脱衣浴,中用屏风遮隔行者。若有故,二鼓入浴,不用屏遮,亦不入阁,只就领首板头解衣。浴室外,刊揭入浴资次。浴室内,挂白字小牌。(鸣板一声,添汤;二声,添水;三声,则止。)浴中,诚勿喧闹。浴罢,照管火烛。如施主设浴,则诵①经回向。盖妙触宣明,成佛子住②,则事无虚设矣。

(四) 净头

扫地装香,换筹③洗厕,烧汤添水,须是及时。稍有狼藉,随即净治。手巾时常洁净,琉璃终夜长明。净桶、把鞋,检点添换。凡供此职,皆是自发道心耳。

(五) 水头

预积柴薪,午夜烧汤,供大众沃盥。须早排面盆,点灯烛,备牙药,常洗手巾干净。冬月烘焙,毋得汤冷失事,令众起念。

(六) 庄主

庄乃僧众喉衿,山门诸事所系根本。近时丛林凋弊,始自于庄。皮之不存,毛将安傅?今略举一二,以为惩劝。一谋庄职,竞起争端,

---

① 诵:原作"课",今据文意改。
② 妙触宣明,成佛子住:语出《楞严经》"二十五圆通":"跋陀婆罗并其同伴十六开士即从座起,顶礼佛足而白佛言:'我等先于威音王佛闻法出家,于浴僧时,随例入室。忽悟水因,既不洗尘,亦不洗体,中间安然,得无所有。宿习无忘,乃至今时从佛出家,令得无学。彼佛名我跋陀婆罗,妙触宣明,成佛子住。佛问圆通,如我所证,触因为上。'"
③ 筹:音译舍罗。即指以竹、木、铜、铁等作成之细棒。此处指厕筹。于厕所中用以代纸拭粪之小木、竹片。又作厕筹、厕橛、厕篦、厕简、厕简子。凡已经使用而污秽之筹,称触筹;未经使用而干净者,称净筹。筹,一般长约八寸,呈三角形,粗如拇指,或有涂漆者。

庄少人多,安能遍及?构怨住持,上下不睦①,一也。一充其职,离寺相远,靡所不为,致争起讼,供众钱粮,尽皆耗费。复积重遍,以累于后。因而纪纲不振,庄佃生侮,租课不还,二也。纵使老成能事充之,而州县应酬,吏胥管干,乡都职役,邻里富豪,皆合追陪。既启其端,稍有不及,便生衅隙。虽不明支,而巧立除破。庄门之费,倍于寺门,三也。

请住持、勤旧毋循私情,协心谋议,委廉干洁己者充之,慎勿轻举。庄主至庄,修理庄舍,补治塍塘,提督农务,抚安甲佃②。些少事故,随时消弭。事关大体,申寺定夺。毋事刻剥,竭力运谋,使火佃有追思之心,常住有羡余之益,方称厥任也。

(七) 监收

诸庄督敛,众僧命脉,请非其人,为害不少。皆由住持耆旧,私任匪人者有之,因利曲徇者有之,为耆旧执事人连年占充者有之,托势求充者有之,树党分充者有之,角力争充者有之。蠹分害私,不可枚举。虽欲匡救,末如之何。倘得廉正勤旧,辅佐住持,公选区用,加礼敦请。至庄所日,点对簿书,分由甲佃。禳保庄门,加功课诵。勿纵淫祀③,恣害物命。选日开仓,立限收米。趁于天晴,督责上仓。看辨米色,毋相私隐。斗斛出纳,务在公平。预留斋粮,津发归寺。三限取足,结账明白。克己为念,奉众为心。毋苟取甲佃,毋亏损常住,则道福自然殊胜矣。

请监收日,会两序耆旧茶请,仍备管待。至下庄日,山门首讲茶汤礼,鸣钟集众门送。

---

① 睦:原作"陆",今据文意改。
② 甲佃:自己没有土地而以租种寺院土地为生的农民。
③ 淫祀:指不合礼制的祭祀场所,一般指好杀嗜血的鬼神庙,与佛门不杀生之慈悲之意相违。《礼记·曲礼》谓:"非其所祭而祭之,名曰淫祀。淫祀无福。"

请 名 德 都 讲

大方都讲,丛林宿德,人天师范,宗乘唱导,法道系焉。礼宜严重,委曲控陈,再三劝请。如有允意,住持请两序归方丈献茶,白云:"此间多众,宜得哲人,讲演说释。山中幸有某人学识高明,教道所系,烦两序同诣彼寮,拜请为山中都讲。"白毕,同至彼,住持插香,同触礼一拜起,词云:"大众倾心,久思示诲,伏望慈悲,特赐开允。"答云:"幸获依栖,贵图藏拙,既蒙见举,不敢有违。"次日特为上堂,举扬盛德,仍伸请辞。下座,同大众座下炉前拜请。毕,即请同上方丈,烧香献茶,两班、耆旧光伴。茶罢,堂司行者鸣僧堂钟,大众同送归寮。住持对触礼一拜,送出。次两班大众问讯。毕,即诣方丈致谢,两展(云云)三触。仍往库司诸寮问讯。方丈备草饭,至晚药石、汤果,别日管待,并请两班光伴。

此职若专讲说,则行道在头首之后,大众之前;若兼前堂,位居班首,进退不混两序,无交代也。如都讲辞免,住持上堂则就寝堂①请,与请两班礼同。

两 序 进 退

头首乃丛林表率,务择才德相当者为之。近竞奢侈饮食财物为事,使守贫抱道之士愈甘退藏,法社②何能振兴?知事乃山门重任,务择廉能相称者充之。古制,大刹不过五人,今行院额设亦有定例。近多徇私,雷请归库,只图丰己,未尝念公。常住渐虚,法门日弊,原

---

① 寝堂:见《住持门第四》"山门管待住持并专使"条注。
② 法社:见《两序门第五》序论注。

究其始,咎归谁乎?

若两班职事满日①,待昏钟鸣,同诣方丈,插香触礼,一拜禀退。知事就纳库记、钥匙。其中或有再留者,住持就便委曲和会,不允其退。次早亲到彼寮,侍者烧香点汤,勉留。若新请两班,不可率尔。与其不得其人,不若不求其备。若果相称,未允所请,须委心腹人展转和会。惟首座、都寺,必住持亲往和会。

至请之时,住持须具所请人目,并旧两班耆旧,令客头行者请粥罢会茶。其旧知事于内僧堂前,候行粥遍,直日人出,则入圣僧前问讯,烧香三拜。从圣僧厨后至椎边,鸣椎一下云:"某等昨蒙方丈和尚令,归库司充知事,一年已满,心力劳倦,告退归寮。谨白。"再鸣椎一下,往住持前,触礼一拜,巡堂一匝,中间问讯而退。

粥罢,行者催请新旧两班及耆旧(新两班或请客侍者请),至寝堂,住持接入坐。侍者烧香,茶毕,住持躬起烧香,众起立,伺住持归位,皆坐。住持白云:"前两序告退,此务不可缺人。今请某人充头首,某人充知事。"逐一标名,请②讫,所请人进前逊辞。住持与大众归左边,所请人归右边,对触礼一拜。

叙寒温毕,侍者揖新两班归特位,朝里,列于两边,坐定。侍者烧特为香,即至特位前问讯,退,归中立。待行者下汤,侍者再到特位前,揖汤。鸣法鼓一通,复归中间,问讯,烧光伴香一炷。汤毕,鸣僧堂前钟集众,送新两班归寮。先住持送,次旧两班贺,次大众贺。毕,住持同大众送旧两班归寮。毕,新两班怀香诣方丈拜谢。令堂司行者引报外③寮,住持请草饭、汤果,管待等如常式。

---

① 两班职事满日:寺院的请职制度通常于每年农历正月十六日与七月十六日二"期头"各举行一次。依丛林所施设之职务,分为序职、列职二类。序职乃依个人之年资、德业而予以叙职;其职务属永久性质,不必依任请辞再叙。列职则以六个月为一任期,每一任期之最后一周,各职事依例请辞列职,以待领期之职务。

② 请:原作"清",今据文意改。

③ 外:原作"处",今据文意改。

维那、僧知事退职亦僧堂行礼,与知事同。

侍 者 进 退

请两班毕,旧侍者诣住持前,咨禀云:"某等久侍和尚,今欲告退,伏望慈悲!"①插香大展三拜而退。住持令左右人和会。新侍者定了后,批下堂司,维那先请首座,并请为侍者人到维那寮,问讯,坐定,烧香,点茶。毕,再烧香,朝首座叉手,白云:"奉方丈和尚慈旨,请其上人充某侍者(云云)"。逐一白讫,首座转身,同维那主边,对侍者普触礼一拜,不讲汤礼,即同出门送首座。

毕,维那引侍者上方丈。住持出,维那进前,禀云:"适奉慈旨,令请某人充某侍者,今引烧香礼拜。"住持居中坐,维那侧边坐,新侍者插香,大展三拜。衣钵侍者即出,接入内室吃茶,即令行者请知客。上同。维那与衣钵侍者送新侍者归寮,其余头首等次第作贺。知客、光伴巡寮方丈,直厅挑灯。堂司行者报寮,方丈听叫,请新旧侍者。当晚药石、汤果并就方丈内室,衣钵侍者相伴。赴谢必须到住持前问讯。凡方丈请两班、头首等,则侍者必须别席。或头首寮,或库司,或他山,来就方丈煎点,侍者同席无在。

头首寮舍交割什物

寮舍什物,常住置办②不易,往往职事人视为传舍。及进退时,仆辈搬捵③,荡然一空。使新人入寮舍者,茫无所措。库司当置簿一册,具写诸寮交割什物。住持、知事佥定,仍分置小簿,付诸寮,两相

---

① 　底本如此,疑有脱字。
② 　办:原作"辨",今据文意改。
③ 　捵:音 chēn,偷窃。

见对同。

凡头首交替,库司令下库,同堂司行者对簿点数。纵有损者,必须无物公界修补,失者,本寮陪偿。缺典之物,库司措办。增号上簿,庶免走失。头首寮舍,住持礼合照拂。若视如常,甚非尊贤任能之意。为头首者,既办①己事,亦宜相体,此是履历发轫之本耳。

方丈管待新旧两班

先一日午后,令请客头请新旧两班,仍请耆旧光伴。次日午刻,催客,住持出接,坐定。坐次与请时特位同。侍者烧香,先至新头首特为前,总问讯。次至新知事特为前,总问讯。转身,烧光伴香,入桌点汤下食。毕,至行饭时,烧香,下觑。饭毕,烧香,点茶,鸣法鼓一通。侍者如前到新两班前问讯,毕,再烧光伴香。茶罢,鸣鼓三下,退席。两班致谢,住持送。

请 两 班 归 位

请两班后,至第三日参前,住持令行者至新两班处请云:"方丈和尚请来早就寝堂献汤,归位。"次早开长板时催请,至方丈,住持接坐,侍者烧香献汤。候鸣殿钟,住持同至大殿,门首一人,侍者问讯,头首请归。西班一人,侍者问讯。知事请归东班。举咒、行道、回向毕,赴堂。侍者候两班入僧堂门,依上各揖,请归钵位,供头②送钵。

---

① 办:原作"辨",今据文意改。
② 供头:又作供过、供司。为丛林行者之一,职司粥、斋之时,分配饭羹、茶果,及掌管僧堂内点灯、装香、打钟,或于佛堂、祠堂,负责粥饭、茶汤、灯烛、香花、洗米等工作。

摄众门第六

【题解】

丛林制度是为修行服务的,祖师创立清规的目的即在于为僧人提供一个良好的修行环境,所以丛林实即训练僧众的教育机构。《摄众门》中对初出家者的剃度教诫、受戒护戒,已出家者的日常修学、威仪护持,以及出门参访时的规矩礼仪等内容有许多细致的规定。

《摄众门》包括四部分内容:一、沙弥得度。二、剃度以后的受戒护戒。其次第是先受五戒,次受十戒,乃至进受比丘戒和大乘菩萨戒。三、道具的准备。道具指僧尼随身携带之物,通常有"三衣六物"、"十八物"、"百一物"等几种说法。《教苑清规》举出十五种道具:直裰、钵、锡杖、主杖、拂子、数珠、净瓶、滤水囊、戒刀、如意和香炉奁,其中最后两种为天台宗所特有,乃其重视修忏和说法的表现。四、游方参学礼仪。僧人除了在本寺修学外,还应该外出参访大德善知识以增进学德。因云游参学而到十方丛林居住时最重要的一件事是"挂搭"(或叫"挂褡"、"挂单")。挂搭有一定规矩礼仪。

(一) 初学者的剃度

丛林中出家修学者的身份一般由童行、沙弥、比丘次第增上。童行是指入寺院欲为沙门而尚未剃度的童子,其年岁较长者则称为行者。他们在寺院中保持俗形,随侍师长,从事杂役,熏习佛法,耳濡目染出家人的寺院生活,是出家为沙弥前的准备阶段。《教苑清规》对"训童行"一项作了仪规说明,对童行的修学没有具体阐述,仅在其末附说"训童行之法,当说出家因缘,或说规矩礼度,或说经中大意。"简单说明训童行主要是以学习佛法理念及效习僧团仪则为主。

《禅苑清规》卷9"训童行"一节教示童行行者应学习的三大事,为立身、陪众、作务,要求童行沙弥严守戒律,敬待僧众,勤于作务,对童行沙弥的行为举止事无巨细地提出了要求。童行行者经过一段寺院生活的实践,请得度牒,呈师长及两序知事头首后,便可择日剃度,正式出家成为沙弥。

剃度当天,须布置道场,香水洒地,法座上须设像,香华供养。座下左右设剃度和尚和剃度阿阇梨的座位。并排大众坐位,以及作梵师之位。得度人提前更衣沐浴,并剃头留四围八髻,以及顶心,以便举行仪式时剃落。

出家是一件人生大事,"剃发披衣乃三世如来之仪范,出尘离俗为十方檀信之福田",故其仪式亦十分隆重。《教苑清规》所列剃度仪式有十门:白席、请师、谢恩、策导、礼佛、落发、付衣、皈依、开严、祝赞。整个仪式过程大致如下:

一、白席。首先集众,启白求度者随诸师见住持,其人先立门外,由维那师禀明住持,代为启白:"今有本寺行者某人,正因出家,归心圣教,克勤道业,人称善焉。今奉帝恩,许容披剃,将从和尚乞求落发。"和尚准了以后,即依律举行单白羯磨①,征得全体僧众一致同意。如果行者的精进为众所周知,也可以省略单白羯磨。

二、请师。住持允诺后,命求度者从右而进,走到住持法座前,合掌、长跪、拈香三瓣,闻磬声,顶礼三拜。求度者随引礼师念道:"大

---

① 单白羯磨为僧团行事的羯磨法之一,一般用于授戒、忏悔、说戒、行钵、剃发等三十九种作法的宣告仪式。指对于轻微之事、常行之事,或是严制,仅须一度告白于众,其事便得成立者。

德一心念,我某甲今请大德为剃发和尚,愿大德为我作剃发和尚,我依大德故得剃发出家。慈愍故。"如此三请三拜。然后和尚答云:"汝既殷勤三请,我当为汝作剃发和尚。"于是行者就地礼一拜,起,又将同样的礼请词说三遍,礼请策导师为落发阿阇梨。如此,剃发和尚和落发阿阇梨皆已具足。

三、谢恩。依策导师指示,出家剃度前为了谢恩,求度者先往明显处拜谢国王及父母之深恩厚德,然后入道场落发。于是行者先烧香拜国王,再烧香拜父母,并说《辞亲偈》:"流转三界中,恩爱不能舍,弃恩入无为,真实报恩者。"这实际上是教诫初出家者如何正确处理世出世间报恩法的关系。

四、策导。谢恩毕,即已脱离世俗恩爱。此时求度者脱去俗服,穿上偏衫,入策导师前胡跪,听受法训。策导师为其开示一番出家的意义与功德后,即手执净瓶,以瓶中的甘露水洒在求度者的头顶上,使其心地清凉、烦恼不侵。此即香汤灌顶。

五、礼佛。求度者得灌顶后,即成为法王之子,因此要礼十方诸佛以谢恩。礼佛时说《皈敬偈》云:"归依大世尊,能度三有苦,亦愿诸众生,普入无为乐。"

六、落发。行者被引至策导师近前,胡跪,落发前以净巾围肩,策导师为其开示落发的意义说:"剃除须发,表三界九地烦恼;四围之发,表下八地思惑;顶上周罗,表非非想处第九一地烦恼。"作为落发阿阇黎的策导师,其责任只是剃除四围之发,求度者顶上一小簇头发留待剃发和尚剃除。

七、圆顶授衣。在剃顶发之前,为了慎重起见,剃发和尚还要再问:"今为汝去顶发可不?"答:"尔。"剃发和尚于是为他开示剃除顶发的意义——"出三界之家,起万劫之沉沦",说毕即为其剃落顶发。

剃落完毕,此时求度者即现形同沙弥之相,和尚授与袈裟,便顶戴受。受已还与和尚,如是三返,和尚为他披上袈裟,并说偈云:"大哉解脱服,无相福田衣,披奉持戒行,广度诸众生。"此时,求度者僧相具足,成为一名真正的沙弥,正式步入出家沙门行列。

八、归依策导。按《毗尼母论》所说,剃发着袈裟已,然后授三归、五戒、十戒等。但自明代以来中土时有的授戒习惯是分初坛正授、二坛正授、三坛正授三阶段,也即三坛大戒,一并授与僧人,所以为避免重复,此处仅仅先授三归。三归毕,沙弥礼佛,绕行三匝。

九、开发教诫。授三归毕,和尚教诫沙弥,出家后应当精进修学,远离诸恶。并告诉他要咨白本师置办三衣一钵,择从明师受具足戒,然后笃学大乘,阐扬教观。教诫毕,沙弥往佛前礼敬三宝,陈《自庆偈》:"善哉值佛者,何人谁不喜。福愿与时会,我今获法利。"

十、祝赞。沙弥将剃度之功德祝赞回向。接下来念"清净法身毗卢遮那佛"等十号。至此剃度法事结束。沙弥礼本师三拜,礼策导师三拜,礼大众僧三拜。礼拜完毕,待众人出后,诣本师前插香,展大具顶礼九拜,之后还须到各寮礼谢。

(二) 受戒与护戒

沙弥剃度后,要严持净戒,保护戒体,此即"护戒"。剃度后所受之戒有十戒、二百五十戒和大乘十重四十八轻戒等三种,须一并护持不犯,三者合称为三坛大戒。

戒为修道之基,沙弥只有在受戒后,方可以入僧数,成为真正的僧人。其中,五戒是三坛大戒的根本,从居士身份的童行开始至出家菩萨戒均应护持。五戒即不杀生戒、不偷盗戒、不邪淫戒、不妄语戒、不饮酒戒。《大毗婆沙论》称之为"五学处",是一切戒律之根本。

十戒是沙弥正受之戒律,十戒即:一、不杀生,二、不偷盗,三、不淫欲,四、不妄语,五、不饮酒,六、不涂饰香鬘,七、不歌舞观听,八、不坐高广大床,九、不非时食,十、不蓄金银宝物。除了十条戒法外,沙弥日常还须守十四事、七十二威仪等。沙弥"先受三归五戒,方得近事大僧;次受沙弥十戒,乃可同僧利养"。这说明沙弥在受十戒之后方可与其他僧众一样享有接受供养的权利。

具足戒意思是受此戒后,身具无量戒德。即佛制比丘所必须遵守的戒律,共有二百五十条,包含有波罗夷四条,僧残十三条,不定二条,舍堕三十条,单堕九十条,提舍尼四条,众学一百条,灭诤七条等类。以上八类合为五篇,即:波罗夷、僧残、波逸提、提舍尼与突吉罗。五篇再开为七聚,有:波罗夷、僧残、偷兰遮、波逸提、提舍尼、恶作、恶说等。

初坛沙弥戒一般在出家之初即授受,后面二坛戒在大丛林定期举办的戒场授受。

受戒有无量功德,犯戒也有无边过失,不但生前于己修行不利,死后还要堕于恶道。因此,《教苑清规》在"护戒"条末告诫说:"犯戒之罪,如镜对像,果报昭然,思之!察之!"

(三)游方参学的规矩

云游行脚是僧人重要的修行方式之一。劳累艰苦的云游生活可以磨炼僧人修道的意志和信念。同时,拜访名师,参学请教,有益于早日明了生死大事。《教苑清规》对参学一事十分支持:"新学欲出游方,须择有法可学处求挂褡",《摄众门》的《游方参请》、《求住》、《参堂》、《大名胜作住》、《江湖名胜求住》、《迁斋》、《谢挂褡》、《请教》等节对行脚僧云游挂褡的礼仪、请教的方法,住持对名德僧人的接待规程等都作了详细的说明。其中,挂褡的规矩是出家僧人尤其应该知道的。

游方僧人初到一寺,先被安顿在旦过寮。"旦过"是指行脚僧夕来寺院挂褡,仅宿一夜,翌日天明即离去,取"夕来宿、过旦去"之意。

行脚僧短期住宿的寮舍，称为"旦过寮"，又称"云水寮"。志愿挂褡丛林之僧，于正式入堂前止宿于旦过寮，亦称"旦过僧"或"云水僧"。

游方僧中须推举一位熟悉丛林规矩、办事能力强的人作参头，率领众人到客司，整齐排列在门口右边，和知客一番礼仪后，知客作揖请坐、烧香，请吃茶，并粗略地问一下游方僧的来历。询问过后，游方僧们就起身感谢招待吃茶的盛情，告辞回旦过寮。知客随即到旦过寮回礼。参头接入，大家互相作揖致意。接着由参头把知客送出门。

如果挂褡者想礼拜住持，先须到侍者寮拜访侍者，礼节与拜访知客相同。侍者详细询问来由后，随即到方丈室请示住持。如果住持同意接见，则次日清晨鸣钟时，侍者命客头行者报知游方僧前往方丈室拜见住持。如果住持无暇与游方僧见面，侍者应连夜打着灯笼到游方僧歇息处答礼，婉转告慰。

拜见住持的礼节是：早斋后，参头带领众人到住持寝堂，礼拜并问讯住持说："即日共惟堂头大和尚尊候起居多福，某等久闻道风，兹者获奉慈颜，下情不胜喜跃之至。"礼毕就座，侍者烧香，大家吃茶。住持询问各人的乡里、名字及坐夏之处。大家都要据实回答，不可多话，答完起身到炉前致谢说："重承降接，特此拜谢。"住持把大家送出，参头阻止说："和尚尊重。"随即到侍者寮向侍者致谢道："适来有劳神用，特此拜谢。"之后便是侍者回礼。

挂褡者如有长期居住此寺的打算，须再诣侍看问讯，表明欲依栖座下之意。侍者写好求住人的名单呈覆方丈，得到方丈同意后，取求住人的度牒，递给维那，维那将他们的戒腊一一登记在戒腊簿上，以便上殿、过堂及修忏时安排位次。这样求住人便算是该寺常住共修中的一员了，所以第二天参头要领众再到方丈室展具礼谢。

礼谢以后，众人即从旦过寮迁到僧堂，谓之"迁斋"，也意味着他们从云游僧变为常住僧的一员。迁斋的僧人名字要登记到斋舍簿上，同时还要点校常住什物，如有侵损，必须赔偿。从旦过寮迁到僧堂有时间限制,即夏季在夏安居前的七天,为四月初八日;冬季在智者大师忌日前的三天,为十一月二十日。这也是谢挂褡的时间。谢挂褡指游方僧成为常住一员后,要到方丈室依礼拜谢住持。

在僧堂长住下来修学的僧人,如果想得到佛法的进一步受用,须向住持请教。请教者须向住持大展九拜,然后退身下首,肃恭侧立,谛听住持的法诲。

总的来讲,参学挂褡的僧众,无论是出于仰慕某一丛林住持和尚的道望而远来参学,还是游方行脚经过某寺,都须先到客堂,依一定的仪式作礼招呼。知客师也须依礼接待,并依一定的礼仪询问挂褡的来意后,便送进客房,招呼饮食。对最普通的过路挂褡僧人也要供应其一宿三餐,因为寺院本是十方常住僧所共享,断无拒绝之理。只是来挂褡者无论长住短居都必须遵守该寺清规及僧堂制度。

【原典】

道非众弗传,众非处弗居,故丛林之所由设也。吾祖智者妙悟《法华》,而以止观之道化被六十余州,所至景从,累数千百人,曾不以众为嫌也。临寂语门人曰:"吾以领徒太早,损己益他。"①盖虑后人不修内行外招名誉者,所深诫也。虽然,独学寡闻,世教尚讥,况出世妙道,不求之师友,畴能有闻乎哉?迩见箦笈②之士,不惮劳远,一入于众,惟汲汲声利之求,鲜不为盲众所导者矣。苟能存意于古道,则不患名不立也。

---

① 文出《智者大师别传》:"吾不领众,必净六根。为他损己,只是五品位耳。"
② 箦笈:是"负笈担箦"之省文。笈,书箱。箦,有柄的笠,形似伞。箦笈即千里求学之意。

剃发仪（凡十科）

度僧乃续命传灯,佛法所系之大事,必择行堂①屡试屡中可适器任者为之。而国朝屡降试经度僧②明诏,非不严重,初不为党名固位而设也。一有党固之病而根于心,而收凶厉累至于百而未足。遗毒之惨,使佛再世,亦莫理也。告切慎之!

行者初受度牒③,以桦袱托呈本师及两序各处,插香礼④三拜。复请首座、策导⑤、维那⑥、引请⑦,并梵音师⑧,选日设供落发。作法之处,律制令露地,香水洒之,周匝七尺,四角悬幡。今时不定,或在法堂,法座上须设像,香华供养。座下左右设二师位并几。几上安

---

① 行堂:指行者之居所,又作行者堂、行者寮、选僧堂。此处则代指行者。

② 试经度僧:指有意出家者须通过考试始可正式为僧(尼)之制度。略称试度。初入佛门者称为童行,在勤学佛典、精修佛道后,经师父推举,通过国家考试,始正式披剃成为沙弥或比丘。此一国家性的考试制度即称为试经度僧。

③ 度牒:见《两序门第五》"西序头首·维那"条注。

④ 礼:原作"体",今据文意改。

⑤ 策导:意为策导行者,使之行为端正。即下文的策导师、落发阿阇梨。律中规定,出家须依二师剃度出家。《大智度论》卷十三云:"云何沙弥、沙弥尼出家受戒法?白衣来欲求出家,应求二师:一和上,一阿阇梨。和上如父,阿阇梨如母;以弃本生父母,当求出家父母。"

⑥ 维那:在古代系重要知事之一,为寺中统理僧众杂事之职僧。做事令大众欢喜,故又称悦众。据《十诵律》卷三十四载,昔时佛陀于舍卫国,为使僧众中杂事皆有序,因令设维那。《四分律删繁补阙行事钞》卷上一:"《十诵》中,时僧坊中无人知时限、唱时至及打揵稚,又无人洒扫涂治讲堂食处,无人相续铺床及教人净果菜食中虫,饮食时无人行水,众乱语时无人弹指等,佛令立维那。(《大正藏》40册,6页中)"今时的维那意义已经有很大的变动,一般指在寺院负责佛事殿堂等的举腔。相当于下文的"梵音师"。

⑦ 引请:即引请阿阇梨。据《象器笺》卷八,从林得度之沙弥,未知进退,引导而教授之者,谓之引请阿阇梨。即律宗的教授师,今呼为"引礼师"是。

⑧ 梵音师:即下文作梵师。

香、烛、花瓶、戒尺①。排大众坐位,并作梵师位。若在大殿亦然,但二师之位宜对佛。若在僧堂,住持分手设策导师位,圣僧座右设梵师位,与策导师相对。

得度人隔宿更衣沐浴,就行堂点茶辞众。剃头留四围八髻并顶心周罗(梵语"周罗",此云"小髻")。复令堂司行者报寮、挂牌。至日粥罢,鸣钟集众。方丈请策导师归寝堂②,分坐,伺钟绝,起身同至作法处,归位,坐定行茶。于行堂用二卓,以桦袱置袈裟、度牒③于上,鸣钹,并引得度人出,到土地堂、祖堂、佛殿各处,炷香礼三拜。毕,就作法近处立伺,待策导。其间教诫,引用因缘,当随机开示,不必定一。

今且作一途示法,具列十科:一、白席,二、请师,三、谢恩,四、策导,五、礼佛,六、落发,七、付衣,八、归依,九、开发,十、祝赞。

一、白席

众集已,维那起身,鸣椎一下。作梵师④作优波利梵,具说戒章,但改"说戒"二字为"落发"。声绝,又鸣椎一下,大众说偈云:"戒香定香(云云)"。首座白席云:"粤惟西方大圣人之垂化也,贯古今而不息,周细大以无遗者,其惟度人出家之制欤!盖剃发披衣,乃三世如来之仪范;出尘离俗,为十方檀信之福田。倘⑤能一日发心,尚获诸

---

① 戒尺:单称尺,即在举行归依、剃度、传戒、说法等法会时,用以警觉大众或安定法会秩序的法具。戒尺系由两小构成,一仰一俯,仰者在下,稍大。使用时,取上者拟击下者而鸣之。

② 寝堂:见《住持门》"山门管待住持并专使"条注。

③ 度牒:见《两序门》"维那"条注。

④ 作梵:即唱颂梵呗,作梵师即负责梵呗举腔者。据《禅苑清规》卷六《看藏经》条载,于宣说、念诵藏经之前,先由念佛阇梨作梵,止息喧乱,收摄心神。念佛阇梨者,系于维那宣唱疏文之后唱颂佛名之僧人。又唱颂梵呗之僧人,亦称为作梵阇梨,乃沙弥得度仪式中三师之一,其他二师为戒师、引请阇梨。

⑤ 倘:原作"党",今据文意改。

天胜报。原夫能仁降迹,当午夜以逾城;方便垂慈,越六年而成道。雷音既震,善来先度于五人①;法雨才沾,羯磨繁兴于四海。洞启菩提之路,广开解脱之门。暨后汉明皇,感日光之通梦②;摩腾大士,施神化以应机。虽万乘以皈依,曾魔外之未服。故经文圣像,凭烈焰以俨存③;致正信大心,弃冠簪而求度。一时如司空刘峻等二百六十人,京师士庶三百九十人,王宫妃子一百九十人,道士吕惠通等六百二十人,并发心出家。释种从兹竞秀,昙华自此联芳。由汉永平迄今,越一千三百余年,无论男女穷达,皆得出家,绍隆释种。人到于今,咸遵明训。今有本寺行者某人,正因出家,归心圣教,克勤道业,人称善焉。今奉帝恩,许容披剃,将从和尚乞求落发。若准律文,必须单白羯磨④和僧,使大众知,和合者善,或复房房语令知委。然此行童,发心精进,众所知闻,羯磨之词不繁宣秉。直令教授座主引入道场,与其披剃。谨白。"

(若准律文,因诸比丘辄度人故,为俗讥诃。由是佛制,凡伽蓝中剃发者,必须单白和僧,意令合界通知。内无专辄,外绝讥诃。故当

① 五人:指佛最初所度的五个比丘:一、憍陈如,二、阿说示,三、跋提,四、十力迦叶,五、摩男俱利。皆为佛之姻戚。五人之中,憍陈如与阿说示为释尊母系之亲属,余三人为释尊父系之亲属。

② 后汉明皇指东汉明帝,中元二年(57)至永平十八年(75)在位。据晋代袁宏所著后汉纪记载,东汉明帝曾夜梦金人飞行于殿间,隔日问于群臣,臣答以"佛"。帝乃派遣郎中蔡愔西赴天竺求佛法,得沙门摄摩腾、竺法兰以白马负经而返,遂为之立白马寺于洛阳,故明帝感梦求法为佛教输入中国之始。

③ 据《历代三宝纪》,古印度著名僧人迦叶摩腾于公元 67 年首次来中国洛阳传佛法。当时中国社会信奉儒、道,对他们传来的佛经,持怀疑否定态度。永平十四年正月一日,五岳八山之道士褚善信等六百九十人上表,请帝火验佛道二教之优劣。同月十五日,帝集众于坛上,验烧二教经典,道教之书尽成灰烬,而佛经毫无损坏,摩腾与法兰乃出而宣扬佛德,凡见闻者,皆相率皈依佛门。成语"烈火真经"的典故即出于此。今洛阳尚存焚经台遗迹。

④ 单白:是三种羯磨之一,即作授戒、忏悔等作法之宣告仪式中,对于最轻微之事、所常行之事,或是严制,仅须一度告白于众,其事便得成立者。

禀律科仪,先作羯磨可也。)

和尚秉法,阇梨答法。

问:"僧集否?"

答:"僧已集。"

问:"和合否?"

答:"和合。"

问:"不来诸比丘说欲及清净?"

答:"此无说欲及清净者。"

问:"僧今和合,何所作为?"

答:"剃发,和僧单白羯磨。"

和尚云:"大众合掌,听作白。大德僧听,彼某甲欲求某甲比丘剃发,若僧时到,僧忍听与某甲剃发,白如是。"

问:"作法成否?"

答:"成。"

和尚云:"作法既成,请教授、座主,引入道场。"

二、请师

引请师引行者至佛前礼三宝,三拜。引至和尚前,礼三拜。胡跪,合掌。

引请者云:"夫儒敦事父,唯重于成身;释制依师,务存于学道。故使四仪①轨范,藉此以琢磨;五分法身②,因兹而成立。理宜竭诚事奉,故当克志陈词。恐汝未能,我今教汝。若言'某甲'处,当称自己

---

① 四仪:即四威仪。威谓容仪可观,仪谓轨度格物。坐作进退,有威德,有仪则。有威可畏,有仪可则,是为威仪。行、住、坐、卧,四者各有仪则,不损威德,谓之四威仪。如有人言:"行如风,立如松,坐如钟,卧如弓。"
② 五分法身:以五种的功德法,成就佛身,是大小乘无学位(佛与阿罗汉)所具备的五种功德。即:戒法身、定法身、慧法身、解脱法身、解脱知见法身。

名。其余言词,皆随我道。"

唱云:"大德一心念,我某甲,今请大德为剃发和尚,愿大德为我作剃发和尚。我依大德故,得剃发出家。慈愍故。"(三说)和尚答云:"汝既殷勤三请,我当为汝作剃发和尚。"

行者就礼一拜,起。引请师引至策导师前,礼三拜。胡跪,合掌,引请师教申三请,白云:"夫厌处凡流,欣参宝位。将欲剪除于俗态,理宜警策于蒙心。矧在当仁,必由名匠,今为汝请某人为落发阿阇梨。而况此师,诲人无倦,接物有方,故须专秉一心,恭陈三请。恐汝未能,我今教汝。若言'某甲'处,当称自己名。其余言词,皆随我道。"

唱云:"大德一心念,我某甲,今请大德为落发阿阇梨,愿大德为我作落发阿阇梨。我依大德故,得剃发出家。慈愍故。"(三称)策导师答云:"汝既恭陈三请,我当为汝作落发阿阇梨。所有教示,当须谛听。"

三、谢恩

策导师允请,即就座为说云:"善男子! 须知出家之士,高超物表,为世福田。君不得而臣,父不得而子,应受人天恭敬供养。是故剃发著袈裟已,即参预三宝圣贤之数,虽君父,且无设礼之仪,况余人乎! 以是则知非细事也。然而父母生汝,养育恩深;国王许容度汝,其功亦大。汝今应往明显处,拜谢国王及父母深恩厚德①,然后却入道场,为汝落发。"

行者就礼一拜,起。引请师则引出明显处,烧香先拜国王,再烧香拜父母,说《辞亲偈》。引请师教行者逐句随念唱云:"流转三界中,恩爱不能舍,弃恩入无为,真实报恩者。"

---

① 拜谢国王及父母深恩厚德: 指出家人须报答四恩。四恩指父母恩、众生恩、国王恩、三宝恩。出家后不得礼拜国王父母,所以在出家剃度前先礼谢此二恩。

四、策导

谢恩毕,乃脱俗服,出《清信士度人经》。去中著偏衫①,入策导师前,胡跪,听受法训:

"盖闻束发簪缨,世俗显成人之美;毁形坏服,释门彰入道之基。所谓选佛②于僧,心空及第者也。善男子! 汝今既慕为僧,合究为僧之志。且如何是为僧之志? 须知道:为一切众生开佛知见,是为僧之志;为一切众生示佛知见,是为僧之志;为一切众生悟佛知见,是为僧之志;为一切众生入佛知见,是为僧之志。若也果能如是为僧,果能如是用心之时,便可变大地作黄金,搅长河为酥酪,供养于汝,未为分外。若坐玩岁月,虚消檀施,外若四仪之肃肃,内实众善之荒荒。以之望道,如南辕而适燕;以之谕理,如蒸沙而作糜③。吾末如之何也已! 慎诫之哉! 慎诫之哉! 不可自欺也!"

策导毕,师执净瓶,以香汤④灌顶,说偈赞云:"善哉大丈夫,能了世无常,舍俗趣泥洹,希有难思议。"(此偈策导师唱,或引请者唱,行者随声应和。)

---

① 偏衫:为僧尼之上服。即缝合僧祇支与覆肩衣,另加襟而成为一种具有两袖、前后面皆开,而于背面交叉之上衣,交叉处以纽扣扣合。又相当于袍服、钝色之上衣。据佛制比丘六物图载,我国古代之僧人即有披着僧祇支的习惯,至后魏时,始加右袖,缝合两边,称为偏衫,其形制,截领开裾,犹存本相,故知偏衫之左肩即原本之僧祇支,右边即覆肩衣。

② 选佛:丛林中以选佛场、选佛道场为禅堂、僧堂、坐堂之异称;此因僧众于僧堂坐禅办道,以达证悟之境界,故有此称。

③ 如蒸沙而作糜:又称蒸沙作饭。谓蒸沙石欲其成饭,比喻事物之不可成。文出《楞严经》卷六:"是故阿难! 若不断淫修禅定者,如蒸沙石,欲其成饭,经百千劫,祇名热沙,何以故? 此非饭本,石沙成故。"《大正藏》19 册,131 页下。

④ 香汤:指有香气之汤水,即调和诸种香而煎成之汤水。多用于洗净身体。

五、礼佛

策导师复云:"善男子!既灌顶已,得法①王之子。更须先往佛前,礼十方诸佛。"行者就礼一拜,起。至佛前,礼三拜,说《皈敬偈》云:"归依大世尊,能度三有苦,亦愿诸众生,普入无为乐。"(引请者唱,行者逐句随和。)

六、落发

礼佛竟,引请者引至策导师所,近前胡跪,以净巾围肩。师说云:"善男子!汝无始来,莫不增长憍慢,贪海纳流,致使流转生死,不能休息。我今为汝剃除须发,为除憍慢;著坏色衣,为除贪爱。少选之间,即与三乘贤圣仪相无别,可谓庆幸。夫剃除须发,乃表三界九地②烦恼。四围之发,表下八地思惑,我与剃除。顶上周罗,乃表非非想处第九一地烦恼,此惑最后难断,当往和尚处,求为剃除。汝当志诚,莫生爱著。"

众念《出家呗》云:"毁形守志节,割爱无所亲。出家弘圣道,誓度一切人。"出《度人经》。

七、圆顶授衣

策导与剃四围发竟,留顶上周罗③,至和尚前,胡跪合掌。

---

① 法:原作"去",今据文意改。
② 三界九地:是对所有处于轮回中众生的统称。三界即欲界、色界、无色界。下起地狱,上至他化天,其中众生,因有淫食二欲,故名欲界。下起初禅,上至有顶,其中众生,虽已断欲,尚有色身,故名色界。再上则四空天,其中众生,并色身亦无,故名无色界。九地者:欲界汇为一地,名五趣杂居地。色界有四地,即初禅名离生喜乐地,二禅名定生喜乐地,三禅名离喜妙乐地,四禅名舍念清净地。无色界有四地,即空无边处地,识无边处地,无所有处地,非想非非想处地,合为九地。
③ 周罗:指出家剃发之际,保留于头顶的少许头发。意译髻、小髻、顶髻、顶发。《行事钞》卷下四曰:"与剃发时,当顶留五三周罗发,来至和尚前互跪。和尚问云:今为汝去顶发可?答言尔便为除之。"

和尚问云:"今为汝去顶发,可不?"答:"尔。"和尚云:"善男子!剃其发,所以去贪欲而断虚妄;坏其衣,是乃舍饰好而安淡泊。如昔阿阇梨与汝剃四围发者,表破下八地思惑。今则与汝去顶上周罗,表破非非想处上一地烦恼。此惑难断,才断此之烦恼,方曰'出家'。盖出三界家也,则可起万劫之沉沦,成佛道之轨则,可贵可尊,慎勿轻易!"和尚为灌汤,剃顶上小髻。众人再念《出家呗》,如前(云云)。

准知落发本是和尚,恐其烦久,故请阇梨为除余发者,但留少许,和尚亲剃①。今时先自剃作小髻,非本教意。

剃落已竟,和尚授与袈裟,便顶戴受,受已,还与和尚。如是三反,和尚与著之。出《善见论》。说偈云:"大哉解脱服,无相福田衣。披奉持戒行,广度诸众生。"

"善男子!汝剃除周罗已竟,我今当授汝衣。然此衣者,准律制说即五条是也,梵语'安陀会',华言'作务衣'。须知此亦大僧所受用物,若沙弥应依法著缦衣无相条者,类时制方袍服也。今既初出家,当受三归戒,借著无在也。坐具亦云'随坐衣',梵云'尼师坛',为护身、护衣、护僧卧具故,置左臂袈裟之下。凡著袈裟,不得向佛塔、上座、三师,亦莫背,不得口衔及两手奋。当如法受持,名良福田。不可慢易!"

八、归依

策导师前,胡跪合掌听说:"善男子!汝今外仪已具,必须内解更明。内外相应,方为尽善。若准《毗尼母论》②云:'剃发著袈裟已,然后授三归、五戒、十戒等。然此五戒、十戒,于登坛时,当自授受,庶免破戒成障也。且今为汝,翻邪归正,授三归依。盖翻无始邪心,归乎三宝正觉。从今已后,尽此形命,誓依佛师,誓学法藏,誓同僧海。汝

---

① 剃:此处底本原缺一字,今据文意补。
② 《毗尼母论》:又称《毗尼母经》,共八卷。是注释《律藏·犍度品》的典籍。所谓"毗尼母"乃指毗尼之母,指有关律藏的论。

当志诚,随声称唱。"

引请者导唱:"我某甲,尽形寿归依佛。"法僧例佛。三说。"我某甲,尽形寿归依佛竟,尽形寿归依法竟,尽形寿归依僧竟。惟愿三宝哀怜摄受。"沙弥礼佛,行绕三匝。阿阇梨一说或三说。

九、开发教诫

授三归依已,告云:"善男子! 汝今已遂出家,已除须发,已著袈裟,已是与诸佛列圣同其仪表。古德云:'出家乃大丈夫事,非将相之所能为。'以其可以弘荷三世佛乘,可济九流诸有,是诚非细务也。自今而往,慎勿怠堕,唐丧光阴。如吾佛世尊临灭度时,遗教有云:'汝等昼则勤心修习善法,毋令失时。初夜后夜,亦勿有废。中夜诵经,以自消息。无以睡眠因缘,令一生空过,无所得也。'是则依佛法僧,修出家行,起精进心,远离诸恶,当须咨白本师,置办三衣一钵,用拟受戒。此衣钵者,乃是三世诸佛正仪,贤圣沙门标志①。九十五种外道尚不知其名字,唯佛出世,示此未曾有法。若不自办,或临时假借,当准律明,判定不得戒。由无戒故,一生虚受信施,将来当堕②恶道。长劫轮回,无由解脱。此非小事,切宜用心。必须择从明师,受具足戒。然后笃学大乘,阐扬教观,期登品位,继续祖灯,实吾之至望也。勖哉学子! 毋怠毋忽! 汝今当往佛前,礼敬三宝,陈《自庆偈》。"

沙弥至佛前三拜③,胡跪,偈云(引请者唱,沙弥随说):"善哉值佛者,何人谁不喜。福愿与时会,我今获法利。"

十、祝赞

或和尚,或阇梨,或引请,或表白,皆可。应执手炉,上香。维那

---

① 志:原作"致",今据文意改。
② 堕:原作"随",今据文意改。
③ 拜:原作"其",今据文意改。

鸣椎①一下,回向云:"上来剃僧,举扬佛事,所集功勋,奉祝上界天龙八部、梵释四王、此土神祇、伽蓝真宰,各展威神,安僧护法;今上皇帝,圣寿万安;文武官班,常居禄位;师僧父母、善恶知识②、十方檀信、法界众生,承此善根,俱登彼岸。"念"清净法身毗卢遮那佛"十号(云云)。毕,作呗:"处世界如虚空(云云)"。满散。

沙弥至本师前礼三拜,礼策导师三拜,礼大众三拜。毕,出门外下手立,众出问讯。毕,诣本师前,插香,大展九拜。诣各寮礼谢。每日早晚二时,至本师前问讯。咨禀参堂,礼如后式。

受 戒 护 戒

夫戒,是正顺解脱之本,三学之要门,众善之初章。尸罗不清净,佛法不现前。三世诸佛,历代祖师,未尝不因戒而入道。若不受戒,非大僧数,是故应须受戒。受戒之后,复须护持五戒、十戒、二百五十戒、大乘十重四十八轻戒,毋得有犯。犯戒之罪,如镜对像,果报昭然,思之!察之!

办道具(凡一十七物)

将入丛林,先办道具。《中阿含经》云:"所蓄物可资身者,即是增长善法之具。"《菩萨戒经》:"资生顺道之具。"

三衣

三衣者,大衣、七条、五条也。昧者呼七条、偏衫、裙为三衣,非也。

---

① 椎:原作"推",今据文意改。
② 识:原作"议",今据文意改。

一、僧伽梨。义翻"杂碎衣",以条数多故,亦名众集时衣。入王宫聚落乞食、说法时著。又大衣分为三品,每品有三。下品:九条、十一条、十三条,两长一短。中品:十五条、十七条、十九条,三长一短。上品:二十一条、二十三条、二十五条,四长一短。

二、郁多罗僧。此云"上著衣",即七条也。两长一短,名中价衣。从用云入众时衣。礼诵、斋讲时著。

三、安陀会。此云"中宿衣",谓近身住也。五条,一长一短,名下衣。从用云院内行道杂作衣。

衣名福田者,《僧祇律》云:"佛住帝释石窟前,见稻田畦畔分明,语阿难言:'过去诸佛衣相如是,从今依此作水衣。'"《增辉记》①云:"田畦贮水,生长嘉苗,以养形命。法衣之田,润以四利之水,增以三善之苗,以养法身慧命也。"田衣之相如图:

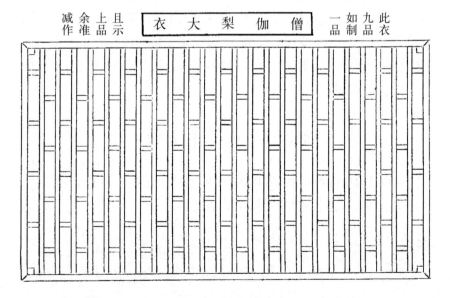

---

① 《增辉记》:全名《行事钞增晖记》,共二十卷,五代吴越钱塘千佛寺希觉律师述。

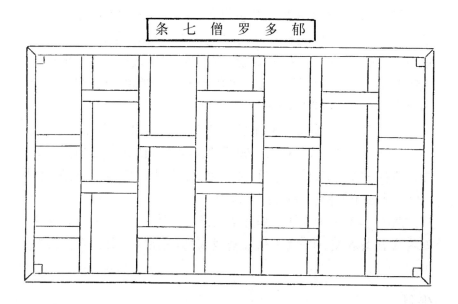

郁多罗僧七条

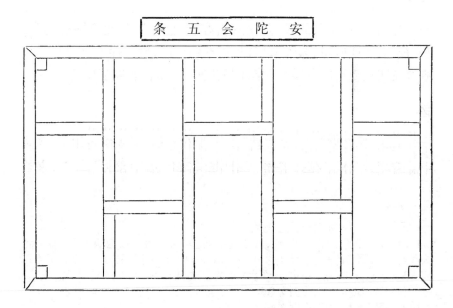

安陀会五条

袈裟,此云"不正色染",从色得名。《会正》云:"准此是草名,可染衣。故将彼草,目此衣号,亦名坏色。"即《戒本①》中云:"三种坏色,一一色中随意坏。若青,若黑,若木兰。"《僧祇》谓:"青,铜青也;黑谓缁、泥涅者;木兰谓树,皮可染作赤黑色。"然此三色,名滥体别,须离俗中五方正色②及五间色。

凡制三衣,当用布。不许绢细者,岂可用杀生之财而为慈悲之服?《智论》云:"如来著粗布僧伽梨,然其衣体须求厚密,离诸华绮。"律云:"若细薄生疏,蕉葛生绉,并不可用;绫罗锦绮,纱谷细绢,并非法物。"今多不信佛语,贪服此等诸衣。

然此三衣,皆须加法。加五条法云:"大德一心念,我比丘某甲,安陀会五条衣受,③一长一短,割截衣持(三说)。"余二衣法,例尔可知。

坐具

梵语"尼师坛",此云"随坐衣",亦云"坐具",如此方凳褥之类。《僧祇》云:"律应量作,长佛二搩手(准《五分》,佛一搩手,周尺二尺,则今长四尺也),广一搩④手半(即三尺也)。制法色同袈裟。"

钵

梵语"钵多罗",此云"应器"。《章服仪》云:"堪受供者用之,名应器。"今略云"钵",又呼云"钵盂",即华梵兼名也。《善见》云:"三乘圣

---

① 本:原作"木",今据文意改。
② 五方正色:即青、黄、赤、黑、白等五种基本色。在印度教团中不得以五色为法衣之色,因为此五色为华美之色。《行事钞资持记》卷下曰:"言上色者总五方正间:青黄赤白黑,五方正色也;绯红紫绿琉黄,五方间色也。"
③ 受:原作"爱",今据文意改。
④ 搩:原作"磔",今据文意改。

人皆执瓦钵,乞食资生,四海为家,故名比丘。"《僧祇》云:"钵是出家人器,非俗人所宜。"《十诵》云:"钵是恒沙诸佛标志,不得恶用。"

佛制听用瓦钵、铁钵。律云:"大要有二,泥及铁也。"《出曜经》云:"如来成道已,经七日,三贾客献食,佛不欲受。当观过去诸佛,为用何食?诸天空中,过去诸佛,皆用钵食。天王即奉钵,非巧匠所造,自然成就。复念四天四钵,取一舍三,则非其宜。尽取按为一钵(又如《佛本行集经》)。"《十诵律》云:"钵、半钵,大键镕,小键镕(键音虔,镕音咨,《经音疏》云:'钵中之小钵,助钵用故')。"《四分律》云:"键镕入小钵,小钵入次钵,次钵入大钵。"(此律言小钵即《十诵》大键镕也,次钵即半钵也)。

钵支。律云:"钵不正,听作钵支。"

偏衫

律制只有"僧祇支",此云"覆膊衣",亦云"掩腋衣"。此长覆左膊,及掩右掖,以衬袈裟。又制覆肩(华言"覆肩",梵语未详)掩于右膊。但西土人多袒①膊,恐生讥过,故须掩之。然此二衣,亦同袈裟叠方,但无条叶耳。此方往古,并服祇支。至魏时,宫人见僧袒一肘,不以为善,始加右袖,两边缝合,谓之偏衫,截领开裾,犹存本相。故知偏衫左肩,即本祇支,右边即覆肩也。今接领开脊者,盖是魏遗制也。

裙

梵语"泥伐散那",唐言"裙"。诸律旧译,或云"涅槃僧",或云"泥洹僧",或译为"内衣",或云"圂衣"。圂音舡,即贮米圆器,似圂而无盖,乃取其圂义云也。

---

① 袒:原作"祖",今据文意改。

直裰

相传前辈见僧有偏衫而无裙，有裙而无偏衫，遂合二衣以为直裰。

滤水囊

《增辉记》云："为器虽小，其功甚大。"为护生命，即慈悲之意，其在此也。《南山钞》有式样（文多不录）。若作漉水袋，如杓形，漉讫还著水中。《钞》云："今有不肖之夫，见执漉囊者，言学律唯在于漉袋，然不知所为处深。损生妨道者，犹不畜漉袋，纵畜而不用，虽用而不泻虫，虽泻而损虫命。且存杀生一戒尚不遵奉，余之威仪，见命常没其中。"

《根本百一羯磨》云："水罗有五种：一、方罗。用绢三尺或二尺，随时大小作，绢须细密不透虫者。《僧祇》云：'虫太细，三重作，又用密练绢作。'若用疏绢薄纱绵布者，本无护生之意。二、法瓶。阴阳瓶也。三、君迟。以绢系口，以绳悬沉于水，待满引出。四、酌水罗。五、衣角罗。言衣角者，非袈裟角也。以密绢，方一搩手，或系瓶口，或安钵盂中，滤水用也。"又《四分律》不得无漉袋行半由旬，无者袈裟角漉。衣角有二说不同。

然此五种是私用，若置于众处，当准《寄归传》式样，用绢五尺，两头立柱，钉钩着带系上，中以横杖撑开，下以盆盛等。

慈觉大师颐公集经律凡三十一偈，文多不录。末谓世云："滤罗难安多众。"宗颐崇宁元年于洪济院厨前井边，安大水槛。上近槛唇，别安小槛，穿角傍出，下安滤罗。倾水之时，全无迸溢。亦五大众沾足，浴院后袈故此。僧行东司亦皆滤水，出家之本道也。后住长芦，说井滤水二十余处。常住若不滤水，罪归[①]主执之人。普冀勉而

---

① 归：原作"皈"，今据文意改。

行之。

锡杖

　　梵云"隙弃罗"，此云"锡杖"，由振时作锡声故。《十诵》云："声杖。"《三千威仪经》云："持锡不得入众，日中后不得复持(日中即知时)，不得担于肩上。"《锡杖经》云："佛告比丘：'汝等应受持锡杖。所以者何？过去、未来、现在诸佛皆执故。'"又名智杖，又名德杖，彰显智行功德本故。圣人之表帜，贤士之明记，道法之幢。迦叶白佛："何名锡杖？"佛言："锡名轻也，倚依是杖，除烦恼，出三界故。"锡，明也，得智明故；锡，醒也，醒悟苦空三界结使故；锡，疏也，谓持名与五欲疏断故。若二股六环，是迦叶佛制；若四股十二环，是释迦佛制定。《五①百问》云："持锡杖有多事，能警恶虫毒兽故。"

主杖

　　《十诵律》云："佛听蓄杖，其攒用铁，为坚牢故，斯盖行李之善助也。"《毗奈耶》云："佛听柱杖有二因缘，一为老瘦无力，二为病苦婴身故。"

　　凡策杖，若见尊宿并二师，须投杖于地，问讯。或是二师，杖必倚著处，问讯。若为二师操杖，师有顾问，必把杖以对之。

如意

　　梵云"阿泥卢豆"，此云"如意"，状如云叶，如此方篆书"心"字。为人天师，说法称心，而执此者，外表仪相，故曰"如意"。昔隋炀帝请天台大师讲经，大师纵无碍之说，肆悬河之辩，称悦帝心，特赐犀角如

---

　　① 　底本"五"字前衍一"字"字。《五百问》全称为《佛说目连问戒律中五百轻重事经》。

意耳。

若《释氏要览》诚师所载云："如意，今讲僧执之，多是私记节文、祝辞于柄，备于忽忘，要时手执目对，如人之意，故名如意。"据他所说，只如文殊执之，亦备忽忘耶？今说法者多执拂子①，若私记节文，不知又书于何处耶②？庸鄙之谈，真齐东野人之语③也。

拂子

《律》云："比丘患草虫，佛听作拂子。"《僧祇》云："佛听作线拂、列氍拂、芒拂、树皮拂。若牦牛尾、马尾并金银装柄者，皆不得执。"

净瓶

梵语"裙稚迦"，旧略云"军持"，此云"瓶"。常贮水随身，以用净手。《寄归传》云："凡水分净、触④，瓶有二枚。净者用瓦、瓷，触者任用铜、铁。出触以触水洗，入净以净水洗。"

香炉奁

香炉奁，盛香器也。或云炉并奁乃二事也。《菩萨戒经》或本云

---

① 拂子：是用以拂除蚊虫的用具，或称作"拂尘"。在印度，一般皆用此物拂蚊。据《祖庭事苑》卷八引《有部毗奈耶杂事》卷六所述，佛曾听许比丘使用拂子。中国自唐代以降，禅僧盛用此拂子，或以之为庄严具，住持或代理住持者上堂时，持之为大众说法，此称"秉拂"。

② 耶：原作"那"，今据文意改。

③ 齐东野人之语：比喻荒唐而没有根据的话。出《孟子·万章上》："此非君子之言，齐东野人之语也。"

④ 净触：净，净洁。触，触秽。又作"净浊"。《南海寄归内法传》卷二载，凡水分净、触，瓶有二枚，净者咸用瓦瓷，触者任意兼用铜铁；净水拟于非时之饮用或漱口用，触水乃便利所须，大便后洗净用的；净者须净手方能持之，必须安着净处，触者触手随时可执，可于触处置之。戒律中对僧人大小便的威仪和净触有比较严格细致的规定，除了净瓶净触外，还有"净筹"、"触筹"、"净桶"、"触桶"等分开使用。丛林的浴室还设有净竿以悬挂净衣，触竿则用以悬挂触衣。

"香炉"，无"奁"字。

刀子

《楞伽经》云："为截袈裟故，听蓄四寸刀，头如月刃。"今相承呼为"护戒刀"。《僧史略》云："戒刀皆是道具，为割衣故。"刀名戒者，盖佛不许斫截一切草木，坏鬼神村①故。草木尚戒，况其他也。

数珠

《牟梨曼②陀罗咒经》云："梵语'钵塞莫'，梁云'数珠'，系念修业之道具也。"《木槵子经》云："昔有国王名波流梨，白佛言：'我国边小，频年寇疫，谷贵民困，我常不忘③。法藏深广，不得遍行。惟愿垂示法要。'佛言：'大王！若欲灭烦恼，当贯木槵子一百八个，常自随身，志心称南无佛陀、南无达磨、南无僧伽名，乃过一字。如是渐次，乃至千万。能满二十万遍，身心不乱，除谄曲，舍命得生炎摩天。若满百万遍，当除百八结业，获常乐果。'王言：'我当奉行。'"

百八结④者，即见思惑。见惑开为八十八使，《颂》云："四谛欲界三十二，色无色各二十八，三界共成八十八，《俱舍》广明如是义。"思惑合为十，《颂》云："欲界思有四，谓贪嗔痴慢，上二各除嗔，共成十思

---

① 鬼神村：《四分律含注戒本疏》："鬼神，非人是也。村，一切草木，是鬼畜所依。村有五种，根种、枝种、节种、覆罗种、子子种。"故"鬼神村"指树林草木。最著名的不坏生草的典故见《大庄严经论》卷三载，有一群比丘途遇盗贼，盗贼即用草系缚其身，众比丘唯恐断杀草之生命，故不敢解缚。以此为例，比喻其守禁戒之严正。

② 曼：原作"慢"，今据文意改。

③ 忘：原作"妄"，今据文意改。

④ 百八结：谓众生的烦恼有一百零八种。《大智度论》卷七云："如迦旃延子阿毗昙义中说，十缠九十八结为百八烦恼。"所谓"十缠"是指无惭、无愧、嫉、悭、悔、眠、掉举、惛沈、忿、覆。"九十八结"是指三界的见惑八十八使与修惑十随眠。

惟。"已上见思共成九十八使,更加十缠,《颂》云:"缠八无惭①愧,嫉②悭并悔眠,及掉举、昏沉,或十加忿、覆。"通前合为百八结。

游 方 参 请

新学欲出游方,须择有法可学处求挂搭。准《律》云:"比丘有法有食处应住,有法无食处亦应住,无法有食处不应住。"③

初到旦过④,具威仪,推熟于丛林能事者一人为参头⑤,同到客司,白云:"暂到相看。"知客出接。客云:"即日共惟判宾法师,尊候多福,久闻道誉,获奉瞻际,下情不胜感激之至。"答云:"山门多幸,荷蒙远临。"揖坐,烧香献茶,略询来历。客起谢茶,归旦过,或送客司围炉等处安歇。

知客即回礼,客接入,问讯,知客云:"即刻共惟诸位尊长法师,尊候纳福,适承降重,特此拜谢,下情不胜感激之至。"答:"礼合相看,何劳降重。"参头自送知客出门。

若欲礼拜住持,则先诣侍司,相看,行礼如前,起身禀云:"某等特来礼拜和尚,敢烦侍者通覆。"侍者揖,再坐,询问来历。若在粥罢,侍者即云:"款坐少时,容⑥某通覆。"继覆住持。如允,当时诣寝堂相看。若在斋后,侍者云:"请回安下处,容某通覆。"则覆住持。如允,次日早钟鸣,侍者令客头报相看。如未暇,侍者诣安下处报礼,善言安慰。

---

① 惭:原作"渐",今据文意改。
② 嫉:原作"烧"字,据原《颂》改。
③ 戒律规定,若师长或道场有法有食,当尽形寿不离依止;若有法无食,亦当刻苦亲近;至于有食无法或无法无食,则当尽速远离,不应为人情所限。
④ 旦过:见《两序门第五》"知客"条注。
⑤ 参头:见《祝赞门第一》"圣节"条注。
⑥ 容:原作"客",今据文意改。

粥罢,参头领众诣寝堂,侍者入禀,住持出,参头进前云:"请和尚趺坐。"住持免,即插香展具,又免,即触礼一拜,问讯,词云:"即日共惟堂头大和尚尊候起居多福。某等久闻道风,兹者获奉慈颜,下情不胜喜跃之至。"毕,参头同众侧位就坐,侍者烧香献茶。住持有问,当实答,不得多语。起身炉前,谢云:"重承降接,特此拜谢。"住持送出,参头止云:"和尚尊重。"随至侍司谢云:"适来有劳神用,特此拜谢。"

归安下处,侍者回礼,参头接入,同众问讯云:"移刻共惟高侍法师道体起居多福,礼合诣寮拜看,返辱降重,下情不胜感激之至。"侍者云:"山门多幸,特荷远临,报谢稽迟,下情不胜多愧。"

若古礼,住持恭往旦过回礼,重远来也。今则无闻,但名胜①相看,就送客位回礼;学子相看,就法堂下间迎,伺住持回礼,免烦降重。而五山大刹则不回礼。半斋方丈请点心,当晚药石。又,当晚特为汤,次日粥罢,请茶之礼在住持行。

求　　住

若求挂搭②,再诣侍司,问讯,少坐,起身禀云:"某等慕仰和尚道风,特来依栖座下,拜烦高侍通覆。"侍者领话,具写求住人讳,呈覆方丈。如允,侍者次第求住持、榜头、下堂司。维那令行者请求住人茶。

接入,烧香献茶毕,参头起禀云:"某等适奉方丈慈旨,令依附左右,伏望甄录。"答云:"山门多幸,同守寂寥。"参头同众各取度牒③,递与维那,上戒腊簿④,随即付还。

---

① 名胜:见《住持门第四》"议举住持"条注。
② 挂搭:见《住持门第四》"入院"条注。
③ 度牒:见《两序门第五》"维那"条注。
④ 戒腊簿:是记载僧侣戒腊之簿,又称僧籍簿。

式　状　门

某路某　寺　小比丘　某
右某
堂头和尚大法师伏候
函文　谨　礼　诣　拜
慈
库司　诸寮
随名　改撰
某年某月日 某路某寺 小比丘 某状

送出,归下处,各书方丈、两序寮舍门状。各人各寮一纸,不得共名,亦不可白纸标头具名(状如后式)。复各备大香一片。近有率香钱①,省是杜初心入道之路,非佛祖流通之心。凡百有位,当力免之。

次早,维那令堂司行者伺探方丈有暇,即报求住人,引到方丈,通报,排立寝堂。候住持出,问讯,参头进云:"请和尚跌坐。"各人进前,插香,初展云:"某等仰慕和尚道风,特来依栖,极荷收录,下情不胜感激之至。"二展云:"即日共惟堂头大和尚尊候动止多福。"大展三拜,住持略答一拜。求住人收具,问讯而退。

次引至库司诸头首寮,通门状人事。问讯,略插香,不受问讯讲礼。次各寮各斋人事。堂司行者报云:"新归堂人事。"今止传语,多不相接,皆非礼也。若旧识乡曲,次日一一重访。即归下处,伺头首还礼。或不回礼者,非也。

参　堂

次早,待木鱼响时,参头领同归堂众,右手入堂。至圣僧前排立,问讯。参头进前,小问讯,袖出香合,右手拈香二炷,转身归位,同众大展三拜。参头领众到住持前排立,问讯。从首座、板头,巡堂一匝,自上堂至下堂,次至外堂上下间,问讯。再回圣僧前问讯。退就外堂,随众吃粥。下堂,众出,同供头入内堂,认位挂钵。

---

① 率香钱：又称率钱。新挂搭、新归堂者募集香油钱,以表示谢挂搭。

大名胜①作住

大方西堂名德、首座，欲作住计，语次露意。住持当尊贤重德，当修治单寮，躬自点示桌几床铺什物完备。别日，会两序勤旧茶，住持躬起烧香，复位，立白云："某处西堂首座不弃，来此同守寂寥，烦两序勤旧同送归某斋脱著。"受送人进前云："宿生庆幸，荷蒙收录。"同送至斋门，住持先送入，受送人揖，住持归主位问讯（云云）。送住持出，受送人转居主位，揖，两班入，次勤旧入，问讯。送出，即怀香诣方丈拜谢。知客引诣库司、头首寮、勤旧处回礼。别日，方丈特为管待，朔望请茶，并同勤旧之列。

此据望重者之礼，余则量宜②。

江湖名胜求住

如欲求挂搭，或次日赴茶罢就禀。或别日粥罢，特诣方丈禀云："某等仰慕和尚道风，特来依栖，伏望收录。"住持如允，则发榜头，烦首座请送。则首座令堂司行者请受送人并知事一人、维那、侍者同至寮。首座则烧香献茶白云："住持发批，为某处某人远来，同守寂寥，烦两序同送归斋。"送入斋时，首座居主，代住持问讯。毕，受送人归主位，首座转居客位，领知事、维那同问讯。毕，怀香诣方丈拜谢。次至首座、库司、头首、勤旧处问讯。若小刹历职者不在送例，又当取其人材，临时审量耳。

---

① 大名胜：指各地德行很高的禅师或名德。详见《住持门第四》"议举住持"条注。

② 宜：原作"宣"，今据文意改。

迁斋状式			
讲下小比丘　某 右某今欲迁某斋在下脱著未敢自便谨状上呈	本讲堂头和尚大法师伏乞 慈判付某照证谨状	·某　年某月　日讲下小比丘　某状 堂司比丘　某　备申	如未有斋名却云欲迁斋舍在下脱著未蒙慈旨 初一日　方丈押

迁　斋

方来兄弟既挂搭,归堂行礼已办,不宜久寓下处,必迁斋舍,脱著看读,写迁斋状,诣堂司详禀维那(云云)。即捡斋舍簿,或未迁斋,或某斋人少,相议酌量,写斋名标贴于状上,再禀维那备申。即诣侍司侍者,同上方丈呈状。住持题判,发下堂司。堂司行者关请鑰起开斋门,对簿交点什物、桌凳、床具等项①。若后请假,亦须禀维那同堂司行者,对簿交割,什物完备,方许给假。近失点对,使每年措办,有损②常住。

谢　挂　搭③

凡求住已定,即谢挂搭④。如住持以礼繁,待后来求住者一同谢挂搭⑤。如夏前归堂者,在四月八日谢。如祖忌斋归堂者,在十一月二十日⑥谢。

---

① 项:原作"顶",今据文意改。

② 损:原作"揖",今据文意改。

③ 搭:原作"塔",今据文意改。谢挂搭是指丛林中新近被允许挂搭者,为表示对住持之谢意所举行的仪式。《敕修百丈清规》卷五:"古规挂搭归堂者,实时谢挂搭;后以冬节、岁节、夏前,三次谢挂搭。"又挂搭者为表示感谢而经由侍者转交予常住之香钱,即为谢挂搭香钱。《大正藏》48册,1141页下。

④ 搭:原作"塔",今据文意改。

⑤ 搭:原作"塔",今据文意改。

⑥ 天台智者大师忌为十一月二十四日,此是赶在祖师忌前归堂。

其戒腊在上者为参头,参头当具小图,习仪,三人一引,每引一人为小参头,详记词语,仍令堂司行者率各人香钱五佰文,烦侍者到方丈回香。约有几引,回香几片。就禀拟定何日谢挂搭①。

至日,侍者就寝堂设香几炉烛,参头领众,依图列立。参头同侍者入,请住持出,归位,立,参头同众齐问讯毕,参头进前禀云:"请和尚趺坐。"退,右足侧转身,于香几右边空处出,行过,复位齐问讯。毕,参头同本引三人问讯。参头进炉前小问讯,怀中取香,双手插香,右边空处过,复位,三人同问②讯,展具,住持展手约免之。参头进云:"某等宿生庆幸,获遂依栖,下情不胜喜跃之至。"退,归位问讯,再展具。住持复约免。收具,再进前云:"即日时令谨时,恭惟堂头和尚尊候起居多

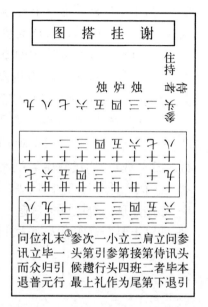

福。"退,归位问讯,触礼三拜,住持略答。第一引问讯过,左边接班尾,三三趱上,插香词礼并同。礼毕,普问讯而退。次日方丈请点心。

请 益④

凡欲请益住持,须先诣侍司,详禀侍者咨覆住持。如未允,烦再

---

① 搭:原作"塔",今据文意改。
② 问:原作"门",今据文意改。
③ 末:原作"未",今据文意改。
④ 请益:即学人请师示诲之意。丛林中,多指学人受教后,就尚未透彻明白之处,再进一步请教之意。

三陈请。如允,次早粥罢,各备大香一片,诣方丈,烦侍者通报。行者装香点烛,请教人雁立于炉前,伺住持居中位坐,问讯。俱诣前,插香,退身,大展九拜,收具,进前问讯云:"某等禀惟椎钝,入道无门,伏望慈悲,不倦提诲。"退身下首,肃恭侧立,谛听法诲。如新学者,兼诲以入众规矩。如问来历,从实禀答,进前问讯而退。

次诣侍司拜谢,或请教西堂、都讲、首座,则浼同门中一人预禀。如允所请,礼亦同前。师当规以日课,授文令其熟读(粥罢搭衣,斋罢,至夜亦头持衣,俱诣法堂朗诵),毋使泛观强记。

日富月贫,当惜寸阴。右则焚膏继晷。若久历教庠①,专明于解,未谙立行,师当悬取《止观》等文妙旨示之,令其顿修佛乘,依解立行。若不观心,如贫数宝。荆溪尊者云:"观心乃是教行枢机。"②当观一念识心,德量无边,体性常住,诸佛众生,互摄无外。如帝网之一珠,影遍众珠;众珠之影,咸趣一珠。现前一念,亦复如是。③初心学者,即以上品寂光④而为观体,目足相资,则凉池⑤可到矣。

---

① 教庠:相当于教院,即天台宗或华严宗寺院,语出《四明尊者教行录》卷五:"兹山先系禅刹。长老元勋,因听师讲唱,遂请问从真起妄之义。一言相契,回礼为师,即舍此院,永为教庠。师一开法,学徒云委,大展黉堂,揄扬圣化。至今三衢台道之行,由师力也。"

② 观心乃是教行枢机:文出湛然大师《十不二门》:"观心乃是教行枢机,仍且略点,寄在诸说或存或没,非部正意,故纵有施设托事附法,或辩十观列名而已。"

③ "当观一念识心"句:文出知礼大师《修忏要旨》:"当观一念识心,德量无边,体性常住。十方诸佛,一切众生,过现未来,虚空刹土,遍摄无外,咸趣其中。如帝网之一珠,似大海之一浪。浪无别体,全水所成。水既无边,浪亦无际。一珠虽小,影遍众珠。众珠之影,皆入一珠。众珠非多,一珠非少。现前一念,亦复如是,性彻三世,体遍十方,该摄不遗,出生无尽。"

④ 上品寂光:天台智者大师立四种净土,即凡圣同居土、方便有余土、实报无障碍土、常寂光土。寂光土即法身佛所居之土。

⑤ 凉池:即清凉池。比喻涅槃佛果的无恼无热。《法华玄义》卷二曰:"三法为乘,乘于是乘入清凉池。"同书卷四曰:"智目行足,到清凉池。"

增修教苑清规卷下

天竺大圆觉教寺住持比丘　自庆　编述

安居门第七

【题解】

《安居门第七》规定了天台宗的修持和讲学制度。佛制,僧侣在夏季有一段禁止外出、集中修学的时间,那就是为期三个月的结夏安居。安居是佛教僧团必行的克期取证的共修制度,是律制重要作持之一。凡是大丛林都强调戒律在僧团中的运用,《禅门规式》、《禅苑清规》、《敕修百丈清规》都体现了安居这一律制的重要性,强调"参禅问道,戒律为先①",因此,中国丛林一直保持着早期佛教结夏安居的传统。

由于禅宗寺院的修习是以禅的参悟为主修内容,对戒律以持性戒和心戒为主,故禅门清规虽述及结夏与解夏的仪式,但对结夏期间的修持内容并未加以说明。相反地,《教苑清规》对安居一法十分重视,专门设"安居门"一章说明安居的仪制及其修学内容。

修行要靠细水长流、日日恒持的工夫,但也须特定时段内的密集加行来克期策进心行,这就有了安居的策修。《四分律行事钞资持记》解释"安居"二字为:"形心摄静曰安,要期在住曰居。"因此,在三个月的安居期,丛林也会订出密集加行的相应功课来强化修行。《教苑清规》中记载的结夏课程,可分为解门、行门两类。解门包括"住持开讲"、"都讲头首开讲"、"维那点读"、"三科习读"和"锁试"等讲学制

---

① 《禅苑清规》卷一,《卍续藏经》第111册,第439页上。

度。行门包括修习大悲忏、经行讽诵施生、说戒布萨等。

《安居门第七》之细目共有十九条，可分为四部分：一为安居前后的仪式准备等。二是安居期间的修持制度。三是天台宗的讲学制度。四、安居期间另立的共住清规。

一、安 居 仪 式

（一）准备事项

结夏安居是寺院一年中规模最大的共修活动，其准备事项和羯磨仪规包括：出草单、出图帐、启沙水、结制、直日须知、兰盆会解制等。

草单指安居时的戒腊簿，出草单即登记戒腊。安居时因为新增外来僧人共修，故重新排定戒腊，并将戒腊图贴在僧堂前，三日内僧人各自认好位置，以便安排诵经或坐禅的次第，使长幼有序，不越次乱法。

出图帐是指依据戒腊画好诸项位次图，包括行道位图、修忏位图、僧堂钵位图、讲筵位图等上下位次的排列图。排好以后，于安居前一日，将各图张贴于各殿堂：行道图贴于殿堂，钵位图贴于外僧堂，讲图张贴于法堂，忏图张贴于忏殿。

启沙水是对安居的道场事先通过咒语进行加持，令道场清净祥和，不受外邪侵扰。一般从安居前二日，即十四日早上开始举行，共三日。念诵内容是观世音菩萨名号及《大悲咒》。

（二）正式结夏

正式结夏安居的时间是四月十六日，律中称为"结制"。大众按戒律中作法，在本师释迦佛前举行安居仪式，说安居词。首先，住持朝首座白安居词三遍。次首座朝住持白三遍，次大众白三遍。作法成后，大众去祖堂礼拜祖师。之后大众到法堂团拜、诣方丈寮礼拜，最后住持次第巡寮。

安居有前安居、中安居、后安居三种，四月十六日是前安居，四月十七日至五月十五日名为中安居，五月十六日是后安居。因此，安居词也随个人情况略有变动。

(三) 丛林礼制

结制后，全体僧众不再外出，也不对外联系。在大寺内，安居的前三日行丛林礼制，之后即精进共修，彼此间不再寒暄。

古人尚礼，丛林礼制包括：都寺特为住持首座大众汤；住持特为首座大众茶；前堂特为住持后堂大众茶；住持两班点行堂茶。其目的是促进僧团内部的和睦共处。

四月十六日，结制礼仪结束，都寺到方丈寮礼拜，在云堂为住持准备茶汤。次日，方丈派请客侍者到首座寮说明请茶汤之意，首座还要到住持处谢茶。第三日，首座到方丈寮请茶，并诣后堂或忏首处请茶。丛林请茶，既增进了住持与各重要执事的交流，同时也是团体生活中礼制的需要。

(四) 夏满解制

为期三个月的安居圆满时，要举行解夏仪式。解夏，又称解制，意指解除夏安居之制。此日亦称自恣日，当日众僧群集，自行发露于安居期间所犯之过。自恣后每位受具戒比丘均增添一法岁。

《安居门》中，列有自恣广仪和自恣略仪。

自恣广仪是按《四分比丘羯磨法》而行的，程序较多，十五日晚先演习，十六日早鸣椎白众，通知集僧某处自恣。僧众正式举行自恣仪式时，外人是不得参与盗听的。

整个过程大致是：住持请出自恣举罪的二五德，自恣时，先唱相关的偈颂，然后举行自恣羯磨法。文中二五德白众和首座答法等诸多问答，即是羯磨法的作法。自恣完毕，要作功德回向。大众念完《自庆偈》，要在本师前三拜，还要到祖堂礼拜，并要往土地堂诸殿堂，谢安居护持之意。"解制"一项还拟有"自恣白席"和"土地堂回向"、"韦天前回向"、"监斋前回向"的疏文词句，可以作为举行仪式时的借鉴。

自恣略仪一般用于人数较少的僧团，因而仪式比较简单。其仪是：十五日晚，挂"解制"牌报众。十六日早粥罢，集众，烧香跪拜毕，住持作首法；次首座作首法；次上间大众同作自恣法；又下间大众作自恣法。作法成后，即到各殿堂致谢回向。

二、僧众共修功课

安居期间，因为僧员增多，所以安排了值日人。值日者三日一轮，以受戒五夏以上的阇梨比丘来轮值。值日人在侍者班末立。

值日人的主要职责是，每日僧众举行共修功课时，配合主修鸣引磬。据文中所附的"须知式"，共修功课主要有九项，分别是：晨朝大殿讽诵、修忏、晨粥、午斋、开讲、斋罢、讽楞严、施食、习读，每一功课均有详细的念诵仪规和法器仪则。

(一) 修习大悲忏法

大悲忏是以观世音菩萨为主尊，以持诵《大悲咒》为主要内容的忏法。据《教苑清规》记载，结夏后的第五天，即四月二十日早晨启修大悲忏，在前一日挂牌告众。修忏之前必须先布置坛场，然后依知礼大师所制定的《大悲忏法》修忏。"出图帐"条还附有修习大悲忏的僧众位次图，此图张贴于忏殿，大众搭衣看图认位。修忏是一种由住持和全寺职事僧众共同参加的法事活动,其坛场设置庄严简洁,僧众依戒腊按图中所示的数字排好次序,每日于此坛场礼忏,类似于今日丛林中以殿堂为坛场的日修功课。

(二) 经行、讽诵、施生

"经行、讽诵、施生"是指僧众们在经行之时讽诵佛经,然后施食于鬼神,可使自他兼利。

"经行"指在一定的处所缓慢地往返步行,通常在食后、疲倦时,或坐禅昏沉瞌睡时,即起身来回缓慢步行,是一种与坐禅互补的修行之法,也称为"行道"。它有时也作为一种调剂身心的安静散步,散步之时或修观,或持咒,或念诵。天台宗对经行非常重视,诸多忏仪中常常出现有关"行道诵经"的行仪规定。《教苑清规》列有行道图。

经行时的讽诵内容分两种:一是午斋后饭食经行时诵《法华经·安乐行品》;二是楞严会后的举咒行道。

《安乐行品》出自《法华经》,是对修行者在身、口、意、誓愿四个方面的行为规定,也是菩萨于恶世弘扬《法华经》时应安住的四种法门。慧思大师曾依《安乐行品》撰《安乐行义》,将《法华经》的修持方法进一步具体化,而诵念《安乐行品》即是他所倡导的有相安乐行的修法。饭食经行时诵《安乐行品》继承了天台宗重视法华三昧及安乐行的传统,体现了天台教寺的修行特征。其讽诵时间是在修习大悲忏法当天的午斋后,整个过程大略如下:

午斋后,堂司行者鸣钟集众,僧众依次立定,由头首举腔,集体讽诵《安乐行品》,边经行边讽诵,大约十至十五分钟即可诵完。诵毕,称念大乘三宝名号"南无释迦牟尼佛,南无《妙法莲华经》,南无文殊师利菩萨"。之后将功德回向:"愿消三障诸烦恼,愿得智慧真明了,普愿灾障悉消除,世世常行菩萨道。"

同一天的晚上则诵《楞严咒》行道。这是仿效禅林规矩而来,也称"楞严会"。《敕修百丈清规》卷七"楞严会"条载："楞严会乃祈保安居。"说明禅林在夏安居结制期间，为祈福除魔，设置了楞严坛。其时间是自阴历四月十三日至七月十三日，每日于佛殿集众僧诵《楞严咒》。《楞严咒》是《楞严经》中之咒，古来视为除魔神咒，《楞严经长水疏》曰："此咒四百二十七句，前诸句数但是归命诸佛菩萨众贤圣等，及叙咒愿加被离诸恶鬼病等难。至四百十九云哆侄他，此云'即说咒曰'，从四百二十'唵'字去方是正咒，如前云六时行道诵咒。每一时诵一百八遍，即正诵此心咒耳。如或通诵，更为尽善。"据说南宋真歇清了禅师在普陀山时，曾于夏中为病僧作普回向文而诵此咒，这就是楞严会的由来。《教苑清规》对楞严会的启建和讽诵仪规作了简单说明。

讽咒结束以后还要根据遵式大师的《施食通览》举行以鬼神为对象的施食仪式。讽咒回向毕，众僧转身向外立。施者以右手按器，念加持米饭和净水的咒语七遍，弹七下展臂行无畏施，然后以食泻净地上，观想诸鬼神食之，皆得饱满。

(三) 重视布萨作法

"布萨"是僧团中重要的行事，为出家僧众每隔半个月集会诵戒的一种制度，常于阴历十五日（或十四日）、三十日（或二十九日）举行。住在同一寺院内的比丘，无论旧住或新到，必须参加布萨，若有人不到则布萨不合法，因此戒律中有一项"行筹"以统计人数的作法。如果实在因病不能参加，应委托同住比丘向大众表示对布萨大会所举行的一切僧事无条件完全同意，这在戒律中称为"与欲"。大众如法集合后，在诵波罗提木叉（戒本）以前，如僧伽有事，要先行处理解决。如比丘在半月间对戒律有所违犯，须在大众前告白忏悔，依法处分。

教寺中负责布萨事务的是维那，维那的职责除了"点读说文，务开新学"外,还要"说戒布萨,珍重毗尼",并负责张罗布萨从头至尾的一应事宜。

《安居门》中将布萨仪式分为十门加以详细的叙述,显示出天台宗重视戒律的特色。十门是:一、集众;二、入堂;三、取净盂及筹;四、行水汤盂盥掌;五、行筹;六、请戒师;七、散花作梵;八、请说戒;九、再唱梵师下座;十、皈依三宝。每一项仪式都有相应的吟诵偈语,整个过程冗长复杂,当今丛林已简化许多了。然《教苑清规》能保留如此原始完整、如法如律的布萨仪式,自是十分难得。

(四) 盂兰盆会报亲恩

盂兰盆会是中国自南朝梁代以来极为盛行的超度历代宗亲的佛教仪式,无论僧俗都会借此殊胜日子念经或修供养来报答父母,并为他们发愿广度众生,同入如来愿性海中。

法会启建之由来,是佛的大弟子目连尊者,证果后见其母堕饿鬼道,受倒悬之苦,悲切问救法于佛。佛说,于每年七月十五日(僧安居结束之日),以百种供物供三宝,借大众僧的威德,可以解救七世父母。《盂兰盆经》曰:"是佛弟子修孝顺者,应念念中忆父母乃至七世父母。年年七月十五日,常以孝慈,忆所生父母,为作盂兰盆,施佛及僧,以报父母长养慈爱之恩。"

盂兰盆会最后还要制疏回向,疏文内容也说到"忏法讽诵,经文系念,乐邦圣号,兹者满散,修设盂兰盆,供养常住三宝,十方众僧所集殊勋"是为了答报"生身父母,历劫怨亲,法界含灵,同生净域"。

三、安居期间的学习制度

除了共修外,重视通过学习教观来开圆解、起圆行是天台宗的修学特色。安居期间学习教观是由住持亲自讲经,或都讲、头首开讲,其后还要进行考核。

（一）住持开讲

《安居门》的"住持开讲"条记载了住持讲经的仪轨。

四月二十日也即修习大悲忏的当天，讲经法会启讲。起讲的前一日，侍者必须禀白住持所要开讲的某文某卷某科，并令堂司行者把"开讲牌"挂到僧堂前通知大众。

第二天早上侍者再去请法一次，并鸣钟鼓迎接住持到法堂。在击第二鼓时，大众在法堂诵《法华经·嘱累品》，表示不负佛所嘱托。住持乘轿至法堂前，下轿，鸣引二下，全体僧众持具起立迎接住持。

住持拈香登座，两序大众一起向住持行礼，次耆旧，次江湖，次堂众，如此一一如法作礼，住持的开讲场面不可谓不隆重。

（二）都讲头首开讲

都讲的主要任务是宣讲佛法，按照佛门规矩，宣讲佛法必须有人劝请。《教苑清规》"都讲头首开讲"条说："此土根性，从声入理。理本无说，理由说彰。五种法师，解说为最。法不孤起，理应劝请。"天台宗重视解说佛经。《法华经·法师功德品》说到有五种法师，即：受持《法华经》法师、读经法师、诵经法师、解说法师、书写法师等，此中以能宣说佛法的解说法师对度化众生最为有利，故云"解说为最"，这里，即是将都讲的重要性提升到解说法师这一层次。

丛林对都讲的人选十分重视，"大方都讲，丛林宿德，人天师范，宗乘唱导，法道系焉。礼宜严重，委曲控陈，再三劝请。"如果都讲有应允之意，住持要以礼聘请。先请两序归方丈献茶，对两序说："此间多众，宜得哲人，讲演说释。山中幸有某人，学识高明，教道所系，烦两序同诣彼寮，拜请为山中都讲。"说完后，住持共两序到都讲所住之处拜请:"大众倾心,久思示诲,伏望慈悲,特赐开允。"都讲也谦虚作答:"幸获依栖,贵图藏拙,既蒙见举,不敢有违。"拜请以后,为了表示尊重之意,住持第二天还要特意上堂"举扬盛德,仍伸请辞",大众又一次拜请都讲,烧香献茶,尽表虔诚学法之心。

都讲答应讲经后,僧众又有隆重的请法仪式。在礼请都讲之前,住持首先派侍者去通知前堂首座,让首座带领僧众请都讲开讲。同时派侍者往都讲寮说明要拜请都讲法师为众开讲的意图。首座领命后,即领众至法堂香炉前,在左边站立,请都讲在右边站立。首座插香问讯说:"即日共惟都讲大法师尊候起居多福。兹奉方丈慈命,拜请为众讲演,伏望尊慈。"都讲谦逊答云:"自揣疏谬,何以克当下情!"虽不免客气一番,实际已是答应要为僧众开讲了。具体的开讲时间由住持拟定,开讲前一晚,诸寮挂"开讲牌"通知全体僧众,在牌子上还贴上次日要讲的某文某科。到了开讲之日,即鸣钟击鼓,住持和都讲皆乘舆至法堂,此一请法场面不可谓不隆重。一番问讯行礼之后,才正式展卷说法。

(三) 维那点读

除了住持和都讲开示佛法外,还有维那对僧众的学习加以引导,在《教苑清规》中称为"维那点读"。维那是寺院知事之一,也应该以礼拜请。在点读的时候,维那"随于一书,撮其英,发其奥,绪以成章,为学者敷演"。点读仪式除了不拜、不登座、不鸣鼓、不鸣椎以外,其余均与住持、头首开讲之仪轨相同。有趣的是,维那点读时还有祈求天台祖师加被的念诵:"稽首天台教主佛陇禅师,惟愿他心道眼,无碍见闻,冥勋加被。"接着称念"南无旋陀罗尼①菩萨"三声,亦含有祈求获得四无碍辩才之意。

---

① 据《隋天台智者大师别传》,智者大师证法华三昧旋陀罗尼,从此辩才无碍。

（四）三科习读

"三科习读"是针对寺院中所有人员包括执事在内设立的学习制度。三科是：一、覆讲科：即复述住持或其他法师所讲述的经义，以知客、维那等执事，侍者，或久住阇梨为培养对象。二、开科科："开科"即开启经文之意，预讲住持第二天所讲经文的内容大意。三、诵文科：熟诵所学经论，培养对象为初学阇梨或本山新戒比丘。

三科相当于口试，住持在三科考核前三五日，令侍者至各斋登记参选人次。参选人按其资历有不同参试层次：知客、维那、久住阇梨等可参加复讲科的选拔，已登诵文科的阇梨可参加开科科的选拔，初学阇梨和本山新戒可参加诵文科的选拔。登记结束后，参选人员日夜勤奋温习待考。

到了三科考试那天，住持登座，从参选人中拈纸阄，当众进行口试。复讲科的要求是"复住持当日所讲之义，不得别有异议，过于穿凿"。但对于"果有发明，符合文旨"的，也给予奖掖。参加开科考试的人一般已在前几日请经师帮助"讲明文义，点对句读，及收开等法"，其考试要求是对住持次日将讲之文作一预讲，务求理解准确，不违经意。参加诵文科考试的要求是诵读指定的经论，做到"言词精熟，详缓合宜"，抑扬动听。

三科考试以住持为裁判，并评选出最优秀者予以奖励。参加三科考试获奖者，大众皆至其斋寮作贺。次日，考取者分别至方丈、库司头首诸寮谢礼。

（五）考核制度——锁试

三科考试合格者还要再参加一场笔试，称为"锁试"。覆讲、开科两科的考题较难，诵文科次之。锁试的目的是测试学人的文字理论水平，其成绩作为在职务上提升与否的参考。

锁试之前的三五日，住持令侍者先抄布覆讲、开科、诵文三科参试者的名单。考试时，住持亲临监考，并请西堂首座、东序尊宿等莅临证明。考场中央挂智者大师像，敷陈供仪。场中预先已排定位置，参试者对号入座。

监考制度相当严格，"不许怀带消文私叶"，监寺来回巡视。试场外挂静牌，写明"闲人毋得擅入喧杂"。考试时间为一天。吃午饭、点心，皆不得离场。甚至"若欲净手，俱在近便一处，不许托缘归斋"。考毕，试卷封号，"斋名双讳"。试卷上交后，由住持专门封存。

考试的次日，由住持阅卷评判试卷优劣，"若说义纯正、深于理致者，则当称赏之，拟擢职事；或言词疏谬、答不称问者，当以诫勖；若他白者，示以弹呵"。教寺重理悟，禅寺重参悟，天台宗重视对佛法教义的研习，且将之与职事的升迁挂钩，这与禅寺以参禅有悟为职事选拔标准是出于同样的用心。

四、安居期间另立的共住清规

安居的缘起是为防止僧众践杀地面虫类及斫截草树新芽，其主要用意则是使大众僧借此机会聚居一处，一心一意致力修行，在夏天的三个月中克期取证，如《教苑清规》"诸殿堂回向式"条云："慈尊禁足之辰，是释子护生之日。九旬办道，克期破障，以成功一夏安居"。克期取证虽然并非人人皆可做到，但借此胜缘使修学增上则是每一位行者通过精进皆可以办到的。

教寺的安居制度十分严格，为了保证三个月的身心警策和用功办道，安居期间特别另立了十二条清规。这十二条规约是参考智者大师《立制法》和遵式大师《天竺众制》而立。众生根性不一，僧团中有自觉修道、不待督促者，亦有偷懒求安、不求上进者。为了在僧团中形成一种良好的学修氛围，加强僧人的修学并提升威仪，使无知后

生在佛法解行上有所长进,特别立此共住小清规,称为"安居众法"。其内容大致如下:

第一条是无特殊事情不准请假。律典中也规定,安居期间禁止外出游行,违者得恶作罪。第二条强调夏安居期间的修学任务如晨忏、昼讲、诵经、习读、说戒等应当比平时更紧切些,不许躲懒偷安,违者罚香,鸣椎忏谢。违犯多次则迁单不共住。

第三条至第七条是对僧人威仪和生活的严格规定,威仪包括用斋威仪、行走威仪和服饰礼仪等,生活方面则规定不得私自盛贮食物、不得私自留宿客人茹荤饮酒等。

第八条是对新学僧众学习方面的要求,规定"新学之士,须秉志肃恭,亲附在上,授书熟诵,请教义理",学有所得后,可以参加安居期间第二个月的考试。

第九条是对僧人争竞或打架的处罚。两人互相争竞者,各罚三七拜,对众忏谢。如果身手相交,不问轻重,一律不共住。被打骂不应者免。

第十条规定僧人不许"弹琴弈棋,歌唱吟咏,诸杂鄙事",以免徒丧光阴,妨碍道业。

最后两条规定对僧人打扰寺院大众清修、损害寺院利益的行为(如写匿名信、窃盗常住等)作迁单不共住的处罚。

以上十二条《安居众法》张贴于僧堂,称为"清规榜",四月十六日用斋完毕后,由知客读榜宣告大众。

【原典】

安居门之制无他焉,不过戒游行、护物命、克期修证而已。按律通制三时①,此约一岁为三时也。今偏结夏月者,以夏中方寸之地悉有虫,苟无事游行,践伤物命,起过招谤,视余二时为尤切焉。不然岂

---

① 三时:印度之历法分一年为春夏冬三季,为一年三时季。

修持惟在夏,而不在余二时哉?若吾祖江陵①九旬谈妙,玉泉一夏慈霆②,当时预闻而造入者,盖足征焉。今承其宗者,随处而居。慎择师友,即闻即行,圆破圆显,以验夫修证之实,非徒拘拘为蠢蠕之恤也。

一③、出 草 单④

出单之日,或在三月初一日,则方来过于太早;或在四月初十日,维那窘于太迫。今定在四月初一日,不可易也。维那从公,将登门,戒次开项⑤书写(式见后),令堂司行者先呈过两班,方呈住持批判(云云)。

近有本山新戒,甫⑥方落发,蓦⑦居方来大僧之上。稍或有违,便形唇吻。本师当准律法⑧训之:"先受戒者在前坐,后受戒者在后坐,不问老少,莫如外道痴人,坐无次第,如兵奴之法。我佛法中若不如法次第坐者,犯轻垢罪。"

挂僧堂前三日,皆在斋后。仍备桌子,上列笔砚,或有差误,请自改正。盖防初上簿时,恐有错乱故也。三日后依次上牌,并自各认本名、戒次高下,不可越次乱法。近有好争作闹者,往往恃强挟私,互相涂抹,上殿拖扯,喧哗恼众,甚非所宜。犯者摈出。若果有差误,当禀

---

① 江陵:今湖北省荆州市。

② 玉泉一夏慈霆:智者大师晚年在玉泉寺的说法代表了他成熟时期的佛学思想。隋文帝开皇十三年(593),智者大师在荆州玉泉寺讲述发挥《法华经》玄妙义理,灌顶笔录,即今《法华玄义》。隋开皇十四年(594)四月十五日,大师又于荆州玉泉寺结夏安居期间说圆顿止观法门,每日朝暮二时讲说不休,经人记录成书后即是后来称为"九旬谈妙"的《摩诃止观》。

③ 本门序号"一、""(一)"等为原文无,系笔为阅读方便添加。

④ 草单:是记载文书之纸片,指安居时之戒腊簿。

⑤ 项:原作"顶",今据文意改。

⑥ 原作"辅",今据文意改。

⑦ 原作"暮",今据文意改。

⑧ 律法:此处指《梵网经菩萨戒本》。

维那、首座，覆住持处置。

清众戒腊
威音王戒　　　　　　　　　陈如尊者
堂头和尚
洪武几年戒　某甲首座　某甲都寺
洪武几年戒　某甲忏首　某甲监寺
洪武几年戒　某甲知客　某甲维那
右具如前伏希　某甲副寺　某甲上人
众悉　今月　日　堂司比丘　某具

草单式

二、出　图　帐

草单既定，堂司写行道①图（一依戒次）、钵位图、修忏②图（以戒次分上下堂）、讲位图（仿于名字，以讲帙共者，从类排之）。惟钵位图当排西堂、首座大名字为板头。排讫，于安居前一日张道图③于殿上，张钵位图于外僧堂。讲忏前一日，讲图张于法堂，忏图张于忏殿④。并列香烛几案于前，令堂司行者报众，众搭衣看图认位。

---

　　① 行道：即经行。指在坐禅一段时间后起立徐行，或在法会仪式中起立徐行。《南海寄归传》卷三云："旧云行道，或曰经行。则二事总包，无分泾渭。"《大正藏》54册，221页下。

　　② 修忏：天台宗以法华忏法为本宗修行特色之一，故相对于禅宗之参禅，天台宗有修忏之举。

　　③ 道图：即行道图。

　　④ 忏殿：专门供奉忏主普贤菩萨的殿堂称为忏殿；规模较小，供僧众修忏的地方称为忏堂。

行 道 之 图

花瓶　烛台　香烛　烛台　花瓶

知客　知客　维那　书记　忏首　首座　**住持**　都寺　监寺　副寺　典座　侍者　侍者　直日

都讲	一	二	三	四
	八	七	六	五
	九	十	十一	十二
	十六	十五	十四	十三
	十七	十八	十九	二十

修 懺 之 图

花烛　　香　　烛花

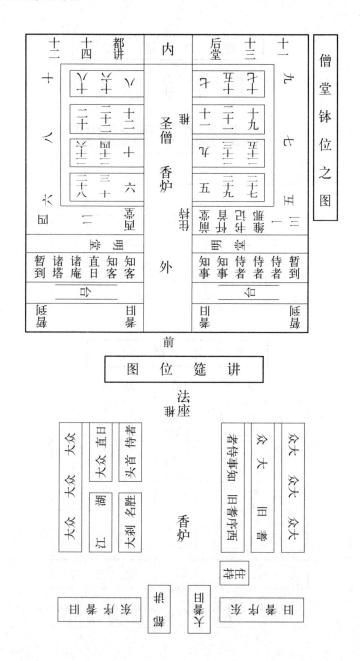

三、启 沙 水①

安居将届,宜于前几日往来行礼,云拜白安居,近时多制了。奔竞往来,甚违禁足之制。十四日早,堂司行者挂咒沙水牌。是日粥罢,鸣钟集众登殿,依位立。首座举"南无过去正法明如来"(众念云云)。后堂首座启白祈祷(如缺后堂,则忏首词云)。举《大悲咒》,行道立定。咒毕,丞称"南无观世音菩萨"十声,维那回向如常。普回向,但后改云:"加持沙水,有大功能,有大力用,如斯祈扣,决望冥加。"再丞称菩萨号十声,"十方三世(云云)"。

斋罢,鸣钟集众,诵咒举号,回向如上(但不启白)。次日二时,第三日粥罢,一时诵咒回向亦如之。斋罢结制。

四、结　　制

十六日,浴头②斋罢早开浴。诸殿堂燃③香点烛,维那写安居词句(式见后),令堂司行者贴于佛殿左右柱上。即覆住持、两班,鸣廊板毕,鸣僧堂前钟集众(各备坐具、香合),登殿,复举"南无过去正法明如来(云云)"前堂词语祈祷举咒。众中少者四人散洒沙水,差二仆

---

① 启沙水:相当于洒净。佛教僧侣于授戒、佛七、拜忏等法会之前,以《大悲咒》加持过的净水净沙散洒道场,为结界清净之仪式。《有部毗奈耶破僧事》卷二记述劫比罗仙人为懿摩弥王四子洒水结界之事,云:"时彼仙人有神通力,随其所乐皆得成就。即持金瓶盛满中水,诣余好处洒水为界,告王子曰:'汝等可于此地安止。'时诸王子奉仙人教已,即筑城壁止住其内。彼仙人洒水为界,因此立名为劫比罗城。"(《大正藏》第24册,第104页下)古时加持细沙在清净道场的同时又起着超度众生的作用,今则仅用大悲水散洒道场,以为清净而已。

② 浴头:又称浴头行者。丛林中,隶属知浴(浴主)之下,而供其差遣唤使,处理浴室事务之职役名称。

③ 燃:原作"然",今据文意改。

挑灯,行者鸣引引众。

　　住持领众右旋,于诸天前行香,东出巡廊,至诸殿堂,烧香立定。咒歇,举号,维那回向(式如后)。再举咒,转西廊入大殿,行道一匝,立定。咒毕,举号,维那回向(如常式)。毕,复举"南无本师释迦牟尼佛",展坐具三拜,就跪。住持朝首座白安居词语三遍(云云),次首座朝住持白三遍,次左首大众白三遍,次右首大众白三遍。

　　毕,住持云:"作法成否?"首座答云:"成。"收坐具。若依律文,两两对首,行羯磨法。堂司行者喝云:"大众就祖堂,礼拜祖师。"首座举云:"南无旋陀罗尼菩萨",行者鸣引,众至祖殿烧香,一匝立定,礼二拜,又举云:"诸祖四依菩萨①",礼一拜毕,收具。

　　堂司行者喝云:"方丈和尚、两班耆旧、大众就法堂团拜②。"住持领众至法堂围绕,住持与首座对首立定,住持白:"(云云)",大众普同触礼一拜,起,问讯。堂司行者喝云:"两班耆旧大众,即今诣方丈礼贺。"首座领大众诣方丈,先首座插香,次知事插香同两班人事,次耆旧,后江湖大众、参头各插香。贺毕而退。次小师等礼拜,次侍者礼拜。首座复领大众至库司行礼,大众同诣头首寮行礼,住持次第巡寮(迎接如入院仪)。次知事诣头首寮行礼,两班同报诸寮礼。

安居词句

　　大德一心念,我比丘某甲,今依某教寺僧伽蓝大界内,前三月夏

---

　　① 四依:此指"人四依"。据《涅槃经》,"人四依"是指为众生所信赖而堪于依止的四种人,又称"四依菩萨"。即:(一)出世凡夫,指具烦恼性之人(三贤四善根)。(二)须陀洹(预流果)、斯陀含(一来果)之人。(三)阿那含(不还果)之人。(四)阿罗汉之人。此四种人能利益世间、安乐人天,故能为众生所依止。又据《法华玄义》卷五上载,五品、十信之人为初依,十住之人为二依,十行、十回向之人为三依,十地、等觉之人为四依。又据《涅槃论》载,初欢喜地为初依,六地为二依,八地为三依,第十法云地为四依。
　　② 团拜:即众人聚拜。

安居,房舍破,修治故。

《光句记》①云:"依佛法,一岁三时,以四月为一时,则没秋时。律中有三种安居,谓前中后也。四月十六日是前安居,十七日以去至五月十五日名中安居,五月十六日是后安居。若四月十六日结者,至七月十五日夜分尽,名夏竟,是前三月。是知②若不没秋,中后安居,不名坐夏,以后安居至八月十五方解故。"

诸殿堂回向式

土地:

明之曰灵,神之曰圣。神明既昭昭而不昧,感应则念念以无差。仰冀圣慈,俯回昭鉴:我此某寺,以朱明③届,炎④帝临⑤,斯⑥乃慈尊禁足之辰,是释子⑦护生之日。九旬办⑧道,克期破障以成功;一夏安居,祈赖神司而呵护。由是恭集大众(云云)。伏愿:宗风益振,挽回列祖之玄猷;慧日长辉,不断后世之佛种。山门肃穆,海众安宁,檀信归从,法轮常转。十方三世一切(云云)。

韦天:

藩屏佛化,盖本证之以深;保障山门,示大权而利益。仰冀(云

---

① 《光句记》:即《金光明经文句记》,引文出《金光明经文句记》卷六上。

② 知:据《金光明经文句记》卷六上,"是"后脱一"知"字,今补入。

③ 朱明:指太阳。《广雅》:"日名耀灵,一名朱明,一名东君,一名大明,亦名阳乌。"

④ 原文"炎"字前衍一"炎"字,今据文意删除。

⑤ 炎帝:南方火神。《礼记·月令》:"孟夏之月,日在毕,昏翼中,旦婺女中,其日丙丁,其帝炎帝,其神祝融。"《淮南子·天文训》:"南方火也,其帝炎帝,其佐朱明,执衡而治夏。""朱明届,炎帝临"意为炎炎夏日已经到来。

⑥ 斯:原作"司",今据文意改。

⑦ 释子:或称释种子、释迦子,为出家僧人之别称。释,释迦之略称。释尊出身于释迦族,故称依释尊出家之弟子为"释子"。《四分律》卷三十六《巴利律藏小品之第九遮说戒犍度》:"于我法中,四种姓刹利、婆罗门、毗舍、首陀,以信坚固,从家舍家学道,灭本名,皆称为沙门释子。"见《大正藏》第22册,第824页下。

⑧ 办:原作"辨",今据文意改。

云)。时维首夏,将事安居,欲理中外无魔,须假进修有序(云云)。伏愿:道场镇山岳之固,教海源河汉之长。三学兴隆,四檀成集,公私并秦,火盗双沉(云云)。

监斋:

奥①者宰一寺之封疆,灶者典众人之喉舌。威灵有正,正直无私(云云)。兹以薰风拂拂,适当结制之辰;杲日炎炎,正是安居之节。法轮当运,食轮为先。欲令香积②之充余,须藉神祇之匡护(云云)。伏愿:晨炊夕爨,无徙③薪曲突④之忧;斋鼓粥鱼,有法喜禅悦之味。

僧堂三日茶汤礼。结、解二制并同。

五、都寺特为住持首座大众汤

请结制礼罢,都寺怀香诣方丈,触礼一拜,请云:"今晚就云堂特为和尚、首座、大众点汤,伏望慈悲,特垂光降。"仍具汤榜(见后)。带客头行者备样袱炉烛,诣前堂首座寮,插香触礼一拜,禀请(如前云云),以榜呈纳。首座即令本领茶头递付供头,贴僧堂前下间。库司仍令客头请次头首、诸耆旧,并挂点汤牌于内僧堂。上下间各排香、几、炉、袱,外堂亦须对圣僧厨直排大香炉、花瓶。于圣僧厨边设首座特位,与住持对面。差侍者直特位、各板汤具。

至晚,堂司行者鸣廊板各三下,大众归钵位。次头首入,最后首

---

① 奥:古人居室,东南隅为门,东北隅为窔,西北隅为屋漏,西南隅为奥。古时尊长居于室之奥,奥也是祭神的方位。

② 寺院的食厨或供料称为"香积"。典出《维摩诘所说经·香积佛品》:"于是香积如来以众香钵盛满香饭,与化菩萨。"见《大正藏》第14册,第552页中。

③ 徙:原作"徒",今据文意改。

④ 徙薪曲突:典出《汉书·霍光传》:"客有过主人者,见其灶直突,傍有积薪。客谓主人,更为曲突,远徙其薪,不者且有火患,主人嘿然不应。俄而家果失火,邻里共救之,幸而得息。"这里代指火灾。

座入,各归本位。鸣钟三下,打板三通,都寺入,即揖首座归特位,仍揖后堂首座补前堂位。如缺后堂,就揖次头首进板首。从圣僧厨后右出,于内堂门边立,闻钟一下,出迎住持入堂。大众起立,住持略问讯,不烧香,归位。都寺进前问讯,揖坐,转身归中立,问讯。众坐,进圣僧前烧香,次上下间各烧香。出外堂烧香,回厨前安香合。至特位前问讯,厨后转至住持前问讯。巡堂一匝,及外堂,归堂中,问讯,侧立。又鸣钟一下,先进住持、首座特为汤。都寺至住持、首座前揖汤,仍从圣僧厨后转。又鸣钟一下,行大众盏。又鸣钟一下,大众汤。

			榜	汤	
光降	众慈同垂	首座大众聊旌结制之礼伏望	库司今晚就云堂点汤一中特为		
		今月　日库司比丘　某　敬白			

候行汤将毕,都寺如前从前堂板头起巡堂一匝,出外堂。毕,行者先收住持盏,都寺进住持前问讯,初展云:"兹者聊备粗汤,伏承和尚降重,下情不胜感①激之至。"二展云:(叙寒温。)三触礼。住持不答。都寺送住持出,归厨前转左立。首座从厨后右出,问讯,谢汤。都寺送出,复归中烧香,仍上下间问讯,退。鸣钟一下,收盏。下堂,钟三下。

十六日斋时,折钵水出,知客起,烧香,中立,读榜。

六、清 规 榜

维那预写榜呈方丈金押,或十六日,或十七日读。读毕,张挂僧堂前三日,堂司行者杠之。

十六日斋时,折钵水出,知客起,烧香,中立读榜。

---

① 感:原作"威",今据文意改。

安居众法

夫司南之车,本指迷者;照瞻之镜,元监邪人。无邪,则镜何所施? 不迷,则车何所用? 其游方之士,德学是求,岂俟小惩,然后能策? 但后生罔识,于己解行,事同公役。今不获已,须行严训。于坐制日,准《国清百录》①及天竺众制,略示条件:

(一)②九旬禁足,办③道是谋,讲忏禅诵,靡遑食息,岂应疏散,浪有出入? 于三月内,例不与假,除父母师长不幸缘故。仍须堂司保明,指日开给。如不遵约束,及托缘④不实,擅自出入者,不许共住。

(二)晨忏、昼讲、诵经、习读、说戒,并教苑常规,诸方通式,况当夏制,尤宜笃行。今除山门知掌局务及病缘给假外⑤,无论徒弟⑥耆旧,并须起众。饱食烂眠,躲避众法,虚消信施,深为不可。请维那于众集时依次第排列,有不至者,抄名罚香五两,鸣椎忏谢。再犯倍罚,二犯不共住。其赴众不及时后至者,罚香三两。中间潜去者,罚香三两。

(三)斋粥二时,宜须早赴。木鱼既鸣,不许入堂。及展钵作声、匙箸堕地、含食笑语、食毕先起,违者罚香五两。

(四)众中仪矩,贵在庄肃,非特己事,亦生他善。凡众集处,不许接对戏笑。及出廊下,不得臂擐手巾,把手骤行,有乖威仪。违者罚香五两。

(五)斋粥二时,除有病缘打给外,余并不许。亦不得僧堂前私自盛贮,违者重罚。

---

① 《国清百录》:见《比丘大安序》注。
② 原各项均以"一"起首,今为阅读方便,改为序号。
③ 办:原作"辨",今据文意改。
④ 托缘:指用虚假的理由请假。
⑤ 外:原作"水",今据文意改。
⑥ 弟:原作"第",今据文意改。

（六）凡在寮舍，不问勤旧，当以禅寂看诵为事。不得私著僧俗等客宿食，及茹荤饮酒。犯者不共住。

（七）服饰礼仪，自合如法。往来廊下，须搭袈裟。斋中不得露白。违者罚香五两。

（八）新学之士，须秉志肃恭，亲附在上，授书熟诵，请益义理。其在上者，当示规矩，拘以日课，以待中夏挑试，通赏塞罚。

（九）僧名和合，忍辱义让，不许诤计，抗声厉色。两竞者各罚三七拜，对众忏谢，被骂不应者免；身手相交，不问轻重，并不共住，被打不动手者免。

（十）斋舍不许更互止宿，犯者不共住。弹琴弈棋，歌唱吟咏，诸杂鄙事，寔妨道业，皆不应为。违者罚七拜。

（十一）作匿名书者，察①得实，不共住。

（十二）不守律仪，窃盗等事犯者准清规行。

已上条件，宜各遵行。夫高翥②者何患于虞罗，潜渊者宁畏于筌网？藉缘进道，得益良多；依众立身，宜须保护。请堂司遵行，毋使有违，自贴后悔。

今月　日示

方丈　花押

七、住持特为首座大众茶

第二日，请客侍者具茶榜（见后），备椸袱炉烛，带方丈茶头，捧之诣首座寮，炷香触礼，请云："堂头和尚今晨斋退，就云堂点茶特为，伏望降重。"以榜呈纳，贴僧堂前上间。客头行者请诸头首、知事、耆旧，挂点茶

---

① 察：原作"寮"，今据文意改。
② 翥：音 zhù，指鸟高飞。

牌。斋时长板鸣,请客侍者入堂,请僧前烧香一炷,左转身大展三拜,巡堂一匝。请茶,仍出外堂上下间问讯,转入圣僧前,问讯而退。候行者下堂,堂中仍设首座特位,对住持位,即鸣诸寮板三下,大众入堂,鸣茶鼓,烧香侍者行礼。并与都寺特为汤礼同,但不揖住持。

首座至住持前谢茶,初展云:"某兹蒙煎点,特此拜谢,下情不胜感激。"二展云:"即日孟夏(云云)。"三触礼三拜。住持答一拜。首座转身从圣僧后右出,住持略送复位。执盏侍者烧光伴香,上下间问讯。鸣钟一下,收大众盏。鸣钟三下,众下堂。

八、前堂特为住持后堂大众茶

第三日,首座诣方丈请茶,仍具茶状(见后)。诣后堂首座请茶,

（茶榜）

堂头和尚今晨斋退就云堂点茶特为
首座大众聊表
诸知事同垂
光伴
　制之礼仍请
今月　日侍司　某　敬白

（茶状）

前堂首座比丘某
右某谨取今晨斋退就云堂点茶特为
后堂首座大众聊旌某制之仪仍请
诸知事同垂
光伴伏望
慈悲降重谨状
今月　日　具位　某　状

（封）

可漏子　状请　后堂首座大众　前堂首座比
丘某谨封

如缺后堂,则请忏首。行礼次第大略同前,但不烧光伴香异耳。

九、住持两班点行堂茶(结解并同)

结制①,住持僧堂点茶罢,侍者同客头至行堂点茶。客头预报参头,挂点茶牌报众。请典座、光伴,烧汤出盏,方丈预送茶,侍者至库司,典座接入,参头堂主领众门迎。侍者代住持居主位,典座分手。侍者出中烧香,复位,以手揖众,坐吃茶。毕,典座送出,参头堂主门送,即诣方丈谢茶。库司候方丈点茶,罗知事至行堂点茶。知事居主位,典座分手,行礼与方丈侍者同。送出门,喝云:"参头大众诣库司谢茶。"库司茶头报云:"知事传语,免谢茶。"头首僧堂点茶罢,令堂司行者报参头,挂牌报众,请典座、光伴,行礼与库司同。出门唱谢唱免亦同。

十、直日②须知

维那于结制前,预置条册一本,审定阇梨③多少,依其戒次,从下至上,三日一轮,周而复始。以日逐规矩书之于前,以直日各名列之于后。维那赍诣方丈批判。初令堂司行者送至直日人斋中,至第三日晚讽诵毕,赍须知册④,搭衣送至次直日人斋中。至三日满,展转递送。所有条章,并见于后。直日人在侍者班末立。

---

① 结制:意即结夏安居,谓结一夏九旬安居之制度。
② 直日:意即"值日"。
③ 阇梨:指受戒五夏以上的僧人。教寺以阇梨来担任安居期间的直日人。
④ 须知册:其内容即是下文的"须知式"。

十一、须 知 式

公输虽巧,不舍规矩方圆;新学游方,须学丛林仪范。斯乃出众之鸿渐①、入道之初门。直乎三日始终,毋得托缘推故。今将日用规矩具陈于后:

(一)②晨朝大殿讽诵。候鸣殿钟,同侍者归班,立。钟绝,鸣引二下。首座举咒,约诵咒四五句,鸣引二下。行道毕,立定,鸣引二下。头首举号,鸣引一下。众和三声,毕,鸣引一下。余号例前。维那回向,至"十方三世一切诸佛"鸣引一下,"一切菩萨摩诃萨"鸣引一下,"摩诃般若波罗蜜"鸣引二下,引众赴堂。

(二)修忏。候鸣忏殿钟,归直日位,立。钟绝,鸣引二下。至忏悔发愿毕,拜起,鸣引二下。主修举旋③,唱佛号,每声鸣引一下。至称"南无十方僧"毕,即转身朝主修问讯,徐徐前行。旋④绕称佛菩萨名,各鸣引一下。候佛号三遍将毕,立定,鸣引二下。举三归依,至"和南圣众"拜起,鸣引二下。举"阿弥陀佛真金色"毕,鸣引一下。举佛每十声鸣引一下,至百声足,鸣引二下。举菩萨号各十声,各鸣引一下。至末菩萨⑤,鸣引二下。举忏悔发愿回向偈,各鸣引一下。"十方三世一切……",如前鸣引。归僧堂。

(三)晨粥。赴堂修忏毕,鸣引二下。先出殿门边,转身小问讯,徐徐鸣引,至内堂门外右边立。待众入,次住持入已,即入内堂右边立,候住持烧香归位,鸣引二下。众问讯,上床坐定,鸣入定引三下,

---

① 鸿渐:谓鸿鹄飞翔从低到高,循序渐进。
② 原各项均以"一"起首,今改为序号。
③ 旋:原字左边为"方",右边缺。今据文意改。
④ 同前注。
⑤ 萨:原文缺,今据文意补。

前重后轻。数十息，约持《心经》一卷，鸣出定引三下，前轻后重。问讯，出外堂直日位坐。闻钟鸣，即下禅床，整肃威仪，缓行至内堂外，右边侧立。鼓转通，即入内堂圣僧前问讯，至炉前小问讯，左手烧香二炷，小问讯。退行三步半，又问讯，合掌右绕圣僧厨后，转至椎所。鼓绝，鸣椎一下，头首举《展钵偈》。偈毕，鸣椎一下，云："白大众！今①白月一日，晨朝各记六念。"初一至十五则云："白月自十六日以去，此月状黑月，某日晨朝各记六念"。毕，鸣椎一下。回向云："晨粥殊利……(先看逐日神示云云)。"为此缘念，大众称"清净法身毗卢遮那佛"，鸣椎一下。以左手作盖势，侧按椎垫，右手打椎，高不过五寸。声绝方下椎，急缓合度。每号一声，各鸣椎一下。毕，良久，又鸣椎。候行食遍，鸣椎一下，头首举《施食偈》。偈毕，鸣椎一下，默作五观②，又鸣椎一下，头首举《食偈》。仍从厨后出，至圣僧前问讯，归直日位受食。伺折水出，即入堂，圣僧前问讯，乃至椎所略问讯。视众裹钵毕，鸣椎一下，头首举《食讫偈》。毕，鸣椎一下，堂司行者鸣引，领大众诣殿堂讽诵。直日最后出堂。

(四)午斋。板鸣，随众入堂，归直日位坐候。鸣鼓，下禅床，至内堂外右边立，候鼓转通，僧堂前钟鸣，入堂烧香。余并如前。

(五)开讲。候鸣僧堂前钟，随众诣法堂，归直日位坐。鼓转第二通，起身至炉前问讯，上方丈住持前问讯，转身于侍者肩下立。候鼓转第三通，问讯，请住持起轿，随至法堂前，住持下轿，鸣引二下，大

---

① 今：原作"令"，今据文意改。
② 五观：是僧侣在用餐时所应起的五种观想，即"食存五观"。《四分律行事钞》卷中之三《随戒释相篇》云："食须观门五别：(一)计功多少，量彼来处。(二)自忖己德行，全缺多减。(三)防心显过，不过三毒。(四)正事良药，取济形苦。(五)为成道业，世报非意。"(《大正藏》第40册，第84页。)后来，丛林更通行《禅苑清规》卷一"赴粥饭"所说的五观，其细目为：(一)计功多少，量彼来处。(二)忖己德行，全缺应供。(三)防心离过，贪等为宗。(四)正事良药，为疗形枯。(五)为成道故，应受此食。(《卍续藏经》第111册，第441页上。)另见《诫劝门》"入堂"条。

众起立,直日至西首立。住持烧香,转身问讯,鸣引二下,住持上座。直日从西首第二行入,至椎所,伺住持烧香问讯,鸣引二下。趺坐讫,鸣椎一下,住持执手炉举偈:"戒香定香(云云)"。住持回向至"为此念",大众诵号十声,每声鸣椎一下。毕,住持复举除障开解,称号展帔。毕,鸣椎一下,归位坐。说听功德,至"十方三世一切诸佛"鸣椎一下,"一切菩萨摩诃萨"鸣椎一下,"摩诃般若波罗蜜"鸣椎一下。住持下座,至大香炉前问讯,鸣引二下,众散。

头首开讲并同。但初日至方丈请,次日以去诣寮请。

(六) 斋罢。讽《安乐行》①,候众下堂,鸣殿钟,归位,立定。钟绝,鸣引二下。头首举经,至"品"字,鸣引一下。诵至"一者安住菩萨行处",鸣引二下。行道至后偈,立定,鸣引一下。至"见十方佛",鸣引一下,众合掌。经毕,鸣引二下。举号,鸣引如前。

(七) 讽楞严。候鸣殿钟,归直日位立。钟绝,鸣引二下。头首举咒一声,鸣引一下,众和诵。至"因陀啰耶",鸣引二下。行道诵至"帝瓢",骤鸣引数下。至每结尾,鸣引一下。头首复举下结,如前骤鸣引数下。至第五结中,鸣引二下,立定。咒毕,鸣引二下。举号回向,鸣引如前。

(八) 施食。候讽楞严回向毕,鸣引一下。众转身念"南无十方佛",至"南无大悲观世音菩萨",鸣引一下。至第三遍讫,鸣引二下。举偈云:"神咒加持净饮食。"八句偈毕,鸣引一下,举咒。每遍咒,引一下,至七遍足,鸣引二下。称四如来,每遍鸣引一下。至三遍足,鸣引二下。念"汝等鬼神众"四句偈毕,鸣引一下。念"愿以此功德"四

① 《安乐行》:指《法华经》第十四品《安乐行品》。天台慧思大师提倡有相安乐行,主张专诵此一品或全经。后世教院遂以诵《安乐行品》为日常修行制度之一。

句偈毕,鸣引一下。"十方(云云)",鸣引如前。次第今依忏主①方法,具如《施食通览》②。

(九)习读。候参后讽诵至施生毕,直日疏疏鸣僧堂前钟,每声约诵《大悲咒》一遍。望住持挑灯至法堂,连鸣钟三下,歇。至法堂住持前问讯,鸣引二下,归直日位坐。候住持再鸣尺二下,起身待住持付阄③,高声云:"某斋某人覆讲。"或拈第二名,亦如之喝。讫,复位坐。次拈开科,诵文并同。至诵文毕,鸣引二下,众散。详如后正式:

十二、修大悲忏法

四月二十日晨朝,启修大悲忏法。前一日,堂司行者覆住持、两班、诸寮,仍挂修忏牌报众。令直殿人铺设蒲团,堂司行者备手炉、烛台、散花,置于小几上,陈在主修之前。至日早,鸣殿钟,大众依图次归位立。所修行法次第具如《补助仪》④。凡仪理观,皆悉精熟,于此总持,生决定信,起精进心,于相无相,尽力修之。现世障恼皆除,净土往生不忒。广论利益,具载经文。

右侧方框:

```
轮次直日名字周而复始
某上人　某上人　某上人　某上人　某上人　某上人
方丈
今月　　日　堂司具　花押
```

*某：图中「某」字原均作「其」,今据文意改。

---

① 忏主:指慈云遵式大师,他制定《往生净土忏仪》、《请观音消伏毒害忏仪》、《金光明忏法》等,因而后世称其为"慈云忏主"。

② 《施食通览》:指遵式大师《金园集》中关于施食的篇章《施食正名》、《施食法》、《施食文》、《施食观想》等,它们对有关施食的方法、功德、观想和疑问等作了阐述。

③ 阄:阄最早源于中国,用于佛教则始于永明智觉禅师。《佛祖统纪》卷二十六《永明智法师传》曰:"夜半绕像,见普贤前莲花在手,遂上智者岩,作二阄:一曰'一生禅定。'二曰'诵经万善庄严佛土。'乃冥心清祷,得诵经万善阄,乃至七度。于是一意专修净业。"

④ 《补助仪》:指唐荆溪湛然大师所撰《法华三昧行事运想补助仪》,是旨在补充智者大师《法华三昧忏仪》观想方法之作。

十三、住持开讲

举忏之日,住持启讲。凡讲说训徒,乃住持当然之事;研几索隐,为学者当须究心。起讲之先一日,侍者禀住持,以纸标书云:"来日方丈开讲某文,至某卷某科。"令堂司行者贴开讲牌上,挂僧堂前。

至日早粥再请。毕,堂司行者覆住持开讲,待下堂钟绝后,少顷,打静钟三下,侍①者分付行者,并椅桌头,排设讲位。堂司行者覆住持、两班,鸣廊板及僧堂前钟。毕,令鸣楼钟一十八下,鸣鼓,住持出厅坐。鼓转第二通,大众诵《法华·嘱累品》。鼓转第三通,住持乘轿。若法堂去方丈远,可令直日人先至法堂立,待住持至法堂前下轿,鸣引二下,众提坐具,起立接住持。住持归中,烧香。若初起讲,应设三拜,收具,问讯。从东入,问讯,登座。烧香,问讯,跌坐。两班同进前,插香作礼。次耆旧,次江湖,次堂众,一一如之。班首预率钱市香烛。次年但袖香合焫香,亦不必作礼。若新归者,仍用行之。

若有他山住持、西堂、首座、道旧参讲者,若设拜,侍者须预进前止之。参毕,侍者揖请至对法座左右位坐。讲讫,叙谢,结下座。若名德参讲,住持即就炉前触拜还礼。若座下人及次者,则不必答礼也。凡他方参讲者,即令请客行者就诣方丈点心。

十四、经行讽诵施生

于启忏日,至斋时,堂司行者候鸣下堂钟毕,即鸣殿钟集众,依次立定。头首举《安乐行》,谓饭食经行也。行道至,立定,经毕,举踊"南无释迦牟尼佛"、"南无《妙法莲华经》"、"南无文殊师利菩萨"。回

① 侍:原作"持",今据文意改。

向:"愿灭三障"云。

是日参后,启楞严会。亦预于前一日堂司行者覆启忏时,就覆建楞严会,并挂牌报众。至日晚,鸣僧堂前钟集众。立定,头首举咒行道。咒毕,普回向(云云)。毕,众转身向外立。施当以右手按器,咒满七遍,弹七下,展臂行无畏施,然后以食泻净地上,想诸鬼、鬼神食之。

施食方法并观想等文,具如慈云尊者《金园集》。

十五、布 萨 仪

佛律布萨①,众所宜遵,岂特维那己躬之事?今行事诸贤,维那和会,当如戒而住,以法自重。维那结制后,必预袖香,专诣各寮,和会答法、诵戒、秉白、行事人②等。其间亦须备员。仍书各人名字,禀住持知会。住持令请客行者请各人就方丈献茶。客至,烧香行礼,如常式。茶罢,住持白云:"丛林盛事,说戒为要。将次举行,请第一座元③答法,某诵戒,某梵音,某秉白④,某某行事,某说净⑤(云云)。"白已,即起普问讯,送出。

须预一日就法堂敷设,请行事人习仪,必推习熟者再四教之,莫

---

① 布萨:又称"说戒"。即同住之比丘每半月集会一处,请精熟律法之比丘说波罗提木叉戒本,以反省过去半月内之行为是否合乎戒本,若有犯戒者,则于众前忏悔,使比丘均能长住于净戒中,长养善法,增长功德。

② 行事人:是布萨诵戒时的临时执事,参与作羯磨法时中执行仪式法会之人。

③ 座元:又称"首座"、"第一座"。即僧堂内座位之元首。

④ 秉白:是布萨诵戒时的临时执事,参与作羯磨法时中的宣告者。

⑤ 说净:戒律之制,比丘有得衣钵药及金银谷米者,不许自蓄之,必求所施主一旦施与之。而如衣钵药得更由施主还付,仍与自护持,是为净贪着之意之法,故云净施,能施者谓之施主,所施者谓之净施者,对施主说施与之言,谓之说净。

待临时,有失仪度,习熟则止。和会之次,说戒之时,管待①礼随山门讲行。

一(四月)黑月十五日广四重,余略;

二(五月)白月十五日广十三、二不定,余略;

三(五月)黑月十五日广三十,余略;

四(六月)白月十五日广九十提舍,余略;

五(六月)黑月十五日广众学,余略;

六(七月)白月十五日不说戒,或诵《遗教经》。

至日早挂牌,贴帐时就法堂说戒,各备拈香一片。直日于僧堂早粥时,伺展钵后,鸣椎一下,白云:"大德僧听,今白月十五日(黑月则云:"此月大[小],黑月十五[四]日"),众僧和合。"辰、申时就讲堂说戒,鸣椎一下,白大众晨朝各记六念。如常。

若辰时说戒,粥罢开浴。若申时说戒,斋罢开浴。仍令洒扫法堂,排设椅凳,及排圣僧、住持二位于法堂东首面西,置椎于法堂西首面内。复排椅于西首面内,此乃秉白行事人位,或有排于住持对面者,非。

堂司行者于大炉前排手炉、花盘、筹匣、水盂、汤盂、手巾,并架置蒲团于香炉前,又排设座上香炉、花瓶、烛台、手炉等。珍重尸罗,不可率易。今作一途示法,具列十科。

(一) 集众

凡说戒日,库司候时至,预送点心归堂司,请诵戒及行事等人点心。毕,维那令堂司行者覆住持及两班,鸣廊板及鸣僧堂前钟。大众集僧堂前,依钵位上下堂,次一一叉手对立,威仪整肃,不可笑语。

住持至,则绝钟。首座立于住持肩下,为便答法。梵音师对住

---

① 管待:即照顾接待,意同款待。

持,诵戒师对首座,两班大众并依戒次上下堂立,秉白及行事人在于下堂大众之后,说净人在于上堂大众之后,唯直日二人分对立于住持、梵师之上,退后略远而立。

众集已,鸣大钟,至三下,直日鸣引二下,云:"大众各念闻钟妙偈。"鸣引一下,众合掌云:"降伏魔力怨,除结尽无余。露地击揵椎,比丘闻当集。诸欲闻法人,度流生死海,闻此妙响音,尽当云集此。"

(二) 入堂

念《闻钟偈》毕,直日鸣引二下,略问讯,于前疏疏鸣引引众,依上下堂两两并行至讲堂。香炉前备一大盘,置于几上,大众各次第抛片香于盘中。住持对法座问讯,归位立定。次大众一一对法座问讯,就位次第,分上下堂立。秉白、行事人于西首横椅立,说净人在首座后立(菜生此悬一位与说净者)。

众齐立已,鸣引二下,众问讯。秉白云:"大众各念入堂妙偈:持戒清净如满月,身口皎洁无瑕秽,大众和合无违诤,尔乃可得同布萨。"各展具礼三拜,每拜鸣引一下。众各胡跪,秉白云:"时众已集,上座欢喜。"住持云:"大众忆念,我比丘某甲,前布萨至今布萨,于其中间,三业四仪,众多不善,恼乱大众,愿众慈悲,布施欢喜。"秉白再云:"大众一时,各乞欢喜。"大众云:"大众忆念(云云)",如前。秉白云:"欢喜已。"鸣引一下,众收具而起。鸣引二下,众问讯,摄衣,置具,跌坐。

(三) 取净盂及筹

秉白领行事四人起身问讯,秉白先行,次四人随之。至香炉前,秉白居中间立,行事第一人在秉白右立,第二人左立,第三人又右立,第四人又左,同问讯。秉白烧香退身,同问讯,齐展具,礼三拜。不收具,起立问讯,叉手。秉白自问讯,回身向东,转至水盂前立,略问讯,胡跪,诵《水偈》云:"八功德水净诸尘,盥掌去垢心无染,执持禁戒无缺犯,一切众生亦如是。"盥手拭巾,下皆例此。

偈毕,起身问讯,向西行至汤盂前。行事第一人亦同问讯,回身至水盂前。二人须瞻顾,紧缓相待,同略问讯,胡跪。秉白诵《汤偈》云:"香汤薰沐澡诸垢,法身具足五分充,般若圆照解脱满,群生同会法界融。"盥水拭巾,下皆例之。

偈毕,第一人诵《水偈》如上。偈毕同起身,第二人亦同问讯。秉白归元立处,第一人亦随行至汤盂前,第二人亦绕至水盂前,同略问讯,胡跪说偈(云云)。毕,同起身,第三人亦同问讯,终至第四人诵偈毕,归位一齐问讯。三步进前略问讯,胡跪取筹,及执水盂手巾。秉白举《浴筹偈》,于左右以汤水浴筹云:"罗汉圣僧集,凡夫众和合,香汤浴净筹,布萨度众生。"此项行事与《律苑》①同,或有异者,并录于②此,随方取舍。

从五人初至香炉前礼三拜,不收具,起立同问讯。行事第一人、第二人进前小问讯,胡跪。第二人左边先诵《水偈》(云云)。第一人左边后诵《汤偈》(云云)。偈毕二人俱起立,小问讯,于秉白后互过互位,立,问讯,仍同进前小问讯,胡跪。第一人左边先诵《水偈》(云云)。第二人右边后诵《汤偈》(云云)。俱起小问讯,退后又问讯,于秉白后互过。第三人、第四人入补上手之位。第一人、第二人退立下手之位,同问讯。第三人、第四人进前,胡跪说偈(云云)。毕,于秉白后互过,各复本位,同问讯。先二人进前,取水、汤盂,次二人进前取手巾,并行者递送。四人转身相朝,秉白面内,同胡跪。秉白诵水汤二偈毕,取筹(行者递至),以筹略沾左右水汤,举《浴筹偈》(云云)。

---

① 《律苑》:指元代省悟律师以律宗的南山三大部及灵芝的著述为本,参酌禅宗清规编纂的《律苑事规》十卷。该书依律藏详述了律宗僧侣的行事仪则。

② 于:原作"子",今据文意改。

（四）行水汤盂盥掌

五人起身，平立问讯。秉白先行至椎所，面内立。四人随行执水入①。至椎所，秉白揭椎袱，以手沾水于椎上。执巾人随至，以巾拂椎，口诵其偈。次执汤者亦如前。四人次第至僧前小跪，住持前小跪，大众前循行，各次第盥手拭巾诵偈。四人行毕，归中齐立，问讯。二人进前安水、汤盂，二人进前挂巾。退后同问讯，一拜收具，次第各归元位，问讯而坐。

（五）行筹②

秉白鸣椎一下，唱云："大德僧听，众中谁小，小者收护。"（"众中"下三称。）其行事第四人初闻唱"谁小，小者收护"，即起立问讯，至秉白后问讯，略远叉手立。秉白三称毕，鸣椎一下，云："大德僧听，外有清净大沙门入。"（"外有"下三称。）"若有客比丘，皆集此处。"三称毕，鸣椎一下，再唱云："大德僧听，此众小者已收护，外清净大沙门已入。内外寂静，无诸难事，堪可行筹，广作布萨。我比丘某甲，为僧行筹，作布萨事。僧当一心，念作布萨。愿上中下座，各次第如法受筹。"（"愿"字下三称。）

鸣椎一下，如法受筹，并受嘱授人筹。僧众若少，但秉白授筹，小者收筹。僧众若广，分筹为二，作上下堂行之。秉白至圣僧、住持前小跪，各授一筹，住持双手受之，或同众展具，跪受或坐受。诵《受筹

---

① 入：原作"人"，今据文意改。
② 行筹：是僧团布萨时，计算参与僧众人数之仪式。筹，音译"舍罗"，即以竹、木、铜、铁等作成之细棒，长约一寸，粗如小指。关于行筹之缘起，《四分律删繁补阙行事钞》卷上四云："行筹者，为檀越问僧不知数，佛令行筹。不知沙弥数，行筹数之。（中略）筹极短，并五指，极长拳一肘，极粗不过小指，极细不得减箸。有客来不知，行筹收取数之，一人行一人收，乃至收已数之。知数已，唱言：'比丘若干，沙弥若干，出家人和合若干。'"（《大正藏》第 40 册，第 34 页下。）

偈》云："金刚无碍解脱筹,难得难遇如今果,我今顶戴欢喜受,一切众生亦如是。"收护人亦至僧前住持前小跪,双手接筹,住持诵《还筹偈》云："具足清净受此筹,具足清净还此筹,坚固喜舍无缺犯,一切众生亦如是。"秉白次第循行,上堂分筹,众各受筹,诵《受筹偈》(云云)。

如有事缘及病者不来听戒,当预书双字名与受欲①人说净,其受欲人则记不来者受若干筹。收护人次第收筹,众各还筹,诵《还筹偈》(云云)。其下堂二人授筹亦然。行毕,同至炉前蒲团上胡跪,互受筹,还筹了,起身。秉白至椎所,三人随至,排立于后。若秉白自行筹,但留小者收筹,余者复位。鸣椎一下,唱云:"次行沙弥筹"(三称。)白云:"行沙弥筹。"每二人各从后板入,行沙弥筹。毕,至法座后,数筹二人先出复位,收护一人捧筹右出,绕大炉转至住持前,胡跪,上筹,白云:"大僧几员,沙弥几(无)人。"起,问讯,左入法座前,转右出,归位。

秉白徐至住持前跪,住持授筹云:"大僧几员,沙弥几(无)人。"秉白受筹,绕法座前右转,归椎所,鸣椎一下,唱云:"大德僧听,此住处一布萨,大僧几员,沙弥几(无)人,都合几人,各于佛法中清净出家,和合布萨。上顺佛教,中报四恩,下为含识。"鸣椎一下,白云:"大众各念律中清净妙偈。"众皆合掌诵云:"清净如满月,清净②得布萨,身口业清净,尔乃应布萨。"

(六) 请戒师③

秉白至炉前安筹,一拜收具。诣住持前展具一拜,胡跪云:"上座

---

① 受欲:凡于僧中说戒授戒等法事,己有事缘,不能出席,于此法事表示随喜共赞其事之希望,称为欲;将此欲意委托其他比丘,称为与欲;受此委托,称为受欲;于僧中传达其意,称为说欲。

② 清净:原作"净清",今据文意改。

③ 戒师:即说戒师。于每半月一次之说戒日宣读戒本之人,通常由一座之长老任说戒师。

慈悲,为众说戒。"住持云:"此说戒事,坐次合当,但以言词浊钝,恐恼于僧。众中有某甲①律师,精诵毗尼,往彼告云,僧差说戒。"秉白收具起,问讯,绕法座前,转至戒师前,小问讯,低声云:"僧差说戒。"至梵师前,亦低声云:"大德梵音。"梵师、戒师亦合掌,坐而受之。

秉白至椎所,鸣椎一下,唱云:"大德僧听,僧差某甲律师为众说戒,梵音某甲,律师升高座。"说戒人闻"僧差"二字即起身,至炉前问讯,烧香,礼三拜。秉白、戒师须相瞻听缓急,声绝,拜毕。拜毕,胡跪。唱绝,鸣椎一下,戒师白云:"小比丘某甲,稽首和南,敬白大众,僧差说戒,恐有错误②,愿同诵者指授。"收具,起立问讯,诣圣僧、住持前各问讯。又普问讯上堂大众,退至右边,普问讯下堂大众。入至座下,问讯,登座,烧香,问讯,趺坐。

(七) 散花作梵

行事四人起身,归炉前元处,同问讯。二人进前小问讯,跪下,取花桴,复位。次二人进前问讯,跪执水盂,复位,同问讯。从东首散洒绕座前一匝,秉白鸣椎一下,白云:"散花说偈。"大众同声诵云:"散花庄严净光明,庄严宝花以为帐,散众宝华遍十方,供养一切诸如来。"众皆合掌,梵师白云:"稽首礼诸佛,及法比丘僧,今演毗尼法,令正法久住。"梵音云:"优波离为首,及余身证者,今说戒要义,诸贤咸共听。"散洒人归座前,一行立,问讯,进前,转身相朝,胡跪。并花为一盘,合水为一盂,置于花桴上。一人捧之,起身平立问讯,三人归位。捧桴者先面西,逆行洒水散花,填于中间,须待听梵音,不缓不急行之,梵音将毕,然后结四方。毕,至炉前问讯,进跪,置桴归位。

---

① 甲:原作"申",今据文意改。
② 误:原作"护",今据文意改。

(八) 请说戒

秉白候梵音毕，鸣椎一下，行事一人起，至炉前敷具，礼三拜，就胡跪，执手炉白云："传香说偈。"律师亦三上香。众合掌诵云："戒香(一上香)定香(二上)解脱香(三上)，光明云台遍法界，供养十方无量佛，见闻普熏证寂灭。"然香人收具，问讯，归位。直日鸣引一下，大众合掌，沙弥则出大界相外①。戒师执手炉，诵《四分戒本序》，从首偈诵至半月半月说。直日鸣引一下，戒师放手炉，住持叉手揖众，众皆叉手揖谢。

住持秉法，首座答法。问："僧集否?"答："僧已集。"问："和合否?"答："和合。"问："未受具戒者出?"答："(若有则云)未受具戒已出。"；"(无则云)此众无未受具戒者。"问："不来诸比丘说欲及清净?"说欲者展具，胡跪合掌白云："(若有则云)大德僧听，彼比丘某甲某甲，我受彼欲清净，彼如法僧事，与欲清净。"言某甲处，称彼讳名。一说，收具，复位。如无则云："此众无说欲及清净者。"答："(如有则云)说欲及清净已。"如无亦云："此众无说欲及清净者。"问："谁遣比丘尼来请教诫?"答："此众无尼来请教诫。"问："僧今和合，何所作为?"答："单白和僧说戒羯磨。"住持云："单白和僧说戒羯②磨。大德僧听，今白(黑)月十四(五)日，众僧说戒，若僧时到，僧忍听，和合说戒，白如是。作法成不?"答："成。"或有一字落误，则云："不成。"当重作。

住持云："作法既成，高座说戒。"戒师即诵戒。至后七佛略戒，鸣僧堂前钟三下，召沙弥入堂。无沙弥则不鸣钟。诵至"我虽般涅槃，当视如世尊"，秉白先起身，就本位礼三拜，归椎所立。

---

① 大界相外：于僧众之团体生活中，依作法规定某一特定区域为界，在此区域内之僧众，共同举行布萨、说戒等事，如限一山一寺境内之结界是。依戒场之大小而有大小界之别。标示大界区域之石柱常题有"大界外相"四字。

② 羯：原作"结"，今据文意改。

（九）再唱梵师下座

梵音师候座上诵戒毕,唱《神仙梵》,云:"神仙五通神,造设诸咒术。为彼惭愧者,摄①诸不惭愧。如来立禁戒,半月半月说。已说戒利益,稽首礼诸佛。"②"处世界如虚空,如莲华不著水,心清净超于彼,稽首礼无上尊。"戒师下座,至大炉前烧香礼三拜。梵师、戒师互相瞻听,梵音终时,拜亦同竟。拜起,就胡跪,秉白鸣椎一下,戒师白云:"小比丘某甲,致敬众僧足下,敬谢众僧,僧差说戒,三业不勤,多有忘失,愿僧慈悲,施以欢喜。"收具,起,问讯,归元位。

（十）皈依三宝

鸣椎一下,众敷具,秉白唱三皈依:"自归依佛,当愿众生,体解大道,发无上心。"鸣引,大众一拜,鸣椎,下同一。"自归依法,当愿众生,深入经藏,智慧如海。自归依僧,当愿众生(云云)"。"上来布萨,无限良因,散沾沙界,和南圣众。"众拜起,就胡跪,同念《自庆偈》云:"诸佛出世第一快,闻法奉行安稳快,大众和合寂灭快,众生离苦解脱快。"收具起。

若申时说戒,即施生,如常式。直日鸣引二下,引众出堂。大众依上下堂次,从小者先出,两两并行,徐徐鸣引。引至僧堂前旧处,众立定,堂司行者鸣僧堂前钟三下,众同问讯而散。

梵语"布萨",此云"净住"。南山云:"净身口意,依戒而住。"《毗奈耶》云:"意令半月半月忆所犯事,对无犯人说露,冀改前愆。一则

---

① 摄:原作"撮"字,据省悟《律苑事规》卷三引《神仙梵》改。
② "神仙五通神"等句:文出东汉安世高译《佛说犯戒罪报轻重经》:"神仙五通人,造世诸咒术。为诸惭愧者,断诸无惭愧。如来制禁戒,半月半月说。已说戒利益,稽首礼诸佛。"

遮现在之更为，二则惩未来之慢法故。①"《四分》谓："若说戒日无能诵者，当如布萨法行筹告白，差一人说法诵经。"夫行筹者，谓知僧数。又《十诵》云："为檀越②问僧不知数，佛令行筹。不知沙弥数，行筹数之。若人施布萨物，沙弥亦得。虽不往布萨羯磨处，由受筹故。"《四分》为受供，行筹通沙弥也。若未受十戒，亦得受筹，以同受供故。

　梵语"羯磨"，《天台禅门》翻为"作法"。又《指归》云："'羯磨'，此云'业'。如俗之四民，各有其业，僧以说戒等事为业故。"南山引《明了论疏》翻为"业也"，所作是业，亦翻"所作"。《百论》云："事也。"若以义求，翻为"办③事"，谓施造遂法，必有成济之功焉。

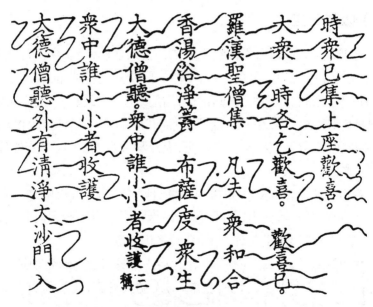

秉白梵音声图

---

①　文出《释氏要览》卷下。
②　越：原作"起"，今据文意改。
③　办：原作"辨"，今据文意改。

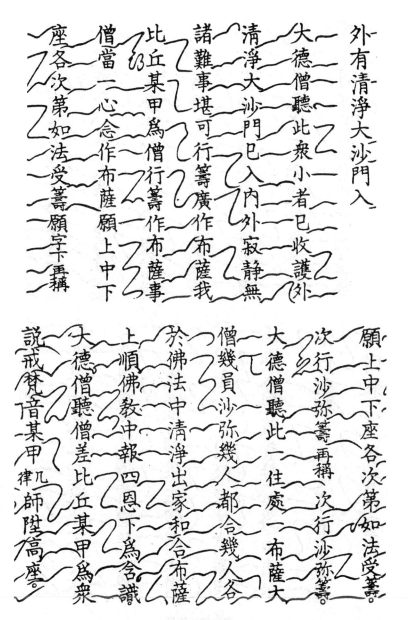

外有清淨大沙門入

大德僧聽此衆小者已收護外

清淨大沙門已入內外寂靜無

諸難事堪可行籌廣作布薩我

比丘某甲爲僧行籌作布薩事

僧當一心念作布薩願上中下

座各次第如法受籌願字下再稱

願上中下座各次第如法受籌

次行沙弥籌再稱次行沙弥籌

大德僧聽此一住處一布薩大

僧幾員沙弥幾人都合幾人各

於佛法中清淨出家和合布薩

上順佛教中報四恩下爲含識

大德僧聽僧差比丘某甲爲衆

說戒梵音唄某甲律師陞高座

秉白梵音声图

239

令正伟。優波離爲首及餘身證者

今說戒要

義義義諸賢咸咸咸五聽六聽

大德僧聽 今黑月十五日眾僧說

戒若僧時到僧忍聽和合說戒。

神仙五通人造設於咒術爲彼

慚愧者攝諸不慚愧如來立禁

戒半月半月說已說戒利益畢

首禮諸佛

處世界如虛空如蓮花不著水

心清淨超於彼誓首禮無上尊。

自皈依佛當願眾生體解大道

發無上心。自皈依法當願眾

生深入經藏智慧如海。自皈

依僧當願眾生統上來布薩無限

良因散沾法界和南聖眾

秉白梵音声图

240

梵呗者,赞咏之音也。梵云"呗匿",华言"止断"也,由是外事已止也断,尔时寂静,任为法事。又云:"诸天闻呗,心则欢喜,故须作之。"《长阿含经》云:"其梵声有五种:一者其音正直,二和雅,三清彻,四深满,五周遍远闻。"

十六、都讲、头首开讲

此土根性,从声入理。理本无说,理由说彰。五种法师[1],解说为最,法不孤起,理应劝请。

住持开讲三五日后,先令侍者至前堂寮禀云:"方丈和尚拜,屈首座[2]领众就法堂,拜请都讲开讲。"次诣都讲寮禀云:"和尚拜请都讲和尚为众开讲。"若次头首则无此礼。

当日住持讲毕,白云[3]:"烦首座领众请都讲开讲。"请次头首同。白讫,即令听叫行者送香至首座前,首座伺住持下座出,即就领众法堂炉前左立,请都讲右立。首座插香问讯云:"即日恭惟都讲大法师尊候起居多福。兹奉方丈慈命,拜请为众讲演,伏望尊慈(云云)"。都讲答云:"自揣疏谬,何以克当下情(云云)。"

请后,过二三日,预委令行者敷设法座等。前一日晚,令堂司行者覆住持、两班诸寮,仍挂开讲牌报众。另贴"都讲"二字并其文某科于牌上。

至日粥罢,下堂后鸣钟四下。方丈预令行者请讲人点心,就留方

---

① 五种法师:《法华经》中将受持法师、读经法师、诵经法师、解说法师、书写法师称为"五种法师"。《法华文句》卷八上曰:"此品五种法师:一受持,二读,三诵,四解说,五书写。法者规则也,师训匠也,法虽可规,体不自弘,通之在人。五种通经皆得称师。"

② 首座后原有"讲"字,为衍字,今删去。

③ 原文有两"云"字,其一为衍字,今删去。

丈寝堂①分坐。堂司行者次第覆打起鸣廊板,鸣僧堂前钟及大钟。鸣鼓至三通,住持、讲人俱乘舆至法堂。住持归左首所设位立,讲人烧香,礼三拜,问讯,至住持前问讯,谓借座也。次问讯上下间大众。从右边入,至座前,归中,小问讯。上座亦右入几,烧香问讯,略坐。候住持起身,即起身退右边立。住持烧香点烛,同问讯。住持归位即坐。次两序,次耆旧,次江湖,次大众,次第炷香、点烛。各班首亦预率钱市香烛参讲。问讯毕,各归位。

讲人跌坐,鸣槌一下,执拂揖众,答揖。提纲叙谢,结座。下座至炉前,普问讯。归寮即怀香诣方丈拜谢。堂司行者通报,诣库司、头首、耆旧、诸寮各斋相谢。次日就本寮候鼓鸣,至法堂烧香,不设拜,登座,举《戒香偈》(云云),回向(云云),展卷(云云)。余头首开讲同。

十七、维那点读

为学之要,先读四书②。四书旨趣,深广难穷。本宗维那,亦非聊尔。是宜劝请,亦同前礼。知客领众,座前致请。

随于一书,撮其英,发其奥,缉以成章,为学者敷演,名曰点读。一应出处,与开讲同。但不拜、不登座、不鸣鼓、不鸣椎。就座下于中设位。

隔宿,堂司行者覆住持、两班、诸寮,挂牌报众。次早,覆打起鸣廊板各三下,鸣大板三通,以代法鼓,维那烧香入位。住持等次第炷香点烛。问讯毕,提纲叙谢,结座行谢礼,并与头首开讲同。后二日坐定,鸣尺二下云:"稽首天台教主佛陇禅师,惟愿他心道眼,无碍见闻,冥勋加被。南无旋陀罗尼菩萨。"众和三声,执拂子揖众,举语(云

---

① 寝堂:见《住持门》"山门管待住持并专使"条注。
② 四书:指天台宗入门四书,分别是《天台四教仪》、《法界次第初门》、《菩萨戒义疏》和《小止观》。

云）。结语毕，即起。

十八、三科习读①

古德讲贯，岁无虚日。今教法衰微，德业浸废，学者见闻既寡，名位皇皇。故夏安居讲次习读，以勉励才能，策勋后进。倘兹奋②志不息，佛种慧命殆庶几焉。

将举习读，住持令侍者于三五日前备纸诣各斋与三科名：

一、覆讲③科：大刹④知客、侍者，甲刹⑤维那、久住阇梨皆与焉。

二、开科⑥科：阇梨诵文已毕能看读者与之。

三、诵文科：初学阇梨、本山新戒与之。

与名毕，将日子具呈方丈金押，免有进退。至习读日，令堂司行者挂习读牌，住持讲毕，归方丈。侍者至住持前，作三科阄，阄写某斋其人，贮三合中，封记。

预令法堂座前中设住持位，仍备书、灯、香炉、烛台，至参后讽诵施生毕，住持归方丈（或歇讽诵）。直日诣侍司侍者，覆住持，令直日鸣僧堂前钟。候钟鸣一十余下，挑灯起轿。至法堂，略问讯，径入中位而坐，不欲惊众故也。众不起身。

---

① 习读：即学习诵读之意。语出《公羊传·定公元年》："定哀多微辞，主人习其读而问其传，则未知己之有罪焉耳。"佛门中，对于经文必须反复诵读领悟，方能得到法益。

② 奋：原作"夺"，今据文意改。

③ 覆讲：即复述。语出《梁书·许懋传》："十四入太学，受《毛诗》，且领师说，晚而覆讲，座下听者常数十百人。"寺院讲经，也常常有师父初讲、弟子覆讲的制度。

④ 大刹：指中国官寺制度中等级最高与次高的寺院——五山十刹。

⑤ 甲刹：指甲于诸禅院之寺刹，又指各州居首位之禅刹。即南宋末至元初，官府于五山十刹之外，所设禅院之寺格。

⑥ 开科：即开启经文之意，指讲述住持第二天将要讲的经文的内容大意，相当于预习式的预讲。

行者捧三科合并讲帙、静尺于桌上。直日至前问讯，鸣引二下，知客令行者点大众汤。汤毕，住持鸣尺二下。大众展卷，详缓看阅，片时再鸣尺二下。侍者与直日至住持前问讯，取覆讲阄合，对住持开封。住持拈一阄，付侍者展开，呈住持。付直日，高声云："某斋某覆讲。"拈第二名亦如之。覆讲之法，应覆住持当日所讲之义，不得别有异议，过于穿凿。若果有发明，符合文旨，则无在也。

覆讲毕，侍者、直日再至住持前取开科阄合，开封如前。付直日，白云："某斋某论师开科。"拈第二名亦然。开科者，乃开住持次日所讲之文，须预于请教师处讲明文义，点对句读，及收开等法，毋致临时狙蹶也。

科目之式

三科取士丛林良范

方丈慈命既蒙敷露预兹纠集以俟举行伏清

芳字幸甚　今月　日侍司　某拜禀

方丈

覆讲　某斋　某斋　某斋　某斋

开科　某斋　某斋　某斋　某斋

诵文　某斋　某　　某斋　某

押

开科毕，侍者同直日又至住持前取诵文阄合，如前拈。付直日，偈云："某斋某上人诵文。"或二人，或三人，不拘。诵文者双手捧文帙，至炉前问讯。从右①入，至住持前问讯，置文帙于住持前，再问讯。至直日位下坐，则诵所习之文。须言词精熟，详缓合宜。起尽可听者，赏纸笔等。如所诵稍长，住持或挑试，接诵不辍，则桌上弹指止之。诵文者住声，起身至住持前问讯，取所诵文回元处坐，其次并同。

诵文毕，鸣引二下，住持先出，两班大众就到三科人各斋作贺。次日三科人诣方丈、库司、头首、诸寮各斋谢礼。

十刹维那不预覆讲，必须新学说文。

---

① 右：原作"在"，今据文意改。

十九、锁　　试①

古来讲罢之后行锁试法,勘辨人才,策其未进。如烹金炉,铅水不存;如治玉斧,碔砆②尽去。住持令侍者于四五日前备纸,抄覆讲开科人。泊③名胜④拔萃之士欲预斯选者,同具呈方丈金押,免有进退。

择一静处,开设绛帏,于中设大师像,敷陈供仪。仍排椅桌,广安四书、大小部文⑤,以备捡寻。侍者先一日排位次图于帏外,令堂司行者排锁试牌,请见职⑥头首全班、见职都寺一人,又请名德西堂⑦、首座二人,东序尊宿、耆旧二人,来日就某处证明锁试。

至日粥罢,堂司行者报预科人员,各认图位入位,不许怀带消文私叶。委监寺一人巡警,闲人毋得擅入喧杂,挂静牌。众集已,各人烧香,候住持至,领众对像排立,住持进前烧香,同礼九拜,称"南无旋陀罗尼菩萨"。礼毕,各依位坐。侍者当中问讯,烧香,令茶头行者行茶讫,侍者进纸笔,请住持出题目。或就讲次文中难辞,或就诸部祖

---

①　锁试:是天台宗一种重要的学习考核制度。"锁试"原为"锁厅试"的简称。锁厅试,又称"鏁厅试"。宋代称现任官或有爵禄者应进士试为"锁厅试"。《宋史·选举志一》:"凡命士应举,谓之鏁厅试。"《宋史·选举志三》:"熙宁十年,始立宗子试法。凡祖宗袒免亲已受命者,附锁厅试,自袒免以外,得试于国子监。"和不立文字的禅宗不同,教院重视从经论的学习而悟入佛心,因此仿效世俗锁厅试立锁试制度,目的在于策励天台学子,并以锁试成绩为担任职事的标准之一。

②　碔砆:音 wǔfū,似玉之石。

③　泊:原作"泊",今据文意改。

④　名胜:见《住持门》"议举住持"条注。

⑤　大小部文:指天台三大部五小部。三大部即《妙法莲华经玄义》、《妙法莲华经文句》、《摩诃止观》各十卷,皆由智者大师门人灌顶笔录而成,系天台宗的根本圣典。五小部即智者大师所撰的《金光明经玄义》二卷、《金光明经文句》六卷、《观音玄义》二卷、《观音义疏》二卷、《观无量寿佛经疏》一卷。

⑥　见职:即现职。"见"通"现"。

⑦　名德西堂:见《祝赞门》"圣节"条注。

文疑难处,试问二章。其词务在语简意显。侍者抄写于二章中,难辞文义深远者送覆讲人,开科者次之。

预科之人,仍各备笔墨纸砚。当思部味教观,援引诸文,一一伸答。须在理当,不尚词长。卷子式如后。

若欲净手,俱在近便一处,不许托缘归斋,问请益师。如文出他人,量宜罚之。方丈分付库司半斋备点心并午饭,皆就筵斋,客司点茶,斯在浴前。

各要封号,斋名双讳,纳卷子,朝大师像问讯,住持前问讯而退。侍者写卷子数目若干道,携至方丈,交与衣钵侍者收受。住持次日看卷批判,取其优劣。若说义纯正、深于理致者,则当称赏之,拟擢职事。或言词疏谬、答不称问者,当以诚勖。若他白者,示以弹诃。批判之后,衣钵侍者照依元数,交与烧香侍者,当置一册子,发号,抄写住持批判词语。毕,请与科人俱至侍司,眼同①开封,见双字讳名分晓,对批判各人卷子,写名字于册中,仍携卷子呈覆住持。于兹方见各人平日看读工夫有浅深也。

锁试之法,废久不行,今姑存之,俟有作兴者。昔四明尊者有《绛帏问答三十章》②、《试问四十二章》③,如《教行录》。其略云:“襄绛帏问诸子,其词惟要,其旨甚微,俾无惑④者兴布教之功,令不敏者奋⑤强学之志(云云)。”

---

① 眼同:会同,一同。

② 《绛帏问答三十章》:是四明法师与弟子的问答记录。其《序》云:“天禧改元春二月四日,延庆座主出山家教义凡三十条,襄绛帏问诸子,其词惟要,其旨甚微,俾无惑者兴布教之功,令不敏者奋强学之志。门人仁岳率尔而对,斐然成章。非求鲁国一字之褒,盖请武津四择之诚。”知礼出题的目的既在于鼓励学行优异者弘法布教,也希望藉此问答机会鼓励后进者奋强学之志。见《四明尊者教行录》卷三。

③ 《试问四十二章》:是四明法师给弟子们出的口试题目。

④ 惑:原作“或”,今据《绛帏问答三十章》原文改。

⑤ 奋:原作“夺”,今据《绛帏问答三十章》原文改。

若诵文者,或五日策文,或答小难,别在一日,不可同混上二科也。

图之次位试锁

大小部文四书	天台大师	大小部文四书
侍者	住持 都寺	头首 首座 头首
答卷	答卷 答卷	答卷 答卷 答卷
人	人 人	人 人 人
卷目难者	卷目难者	卷目难者

式卷试锁

奉试

教义一章　讲下小比丘　某　拜呈

本讲堂上大和尚伏乞

慈判

问云云

答云云

右　涂注乙若干字　无则书无字

二十、兰盆会

世徒谓以养亲为孝,而不知辱身辱名为不孝也;世徒谓割恩爱为不孝,而不知明出世道报恩为孝也。始吾世尊,弃位舍亲,取证觉果,答地恩于迦维①,报母恩于忉利②。复肇兰盆,垂教将来,可谓大孝也

---

① 迦维:"迦维罗卫"之略,古印度城市,为佛陀出生之处,意即释迦族之国土。位于喜马拉雅山山麓,即今尼泊尔境内之巴达利亚(Padaria)。

② 报母恩于忉利:摩耶夫人婚后产下佛陀,分娩七日后即告崩殂,据传其死后生于忉利天(欲界六天之第二)。据《杂阿含经》卷十九、《增一阿含经》卷二十八、《佛升忉利天为母说法经》记载,佛陀成道后,尝于一夏上升忉利天为母说法,《地藏经》即是佛陀为母在忉利天而说。

矣。夫出家能如是,果何愧哉!不然进退两难,不孝孰大焉!

七月初一日启建兰盆会。隔宿,堂司行者覆方丈、两序、诸寮,挂牌报众,整肃忏殿,敷陈供养。至日早,鸣忏殿钟,众集,忏首举弥陀佛号,修小弥陀忏。其中《叹佛偈》已,制词启白(云云)。

次日已去,众同白云:"我等同孝志,修行净土因,报答二亲恩,忏除三障罪。存者获福寿,亡者得超升,尽法界怨亲,同生安养国。"至三归依毕,举"阿弥陀佛真金色(云云)"。系念弥陀佛一百声,观音、势至、清净海众若一十声。毕,回向云:"以此修行众善根,报答父母劬劳德。存者福乐寿无穷,亡者离苦生安养。四恩三有诸含识,三涂八难苦众生,俱蒙悔过洗瑕斑①,尽出轮回生净土。十方三世(云云)"。

粥罢少顷,堂司行者覆打起,仍就忏殿修大弥陀忏。鸣忏殿钟,众依位立定,忏首举《弥陀经》或《兰盆经》行香、行道。经毕,称弥陀佛三声,展具敬礼。至赞佛已,继云:"我等同孝志(云云)"。至逆顺十心毕,称弥陀佛三声,举忏悔文。五悔②文皆如《补助仪》,但于"我比丘某甲"增"若为存亡父母入至心忏悔"等(云云)。小弥陀忏忏悔亦然。至随喜回向毕,称阿弥陀佛四十八声,即举发愿文(云云)。毕,继云:"愿所生父母,或今存在,或已终亡,随某所居,逐彼生处,惟愿阿弥陀佛、观世音菩萨、大势至菩萨,光明照烛,愿力摄持,三障消除,五根成立,发菩提愿,修净土因。存者得满报,龄终归宝刹。亡者即指诸趣,便托莲胎睹妙相,明心听玄谈入位。现前受记,尘刹分身,广度有情,同登妙土。伏愿我等孝顺之心,深入至道之法无遗,当来诸佛会中,同作应生眷属。二严等备,三觉俱圆。法性有边,愿心无

---

① 斑:原作"班",今据文意改。

② 五悔:天台智者大师依《弥勒问经》、《占察经》、《普贤观经》等经之意,为修法华三昧者制订的五种忏悔法,它们须于昼夜六时修之,名为六时五悔。分别是:忏悔、劝请、随喜、回向、发愿。

极。尽入如来愿性海中。"发愿已,归命礼(云云)。

至三归依毕,举《兰盆经》或《弥陀经》。行道毕,不再举赞"阿弥陀佛真金色"等,即系念佛号百声、菩萨号若十声,回向云:"以此修行众善根(云云)",如前。斋罢覆打起,鸣忏殿钟集众,讽《弥陀经》或《兰盆经》,赞佛(云云),称号,佛百声,菩萨若十声,回向如前。

参后鸣钟集众,讽《弥陀经》行道,经毕,赞云:"阿弥陀佛真金色(云云)"。系念佛号千声,菩萨号若百声,或若十声。发愿云:"愿所生父母(云云)",如前。转身施生,如常式。

库司每晚令参头轮差,行者拨扇行汤,堂司行者正贴二人数牌,每一十声鸣磬一下,百声鸣引一下,千声鸣引二下。一人管大数,一人管小数,日日如之。至十五日,修大弥陀忏,至叹佛已,主修制词散忏①。堂司行者预率众财送归库司,营备兰盆百味供养。仍覆书记制疏。书记如缺,维那自制,或用旧者,皆无在。疏式如后。

于斋前敷陈供养,百味兰盆,务在丰洁。办②已,堂司行者覆打起集众,面佛立定,首座举释迦佛号,众和,同敷具三拜,不收具。住持上汤进食,众同三拜,上茶,又同三拜,收具。维那宣疏毕,举《兰盆经》。举号释迦、弥陀、观音、势至、海众各三声,众发愿云:"愿所生父母(云云)"。至晚,施斛满散。或就忏殿前,或水陆堂,或山门首。随各寺例。

附疏式③

某路某寺住持比丘某与比丘众

七月十五日,伏值目连大士救亲之辰,预于半月熏修忏法,讽诵经文,系念乐邦圣号。兹者满散,修设盂兰盆,供养常住三宝十方众僧。所集殊勋,答报生身父母、历劫怨亲、法界含灵,同生净域者。

---

① 散忏:法会圆满日所讽诵之经称为散经,所修之忏称为散忏。
② 办:原作"辨",今据文意改。
③ 此三字本无,为笔者添加。

伏以乾称父,坤称母①,诚覆焘②之不偏;佛可尊,法可师,谓依归之有托。诸子厄穷于涂炭,至人利乐于尘凡。推皇觉博济之心,物机遍赴;拔青提③倒悬之苦,缘感斯彰。教传百世之余,时届七月之望。秋风乍起,悲游子念故乡;白云孤飞,想吾亲舍其下④。况霜露沾濡而既降,乃焄蒿凄怆⑤以难堪。生三年免于怀⑥,岂胜言者?有一日用其力,孰拟报乎?奉兰盆供设之殽,行莲社忏摩之法,要期在昔,克志于今。伏愿我等多生父母,历劫怨亲,枯爱河千尺⑦之狂澜,不留余滴;净性空一轮之归月,高朗重辉。若没若存,常安常乐。谨疏。

　　某年七月　日疏

---

　　① 乾称父,坤称母:语出张载《西铭》:"乾称父,坤称母,予兹藐焉,乃混然中处。故天地之塞,吾其体;天地之帅,吾其性。民,吾同胞;物,吾与也。"

　　② 覆焘:同覆盖,引申为庇荫。

　　③ 青提:即青提女,目莲尊者过去世之母。圭峰《盂兰盆经疏》曰:"有经说,定光佛时,目莲名罗卜,母字青提。罗卜欲行,嘱其母曰:'若有客来,娘当具膳。'去后客至,母乃不供,仍更诈为设食之筵。儿归,问曰:'昨日客来,若为备拟?'母曰:'汝岂不见设食处耶?'后尔以来五百生中悭悭相续。"

　　④ 白云孤飞,想吾亲舍其下:典出《新唐书·狄仁杰传》:"(狄仁杰)荐授并州法曹参军。亲在河阳,仁杰登太行山,反顾,见白云孤飞,谓左右曰:'吾亲舍其下。'瞻怅久之。云移,乃得去。"

　　⑤ 焄蒿凄怆:文出《礼记·祭义》:"气也者,神之盛也;魄也者,鬼之盛也。合鬼与神,教之至也。众生必死,死必归土,此之谓鬼。骨肉毙于下,阴为野土,其气发扬于上,为昭明,焄蒿,凄怆,此百物之精也,神之著也。因物之精,制为之极,明命鬼神,以为黔首则,百物以畏,万民以服。"

　　⑥ 生三年免于怀:文出《论语·阳货》:"宰我问:'三年之丧,期已久矣。君子三年不为礼,礼必坏;三年不为乐,乐必崩。旧谷既没,新谷既升,钻燧改火,期可已矣。'子曰:'食夫稻,衣夫锦,于女安乎?'曰:'安。''女安则为之。夫君子之居丧,食旨不甘,闻乐不乐,居处不安,故不为也。今女安,则为之!'宰我出,子曰:'予之不仁也!子生三年,然后免于父母之怀,夫三年之丧,天下之通丧也。予也有三年之爱于其父母乎?'"

　　⑦ 爱:原作"发",据《瑜珈焰口》:"爱河千尺浪,苦海万层波。欲免轮回苦,志心念弥陀"改。

二一、解制（凡二仪）

（一）自恣①广仪

夏罢、岁终之时，应举自恣之法。住持于三五日前和会前堂首座答法，并上首、知法②二人为五德，就备管待。十五日晚，维那请行事六人等献汤，至暮习行事。十六日早，直日于僧堂伺展钵后鸣椎一下，白云："大德僧听，今黑月一日，众僧和合，辰时就某处自恣。"

粥罢即开浴，维那令堂司行者、人仆洒扫自恣处，按僧数排蒲团，如说戒坐位，不须排凳③椅。仍具两蒲团，安于众僧前，中间拟二五德④。作法处仍具香花、筹、水、香炉、烛瓶等，如说戒式。预备青白草若干束，随僧数多少办之。每束约二三十茎，长二尺许，用二箱袱置桌子上，安中间两柱前。又置小几案于住持蒲团侧，安手炉、拂子、静尺。须安一蒲团，在住持上肩，设圣僧位。已上并须维那检点，悉令斋肃。

时至，诸殿堂然点香灯，堂司行者覆打起鸣廊板，鸣僧堂前钟，众集僧堂前，分作上下堂二行，立。鸣大钟，诵《闻钟偈》（云云）。入堂，诵《入堂偈》（云云）。礼三拜，跌坐，五人起。行事及秉白词句并如布

---

① 自恣：是僧团修学的一种固定仪式。指每年夏安居结束之日，比丘使他人举示自身于见、闻、疑等三事中所犯之罪，面对其他比丘忏悔之，忏悔清净，自生喜悦，称为自恣。举行自恣仪式的这一天，谓之"僧自恣日"。
② 知法：能知诸经之深义者曰知法，《涅槃经》卷十五曰："了知十二部经，名为知法。"
③ 凳：原作"登"，今据文意改。
④ 二五德：僧众于结夏安居毕日，举行自恣举罪。选任此自恣举罪者，必具二种五德，即：（一）自恣五德，即不爱、不恚、不怖、不痴、自恣不自恣知。（二）举罪五德，即知时、真实、利益、柔软、慈心。出《四分律删繁补阙行事钞》卷上四。

萨仪中,但秉唱时改"说戒"①二字为"自恣"。秉白至唱筹数竟,"下为含识"声绝时即云:"各诵律中清净妙偈。"众云:"清净如满月,清净得自恣,身口业清净,尔乃同自恣。"秉白且立椎所,行事四人亦起,散花洒水,如说戒式。秉白鸣椎一下,举《散花偈》。众云:"散花庄严(云云)"。毕,众皆合掌,梵师作梵:"稽首(云云)。"毕,更不用举。传香说偈,偈但只住持。执手炉,三捻香,举云:"戒香(云云)。"

偈毕,秉白鸣②椎一下,归位坐。住持鸣尺二下,执拂子,叉手揖众,众答揖。住持白席:"(云云)"。(见后)继说差人云:"西堂某法师为第一五德,座元某法师为第二五德,第一座某法师答所成法。住山某谨白。"鸣尺二下,住持、首座略转相朝。

住持秉法,首座答法。问:"僧集否?"答:"僧已集。"问:"和合否?"答:"和合。"问:"不来诸比丘说欲及清净?"说欲人互跪云:"大德僧听,彼比丘某某等,我受彼欲自恣,彼如法僧事,与欲自恣。"如无,则云:"此众无说欲及自恣者。"答:"说欲及自恣已。"如无,则同前说欲者云"无"。问:"僧今和合,何所作为?"答:"单白和僧自恣羯磨。"住持云:"差受自恣人自恣③羯磨,大众同心证明作法。"

词语如《羯磨经》中云:"大德僧听,若僧时到,僧忍听,僧差比丘某甲,某甲作受自恣人。白如是。"问:"作白成否?"答:"成。"住持云:"大德僧听,僧差比丘某某作受自恣人,谁长老忍。僧差比丘某某作受自恣人者默然,谁不忍者说。僧已忍,差比丘某某作受自恣人竟。僧忍默然故,是事如是持。"问:"结词成否?"答:"成。"住持云:"作法既成,二五德出众行事。"

二五德即收具、香合,问讯,离位,庠序而出。到中间二蒲团所,

① 戒:原作"成",今据文意改。
② 鸣:底本原无此字,今据文意补。
③ 恣:原作"一",今据文意改。

立定，一齐①问讯。分两边行，上香炉前，各三捻香，置香合于几案上，退身两傍，出蒲团位，问讯，展具，三拜起，对坐。少定，二人叉手互揖。第一五德云："自恣单白羯磨，大众同心证明作法。"词语如《羯磨经》中云："大德僧听，今日众僧自恣，若僧时到，僧忍听，和合自恣。白如是。"问："作法成否？"答："作法成。"

少顷，行事四人出，众前排立，一齐问讯，每边二人，分东西而上，各至草所。一人擎箱，一人分草。圣僧前，住持前，当跪授之。次者低身授之，不可平身抛掷，各各次第受草。说偈云："吉祥童子施软草，如来受已成正觉，我等比丘学佛故，坐草自恣净三业。"诵毕，将草舒开，置坐具前地上，拟一身所跪之阔。其二五德草，邻位先与敷之，庶免临时忽遽。二箱行事两头行来，中间结绝，行草既毕，放箱元处，出香炉前，一齐问讯，归位。行事出入，使有可观。

二五德即转身面佛，互跪合掌，第二人唱云："一切僧就草座，偏袒右肩，胡跪合掌。"唱毕，二五德收具起身，两傍而出。第一五德至住持前，展具，胡跪合掌。住持进前，胡跪草上（就草座者，为忏，众人不敢在高座，非成道坐草也），合掌，对第一五德三陈自恣词句（见后）。第二人徐徐至首座前，展具，胡跪。首座进前，草上胡跪，三陈自恣词句（云云）。第一人又至首座下肩，胡跪，三人同进前，草上胡跪，同陈自恣词句（三说）。从是以下，三人为一引，同陈词句（三说）。先上间，次下间亦如是。

二五德更互作对首毕，亦入元位，展具，跪草，互为对首。自恣竟，仍至中间蒲团位，问讯，如前烧香。袖香合，复归中位，展具礼一拜，胡跪。第一人唱云："僧一心自恣竟。"收具，问讯，退归本位。

展具毕，大众起立，秉白至椎所，住持执手炉，回向云："上来恭依

---

① 齐，原作"斋"，今据文意改。

律范,行自恣法事,所萃①洪因,端为祝延皇帝圣寿万安,皇太后皇后齐年,皇太子睿算千秋,文武官班同增禄算。国安民泰,时和岁丰。不尽良因,祝献护法诸天,报答四恩三有。伽蓝真宰,护教安僧。法界众生,同圆种智。为是缘念清净法身(云云)"。十佛号加"天台大师"号,乃至"波罗蜜"。梵人作"处世界梵(如说戒中)"。毕,鸣椎一下,唱三归依(如说戒中)。亦须随拜,鸣椎,鸣引。拜起,就跪,众念《自庆偈》(如说戒中)。偈毕,若处狭众多,收具右绕至佛前,排立,问讯,展具,立定,举释迦佛号。

若自恣时,一面已立了,不须收具。头首举释迦佛号,住持炉前烧香,大众礼三拜,收具,至祖堂礼拜,收具。直日鸣引持咒,往土地堂诸殿堂,谢安居护持之意。维那回向(式见后)毕,引至法堂,团拜而散。往来人事、茶汤三日等礼,并与结制同。

自恣白席:(白席秉差,或住持,或首座,皆无在也。)圆觉伽蓝,统十方而无外;毗尼轨范,亘万古以同遵。开遮持犯,则纤粟无差;断割重轻,则秋毫不滥。住持佛法,纲纪僧伦,故兹坐夏之真规,严举护生之圣禁。盖鹿园始制,鹤树重宣,初篇虽在于摈科,余绪乃关于忏法,使乘戒而俱备,庶定慧以克成。既扶助于圆宗,当谨遵于先宪。况此大方之宝刹,素为台教之名蓝。盛演斯宗,恢扬圣化,乃育德养才之渊薮,实传道解惑之源流。学徒盛集于斯时,师道独尊于当代。续鹫岭②之慧命,阐龙猛③之芳猷④。涵⑤泳寂灭道场,安住平等性智。兹值金飙应律,荐林壑之新凉;玉露溥秋,肃湖山之爽气。九旬

---

① 萃:原作"华",今据文意改。
② 岭,原作"领",今据文意改。鹫岭,即灵鹫山。
③ 龙猛:为龙树的译名之一,龙树的译名共有三个,即龙树、龙胜、龙猛。
④ 芳猷:原作"芳献",今据文意改。芳猷犹言美德。
⑤ 涵,原作"游",今据文意改。

之制告满,三事①之道当陈。利者已能光洁六根,固若明珠之绝类;钝者犹恐难忘三业,宁免白玉之微瑕②。尽随篇聚③以忏扬,悉使根尘而泯净。今将纠举,毋得覆藏。当坐草以翘诚,犹负荆而谢罪。要须澡沃,必假忏宣。今请五德人举行自恣法。所言自恣者,自谓自宣己罪,恣谓恣他举过。所谓五德者,则有二种:曰自恣、曰举罪。不爱、不恚、不怖、不痴、不疑,知自恣非自恣,此是自恣五德也。若曰:知时不以非时,如实不以虚诳,利他不以损④减,柔和不以粗犷,慈心不以嗔恚,此乃举罪五德也。今请某人为第一座五德,某人为第二座五德。(某)学疏德薄,滥厕秉差,只蓟高明,不胜皇惧,谨白。

若首座⑤白席,至请五德竟,即云:"某为众答法(云云)"。

自恣词句(书二式贴于左右柱上):"大德一心念,众僧今日自恣,我比丘某甲亦自恣,若见闻疑罪,大德长老哀愍故语我,我若见罪,当如法忏悔。"

土地堂回向:安居三月,遵佛祖之典章;制满一期,藉神祇之麻⑥庇。恭⑦大众肃诣灵祠,特讽祝章,称扬圣号,灼化财马,功德致谢(云云)。合堂真宰⑧,谢已往之洪恩,锡将来之吉庆。山门宁静,海众咸安,三业冰清,四魔殄灭。公私火盗,时时允赖无虞;黍稷稻粱,岁岁常期满望(云云)。

---

① 三事:指举罪时的见、闻、疑三事。
② 瑕:此处原作空格,据文意补。
③ 篇聚:僧人戒律的统称。比丘、比丘尼所学之戒律,因有五篇、六聚、七聚之分,故称篇聚。具足戒分为篇门与聚门,篇门系依结成之罪果及急要之义而区别为五篇;聚门则类聚其罪性及因罪而为六聚、七聚、八聚。
④ 损:原作"揖",今据文意改。
⑤ 座:原作"坐",今据文意改。
⑥ 麻:原作"痳",今据文意改。麻庇,荫护、庇护之意。
⑦ "恭"后似脱一字。
⑧ 真宰:本指天,天为主宰万物者,故称为真宰,犹言造物主。于佛教中则特指护持佛法之诸天善神。

韦天前回向：护教流通,统三洲而匡持末运;受佛付嘱,辅四王而捍御外魔。仰冀(云云)。兹以金风扇野,白帝司方,当觉皇①解制之辰,是众僧自恣之日(云云)。伏愿山门镇静,巍巍若九鼎之尊严;仓库丰盈,浩浩会百川之进益。警法侣正念,三障消除。俨梵宇美奂美轮,万祥骈集(云云)。

监斋②前回向：神威赫赫,常行赏罚之权;圣德巍巍,各有司存之职(云云)。兹者安居期满,解制当行。庆一众修道而有成,赖九旬禁足而无③难(云云)。集兹殊利,仰答洪庥。所冀香积丰饶,运食轮而常转;法音铛鞳④,祈海众以咸安。汤火无虞,诸缘吉庆(云云)。

(二) 自恣略仪

十五日晚,堂司行者覆住持、两班、诸寮,挂解制牌报众。十六日粥罢,即开浴,鸣法器,集众,诸大殿如次立。住持至,烧香,首座启白(云云)。毕,举释迦号,众展具三拜,就跪。住持、首座略转身相朝⑤,住持作首法(三白如前),次首座作首法(三白),次上间⑥大众同作自恣法,又下间⑦大众作自恣法。三白竟,住持问云："作法成否?"首座答："成。"收具,举《大悲咒》行道,诣诸殿堂,致谢回向(如前)。

---

① 觉皇：即觉王,为对佛之敬称。佛圆满觉悟一切诸法之真性,具自觉、觉他、觉行圆满三义。以其为觉行圆满者,故谓之觉;其因觉故,为一切法门之主,最胜自在,位于菩萨等位之上,故谓之王。

② 监斋：指监护僧众斋食之神祇,在中国称为"监斋菩萨"。此菩萨的形象为青面朱发。

③ 无：原作"元",今据文意改。

④ 铛鞳：音 tāngtà,钟鼓声。

⑤ 朝：原作"胡",今据文意改。

⑥ 上间：指禅院之上位。人面向堂宇时,以己身之右方为上间,法堂、方丈(南向)则以东为上间,僧堂(东向)则以北为上间,库司(西向)则以南为上间。

⑦ 下间：面对堂宇时,己身之左方为下间。法堂、方丈之西,僧堂之南,库司之北,皆为下间。

复举咒归殿，普回向致谢。

堂司行者喝云："大众诣祖堂礼拜，法堂团拜，方丈礼贺。"三日行茶汤等礼，与结制同。有处先诵咒诣殿堂，后作首法者，非。

自恣者，《事钞》云："九旬修道，精练身心。人多迷己，不自见过，理宜仰凭清众，垂慈诲示，纵宣己罪，恣僧举过。内彰无私隐，外显有瑕疵，身口托于他人。故云自恣。"《四分》中云："安居竟自恣，则七月十六日为定。"律又云："僧十四日自恣，尼十五日自恣，此谓相依问罪，故制异日。"及论作法，三日通用，克定一期，十六日定。《安居篇》云："四月十六日结者，至七月十五日夜分尽讫名夏竟，至明相出。"《摭华钞》①云："诸经律中以七月十六日是比丘五分法身生养之日，则七月十五日是腊除也。"僧不以俗年为计，乃数夏腊。腊，接也，谓新故之交接。

---

① 《摭华钞》：据《佛祖统纪》卷十记载，为北宋天台宗山外派大师智圆法师解释《圭峰兰盆疏》的著作。

诫 劝 门 第 八

【题解】

《诫劝门》重在对僧众的教诫,收录了天台宗几位祖师关于教制的文章和教诫僧众精进修学的几篇警策文。另有"月分须知",列出僧众在一年的十二月中应当定期定时修举的僧事和学习活动,勉人不放逸不失时。以下将此门分为"祖师立制训诫"、"丛林日常修学"及"集体作务和寺院大事月历"三部分作一略述。

一、祖师立制训诫

《立制法》制订于智者大师入灭当年(597)夏安居的第一天即农历四月十五日,系由智者口述,灌顶受旨执笔制文。此规约简明扼要,共分十条,对知事人的行事和普通僧众的威仪修持都做出了较详细的规定。

《立制法》的内容包括六方面:

(一)对依堂坐禅僧众修习时间的规定。一日之中,要四时坐禅,六时礼佛。所谓"禅礼十时,一不可缺",这一制度是十分严格的。如果礼佛六时之中有一时迟到,就要"罚三礼对众忏";如果有一时未能参加,则"罚十礼对众忏";若"全失六时",则"罚一次维那"。对四时坐禅的规定亦复如是,有病者也必须先请假方可缺席。

这里所说的"罚一次维那"让许多人不解。维那在中国古代寺院是掌管僧众杂事的职事僧。在佛世时，维那其实只是为僧众服务的一个角色，负责寺院的洒扫、铺床、净虫、行水以及唱时至、打捷椎等杂活，而非管理者或监督者。戒律中有僧犯戒可以为众僧作役而忏悔灭罪的说法，所以此处"罚一次维那"是行杂役为众服务之义。

（二）对礼佛行仪的规定。礼佛必须整肃身心，严正威仪，方能身口意三业清净，与法相应。若散心杂话，礼序迷乱，非但与己无益，更是动众心念，所以《立制法》规定"未唱诵不得诵，未随意不散语话。"如有"叩头弹指，顿曳屐履，起伏参差"等不随众不如法行为，都要"罚十礼对众忏"。凡受戒比丘(大僧)，应披入众衣(即七条衣)礼忏，不准只披沙弥披的缦衣，这是对比丘律仪的一种规定。

（三）有关用斋的规定。《立制法》第六条和第七条中，有关僧人用斋的规定略有四项：一是关于随众过堂的规定，非疾病因缘，必须集体过堂。另，不得带食物进入斋堂；二是规定食器必须符合戒律，如使用铁钵、瓦钵等；三是过堂时用斋之仪以静肃为要，虽置箸碗亦不得出声；四是对食物性质的规定。除了不饮酒、不食五辛和不非时食外，还要求僧人遵循中土自梁武帝以来的素食作风，不准盗噉鱼肉等食物。这四项要求中，前三项要求由于情节不严重，犯者只"罚三礼对大众忏"。第四项若有犯者，即是违背戒律，情节严重，影响恶劣，故要驱出僧团。

（四）对僧众和合共住的规定。出家僧众共住修习有三种方式："一依堂坐禅，二别场忏悔，三知僧事。"其中"依堂坐禅"和"别场忏悔"属于个人专务修行的范围，"知僧事"是在为大众服务，积聚福德资粮。这三件事如果一个人连一样都无法做到，再加上三衣六物不具，即非真修道人，应予迁单。又，《立制法》第八条和第九条也是对僧众和合共住的要求。智者大师告诉僧众凡事必须柔忍、义让，不要动辄"诤计高声，丑言动色"。俗话说"一个巴掌拍不响"，如果双方都不能相让，那就各"罚三十拜对众忏"，骂不还口、打不还手者则不罚。

如果有人动手打架，全失僧人举止，不问轻重，立刻逐出僧团。第九条是说犯淫、盗、杀人、妄语等四根本重戒者要依国家法律治罪。

（五）对离众别行者的修行规定。如果有人觉得集体共修坐禅礼佛进度太慢，欲更加精进，可以不参加共修，而独自精进，修四种三昧以克期取证，这就是天台僧团特许的"别行"修行方式。如有懈怠之人以此为借口偷懒，不参加僧团共修，而"假托道场，不称别行之意"，必须"检校得实"予以制止。

（六）对如何为僧知事的规定。智者大师凭着一生造寺三十六所的丰富经验，知道一个寺院的知事僧对于僧众修行的重要性，因此他对知事的僧德要求严格，尤其强调严持戒律、不徇私情这一点。智者大师另外有专门对知事僧的训诫一篇，题曰《训知事人》，其文原收于《国清百录》，《教苑清规》转录了此文。

在《训知事人》中，智者大师以自己严己律身的经历为例，告诫知事僧，绝不能因丝毫疏漏而错乱因果，应谨慎从事，否则因果自受，悔不可及。他自己艰苦朴素，"于三十年唯着一纳（衲），冬夏未尝释体"，凡有人供养布施，则全部捐给僧团供众。他还讲述了两个因疏忽大意而犯盗的因果事例来警告知事僧。其一是说某寺院净人因前生私取常住物，忘记赔偿，于是今生转世为寺奴，幸亏他"前习未久"，所以"薄修易悟"，识得宿命；其二是说他的同门师兄僧照禅师①，虽然苦行禅定最为第一，但曾私取一撮盐作斋饮，以所侵无几，不以为意，三年后利息倍增，方知因果不可思议，于是变卖衣资，买盐偿众。智者大师苦口婆心地告诉弟子们，修行要以此为鉴，无论知事还是清众，都不应擅用常住物，并谆谆教诲他们，无论"读诵、听学、讲说、经行、忏悔、供养、舍力"，都应善始善终，精进修行，使自己"业既坦然，

----

① 僧照禅师为慧思大师门下禅定最杰出者，与智者大师同门，慧思大师圆寂后由僧照禅师住持南岳僧团。

报亦圆满",否则"修业不成",枉费了出家的一生。

从僧众的日常生活行事威仪到内在的坐禅礼佛修行,《立制法》都作了较为细致的规定。这十条规约虽然不像《百丈清规》那样对后世佛教丛林影响巨大,但无疑也是继道安之后,将印度佛教戒律和中国佛教寺院生活相结合的一次有力尝试,是佛教戒律本土化过程中的重要一步,在中国佛教教制史上有着重要的意义。

以上是天台宗创始人智者大师以修行和戒律为主的教诫。除此之外,在《诫劝门》中,还提到了知礼、遵式二师的《授菩萨戒仪》。

天台宗尊崇圆教,倡导三乘归一的一乘教,自然非常重视菩萨戒,智者大师曾撰有《菩萨戒义疏》二卷,唐代湛然大师也有《授菩萨戒仪》一卷。及至宋代,知礼、遵式二师对此又有所撰述。知礼大师所撰菩萨戒仪收录于《四明尊者教行录》卷一,其将菩萨戒授受仪式列为十二门:第一、求师授法。第二、策导劝信。第三、请圣证明。第四、授三归依。第五、召请圣师。第六、白佛乞戒。第七、忏悔罪愆。第八、问无遮难。第九、羯磨授戒。第十、略说戒相。第十一、发弘誓愿。第十二、结撮回向。① 此仪简洁易行,近于后来通行使用的菩萨戒本。

遵式大师的《授菩萨戒仪式十科》,收于宋慧观重编的《金园集》卷上,分为十科,分别是:第一、开导信心。第二、请三宝诸天加护。第三、归依三宝。第四、请五圣师。第五、下座佛前乞戒。第六、发四弘誓愿。第七、开遮问难。第八、三番羯磨。第九、请佛证明。第十、示持犯戒相。

遵式大师所列科目大体与知礼所述相同,只是少了求师授法、忏悔和回向等。他的戒仪有一个非常独特的地方,那就是新增了"唱诵"这一形式。以往各种授菩萨戒仪式仅有念诵而没有唱诵,遵式大

---

① 《四明尊者教行录》卷一,《大正藏》第 46 册,第 858 页下。

师始将唱诵引入授戒仪式中，并将一部分白文改成唱文。如其戒仪中可见"随我声唱"、"戒师下佛前跪唱云"、"一时唱云"等说明，连三番羯磨也全部要求用唱的形式，显得格外与众不同，增强了受戒的神圣气氛。

《诫劝门》中还有"警诫将来"一项，是对不守戒律的僧人的处罚规定。可分为两类：一是不守根本戒律及违犯国法者，送有司治罪。二是对侵渔常住财物者，轻则小罚，重则逐出山门。这些措施是为了促进僧团的和合共住，保证僧团的纯洁性。

二、丛林日常修学

关于僧人的日常起居与修学，《教苑清规》其他各门也有涉及，而以《诫劝门》的"日用轨则"、"月分须知"等较为详尽。其中，"日用轨则"一项对寺院僧众从早起至入睡的一天的修学活动之仪规作了详细的记述，包括二时粥斋、礼诵、赴堂、读诵、游行、如厕、洗浴、坐禅、夜分禅诵、四威仪的摄念等，其仪制要求十分严格。

其中，关于日常起居方面的规定有早起、如厕、洗浴、游行、夜分、四仪等。

早起是为了修精进行。寺院僧众一般是寅时起床，起床后抖擞精神，摄心端坐，思惟法义。下床时念《下单偈》："从朝寅旦直至暮，一切众生自回护。若于足下误伤形，愿汝实时生净土。"

如厕乃为僧徒日常生活中所应注意的事项。由于大小便甚为污秽，故在重视清净的佛家日常行事中，对如厕之仪有十分严格的规定，这在律、禅、教三家清规中都体现出来。慈云遵式大师专门有《纂示上厕方法》一篇加以说明。

对于洗浴，在教团中也有严格的规制。据《百丈清规》卷下《两序章》"知浴"条所记，僧人寒期五日一浴，暑期每日入浴。僧众入浴前，须先礼拜僧堂的跋陀婆罗菩萨像①,在浴室中不得喧哗,洗浴前须唱"洗浴身体,当愿众生,身心无垢,内外光洁"②之偈颂,其他还有关于卫生维护、洗浴方法、摄心正念等的规定。《教苑清规》对此也有详细说明,遵式大师为此著有《凡入浴室略知十事》。

夜分,是指白日修学完毕后,夜晚须继续精进不放逸。印度分一天为昼三时夜三时,初夜或禅或诵,中夜则少息,右胁而卧。

四仪,即对行、住、坐、卧四威仪的要求。佛教要求僧众避免放逸、注意举止,故以四威仪代表修行者所应遵行的各种规范。修行者应常常调摄身心,在日常的起居动作中须保持谨慎,防止放逸与懈怠,以保持严肃与庄重。所谓三千威仪、八万细行等,皆不出行、住、坐、卧四者,一般以行如风、坐如钟、立如松、卧如弓的四威仪最为重要。不过,广义的"四仪"实则包括了所有的日常举止,故文中列举了僧众日用吟诵的偈颂,有睡时、起时、洗手、洗面、登殿、登阁、瞻塔、礼塔、洗浴、濯足、摘草净手等,僧人们吟诵这些偈颂以规范举止。

游行,指僧人在日常游走经行时需注意尊敬三宝,不得在殿堂游走,不得在塔前闲逛。游走时还要注意威仪,如不得把手共行,不得摇身掉臂,不得叉腰,不得戏笑等。这些规定也都是从戒律和修持的角度出发来制订的。

《诚劝门》中关于平日宗教行持方面的规定则有礼诵、入堂、赴堂、读诵、坐禅等。

礼诵,相当于现在所说的"做早课"。礼诵时,先念净口业真言,次披袈裟到殿堂站好。合掌需五指并齐,拜则正身威仪,五体投地。

赴堂,是进入斋堂的规矩。礼诵完毕,僧人排队进入斋堂,问讯入座,面对面坐者还须互相问讯。各人在自己座位上须注意威仪,如

---

① 据《楞严经》卷五,跋陀婆罗于浴僧时,随例入室,忽悟水因,既不洗尘,亦不洗体,中间安然得无所有。因此奉祀于浴室。

② 《大正藏》第10册,第71页下。

不得垂衣坐，袈裟要盖膝上。大家正确安顿钵、勺，等待过堂用斋。

入堂，即过堂用斋。《诫劝门》对僧人粥饭之时的念诵和观想、食中间的动作威仪作了详细的说明，如食时的五观、六念、唱偈、出食等，一举一动，皆有定规。

僧人入堂就座后，为了表达对佛菩萨的感恩之心，先奉请十方诸佛菩萨临斋，同时不忘提醒自己，上求佛道，下化众生。然后再取出少许食物至超升台，施食给畜生及饿鬼，通过念诵变食真言等，观想七粒米可变四十九粒，四十九粒可变无量无数如须弥山，再施予"大鹏金翅鸟"、"罗刹鬼子母"及"旷野鬼神众"等，以此体恤饥困的众生，这称为"生饭"或"出生"。这是透过观想及大众的加持，施食给众生，愿他们同得饱满并去除悭贪，体现了佛弟子慈念六道一切众生的菩提心。之后是僧人进食，此时须心存"五观"，用斋毕还须为施主祈福回向。

僧人用食的各个环节分别有不同的观想和祝愿回向之文。饮食是为了增益身心，故不可拣挑美食，佛陀教诫弟子于饭食时需作五种观想：一、计功多少，量彼来处；二、忖己德行，全缺应供；三、防心离过，贪等为宗；四、正事良药，为疗形枯；五、为成道故，应受此食。

智者大师认为食物仅是资身进道之本，除了对食物应去除贪着外，还应该借此机会修习观法，故他特别撰述了《观心食法》，这是一种寓天台一心三观等止观法门于僧众日常饮食行仪的实修法门。此法教导学人以观法受食，使日常之食成为般若食，从而达到"念念正观"、"念念中道"的修行目的。

读诵，是继殿堂讽诵之后的个人读诵。《诫劝门》对读诵的威仪也有规定："若看经，不得高声，不得长展经，不得垂下经带，不得拓经行诵。"并要求新学者学习天台教观从《天台四教仪》入手。

诵经的身仪要求是正心正意、如对尊容。《诫劝门》还提到了智者大师的《观心诵经法》，指出诵经时除了读诵经文外，还要正念思惟经义忏法之理观。要求行者诵经时,除了要使文句分明外,更要了知音声性空、无所取著之理。若能如是诵经,亦是通于天台止观双运之法。

其行法要求主要是:诵经时,为了正心摄念,须"别座跏趺而坐",此为对诵经时身体姿势之要求。文中提到的"座",是讲经或礼诵时的法师之座,一般称为"高座"。《大比丘三千威仪》卷上说:"上高座读经。"①"高座"有显示佛法尊贵之义。经是佛陀金口所宣,宣讲之处,人非人等皆来听受,个人诵经时,虽无人道众生来听,但为利益非人故,必须"入观所坐之座高广严好",以此座象征佛陀的法座。诵经即是代佛说法,故"次观座下皆有天龙八部四众围绕听法",以期它们亦得佛法受用。这些必要的观想实际就是菩提心的发起,发大心才能修大行②,方具资格修习大乘圆教的观法。

坐禅,即是修止观,文中对如何保持半跏趺坐和双跏趺坐的坐禅身仪形式作了说明,并强调了坐禅的重要意义,鼓励僧人积极进行坐禅实践。坐禅内容是在数息的基础上修一念心识观,并引用知礼大师的《修忏要旨》来说明修观的内涵。

僧人每日的修行作息有一定的规律,根据《日用轨则》可知,僧众每日由早至晚的主要行持是:晨起静坐思惟、礼佛诵经;中午过堂念诵、归斋诵读、经行、坐禅观心;初夜施食礼佛后右胁卧。

三、集体作务和寺院大事月历

集体作务包括坐堂、普请、训童行。

"坐堂"指僧众在住持上堂前,须在禅堂或僧堂中略坐片刻。特

---

① 《大正藏》第 24 册,第 917 页上。
② 《摩诃止观》有"五略十广"之架构,其中五略之首"发大心",其次是"修大行",然后才能"感大果"、"裂大网"、"归大处"。

别是每月朔望日住持上堂说法前的坐堂,尤为重要。这不是静坐意义上的坐禅,而相当于僧众的受供聚会(因有朔望日施主供斋请住持说法的定规)或法义讨论会,其间僧众要向住持汇报心得,请求棒喝。

"普请"俗称"出坡",指寺院中普请大众令其从事作务劳役。普请的用意有二,一是培植福报,种清净福田;二是上下均力,培养平等心。《大宋僧史略》卷上说:"共作者,谓之普请。①"处于农耕制度下的中国寺院事务较多,如佛诞日的摘花、晒藏经,平时的洒扫、搬柴、摘菜等,皆是普请的事项。遵式大师《别立众制》规定"凡普请处不到,及先退者,二七拜。"《诫劝门》规定,普请时须挂牌禀众,大众闻木鱼声或鼓声,各拿一块垫肩绊膊搭在左臂上,奔赴指定地点作务。

"训童行"指训诲少年行者(童行)。大部分童行长大后是要出家为僧的,所以对他们的品行的培养和熏习也非常重要。丛林于每月初一日、十五日,召集各局务行者于寝堂听受训示。《禅苑清规》卷九详载训童行的有关事项,有对立身(进退作法)、陪众(对人作法)、作务等的细则规定。元代临济宗僧永中增补、明代临济宗僧如卺续补的《缁门警训》收录有《徐学老劝童行勤学文》、《月窟清禅师训童行》等文,是关于训童行的详细开示。《教苑清规》提到,每月初一、十五日,全体童行先到方丈室礼拜问讯,恭听法诲,接着到都讲寮、首座寮、库司参拜听训。住持或执事训童行的内容主要是解说出家因缘、规矩礼度、经中大意。

"月分须知"相当于寺院大事月历,列出了寺院一年的法务和修持活动。正月以祈祷修忏为主;二月开始讲习天台教观;四月至七月为夏安居时间,其间除了修学天台教观外,还有农务活动;秋季进行秋讲,或出入相访,与其他季节相比,修学任务稍微轻一些;冬季修

---

① 《大正藏》第54册,第240页中。

学,以坐禅修忏和营办过年为主,修学时间没夏季那么集中,不过遇佛诞祖忌等仍要修忏祈祷。

【原典】

轮扁之斲①,非运斤则其巧不施;造父之御②,非执辔则③其善不彰。是乃得之心,应之手,寓其神而造其妙也。然后世学艺者,亦不敢背其规矩而擅为焉,况学法王法者乎? 天台一家,妙解妙行。其所成书,无非秘藏;其所思惟,无非佛法。至于《国清百录》④等书,尤切于规矩准绳者也。此皆得于心而应于外,所以动容中规,周旋中矩,垂百千载不可易,有不期然而然矣。今之初学,未造其妙,欲舍规矩,是学艺者之不及,则将奚取法焉? 内省毋忽!

立制法(出《国清百录》)

夫新衣无孔,不可补之以缕;宿殖淳善,不可加之以罚。吾初在浮度,中处金陵,前入天台,诸来法徒,各集道业,尚不须软语劝进,况立制肃之? 后入天台,观乎晚学,如新猿马,若不控锁,日甚月增。为成就故,失三治一。蒲⑤鞭示耻,非欲苦之。今训诸学者,略示十条。后若妨起,应须增损,众共裁之。

---

① 轮扁之斲:典出《庄子·天道》:"桓公读书于堂上,轮扁斲轮于堂下。"指精湛娴熟的技艺。

② 造父之御:典出《列子》:"造父之师曰泰豆氏。造父之始从习御也,执礼甚卑,泰斗三年不告。造父执礼愈谨,乃告之曰:'古诗言:"良弓之子,必先为箕;良冶之子,必先为裘。"汝先观吾趣。趣如吾,然后六辔可持,六马可御。'造父曰:'唯命所从。'"

③ "非执辔则":底本"非"字前有"斲"字,为衍字,今删除。

④ 《国清百录》:见《比丘大安序》注。

⑤ 蒲,原作"蒱",今据文意改。

第一、夫根性不同，或独行得道，或依众解脱。若依众者，当修三行：一依堂坐禅，二别场忏悔，三知僧事。此三行人，三衣六物，道具具足，随有一行，则可容受。若衣物有阙，都无一行，则不同止。

第二、依堂之僧，本以四时坐禅①，六时礼佛②，此为恒务。禅礼十时，一不可阙。其别行僧行法竟，三日外即应依众十时。若礼佛不及一时，罚三礼对众忏。若全失一时，罚十礼对众忏。若全失六时，罚一次维那③。四时坐禅亦如是。除疾碍先白知事，则不罚。

第三、六时礼佛，大僧应被入众衣④。衣无鳞陇，若缦衣，悉不得。三下早集敷坐，执香炉，胡跪。未唱诵不得诵，未随意不散语话。叩头弹指、顿曳屣履，起伏参差，悉罚十礼对众忏。

第四、别行⑤之意，以在众为缓故，精进勤修四种三昧。而假托道场，不称别行之意，检校得实，罚一次维那。

第五、其知事之僧，本为安立利益，反作损耗，割众润已，自任恩情。若非理侵一毫，虽是众用而不开白，检校得实、不同止。

---

① 四时坐禅：指一日之中四次定时坐禅。依《永平清规》卷上《办道法》所说，以黄昏（下午八时）、后夜（凌晨二时）、早晨（上午十时）、晡时（下午四时）之坐禅称为四时坐禅。

② 六时礼佛：据《国清百录》卷一《敬礼法》："此法正依龙树《毗婆沙》，傍润诸经意，于一日一夜，存略适时，朝午略敬礼用。所为三：晡时敬礼略所为，初夜全用；午时十佛代中夜；后夜普礼。此处六时分别是指晨朝、午时、晡时、初夜、中夜、后夜。"东晋道安时已有"六时行忏"之说，庐山慧远也提倡六时行道。

③ 维那：在古代系重要知事之一，为寺中统理僧众杂事之职僧。戒律中也有僧犯戒可以为众僧作役而为忏悔灭罪之举的说法。此处"罚一次维那"是通过行杂役为众服务之义。如下文有"维那惧废众粥，以白上座"，也说明维那是杂役之职。

④ 入众衣：即郁多罗僧，七条袈裟之别名。礼拜、斋食、讲经等与众共事时着之。

⑤ 别行：四种三昧作为离开大众、精进独修的个人别行法门，在《摩诃止观》中有较详细的介绍。按身仪分常坐、常行、半行半坐、非行非坐四种，通过缘四行而入住三昧。其法与后世禅宗信徒透过打禅七或闭禅关等参究之法期求明心见性一辙。

第六、其二时食①者，若身无病、病不须②卧、病已差，皆须出堂，不得请食。入众食器听用铁、瓦。薰油二器、瓯碗匙筋，悉不得以骨、角、竹、木。瓢、染、皮、蚌，悉不得上堂。又不得樘触己钵，吸啜等声，含食语话，自为求索，私将酱菜众中独嘁。犯者罚三礼对众忏。

第七、其大僧小戒，近行远行，寺内寺外，悉不得盗嘁鱼肉辛酒，非时而食，察得实，不同止。除病危笃，瞻病用医语出寺外投治，则不罚。

第八、僧名"和合"，柔忍故和，义让故合。不得诤计高声，丑言动色。两竞者各罚三十拜，对众忏，不应对者不罚。身手互相加者，不问轻重，皆不同止，不动手者不罚。

第九、若犯重者依律治③。若横相诬，被诬者不罚，作诬者不同止。若学未入众④时，过，众主不受，学众未摄故。彼自言比丘故入众，来犯重诬他者，治罚如前。

第十、依经立方，见病处药。非于方，吐于药，有何益乎？若上来九制听忏者，屡⑤忏无惭愧心，不能自新，此是吐药之人，宜令出众。若能改革，后亦听还。若犯诸制，捍不肯忏，此是非方之人，不从众网，则不同止。

> 大隋开皇十七年四月十五日
> 寺僧灌顶受旨书制文
> 知堂上座慧谏秉制奉行

---

① 二时食：戒律规定出家人必须在规定之时间（即早上和中午）进食。凡超过中午之时限而进食者，称为"非时食"，为戒律所不许。

② 须：原作"顿"，今据文意改。

③ 指犯淫、盗、杀人、妄语等四根本重戒者要依国家法律治罪。

④ 未入众：指初入丛林，未能入大众共修者。《禅苑清规》卷二《小参》（《卍续藏经》第111册，第444页上）："况是出家行脚，入众参禅（中略）应系众中规矩。"一指未受大戒的沙弥，因为其并未入比丘众（即大众），其过失尚未构成重罪，所以惩罚可以适当放宽。

⑤ 屡：原作"属"，据《国清百录·立制法》改。

授菩萨戒仪(《教行录》、《金园集》)

原夫大乘菩萨戒者,菩萨道之根本,正觉果之因基。故《梵网经》云:"戒如明日月,亦如璎珞珠,微尘众菩萨,由是成正觉。"其求受之法,如前略明。若欲委知仪式,当依法智、慈云二尊者所制,具如《教行录》、《金园集》,文广不录,须者往检。但立科有多少之异,其意大同。

别立众制(《天竺别集》)

解行二科,学者所志,岂在他制,然后乃勤?后生无知,于己德学,事同公役。既不获已,须行严治。略示条件,后旋增损。

凡一十九条①,其要者,略示于《安居众法》中。余如彼文,须当一一遵行,兹不重列。

训知事人(《国清百录》)

吾少婴勤苦,备历艰关,游学荆扬雍豫②,唯著一纳,三十余年,冬夏不释体。上至天子,下至士民,虽有所施,受而不私。一果一缕,入众已后,尚无希念,况故侵之?所以然者,众宝尊重。若能增益,名甘露苑;若有减③损,即蒺藜园④。自饱自伤,因倒因起。可以意得,

---

① 慈云遵式大师《别立众制》共十九条,在上一门《安居门》"安居众法"中略为十二条,故云"其要者,略示于《安居众法》"。

② 荆扬雍豫:荆:今湖北、湖南。扬:今江苏、安徽、浙江、江西、福建等地。豫:今河南中部、南部。雍:今陕西中部。

③ 减:原作"灭"字,据《国清百录》改。

④ 蒺藜园:蒺藜为一种药草,蔓生,果实有锐刺五对。《行事钞》卷下三曰:"经云,众僧良福田,亦是蒺藜园。斯言实矣!寺中如法,三宝清净,则为良福田。若寺中非法聚会,众僧不如法,则不生福利,是为蒺藜园。"蒺藜园也是地狱的代名词。

何俟多言！

夫人发心，随有所作，为读诵、听学、讲说、经行、忏悔、供养、舍力，未有首尾，慎莫中止。中止者违本心，若再有所作，至前止处，留难即起，修业不成。今生现障，后弥障道。此行人大忌，应须竭力，善始令终。业既坦然，报亦圆满。此亦可意得。

昔有一寺，师徒数百，昼夜禅讲，时不虚弃。有净人窃听说法，闻已用心，每扬簸洮汰，系念存习，谓以净心扬簸不善，以禅净水洮汰不净。随有所作，念念用心。一时执爨，观火烧薪，念念就尽，无常迁逝，复速于是。蹲踞灶前，寂然入定，火灭汤冷。维那惧废众粥，以白上座。上座云："此是胜事，众宜忍之，慎勿惊触，听其自起。"数日方觉，往上座所，具陈所证，叙法转深。上座止曰："尔向所言，皆我境界。而今所说，非我所知，勿复言也。"因而顾问："颇知宿命不？"答云："薄知。"又问："何罪为贱？何福易悟？"答云："此贱身者，前世之时，乃是今日徒众老者之师，亦是少者之祖师。徒众所学，皆昔所训。尔时多有私客，恒制约不敢侵众，忽有急客，辄取少菜，忘不赔①备。由此谴责，今为众奴。前习未久，薄修易悟。宿命罪福，其事如是。"一众闻此，悲不能胜。鉴镜若斯，岂可不慎？

同学照禅师②，于南岳众中，苦行禅定最为第一。辄用众一撮盐作斋饮，所侵无几，不以为事。后行方等，忽见相起，计三年长至数十斛，急令赔③备，仍卖衣资，买盐偿众。此事非久，亦非传闻，宜以为规，莫令后悔。吾虽寡德行，远近颇相追寻，而隔剡岭，难为徒步。老病出入，多以众驴迎送。此是吾客，私计功酬，直令彼此无咎。吾是众主，驴亦我得，既舍入众，非复我有，我不合用，非我何言。举此一条，余事皆尔。

---

① 赔，原作"倍"，今据文意改。

② 照禅师：指南岳慧思门下以禅定第一著称的大弟子僧照禅师。

③ 赔，原作"陪"，今据文意改。

警诫将来

出家之士,当须守分为先,持戒为本。若行乖理之行,作不善道,非但自己之无置,抑亦有玷于丛林。佛戒精严,各当持守。且如来立乎禁戒,不得杀、盗、淫、妄言、绮语、恶口、两舌、贪、嗔、痴等恶,如有犯者,获罪不轻。

钦惟国朝,诚赖僧徒,奉遵佛制。除刑名重罪例属有司外,若僧人自相干犯,当以清规律之。若非法妄为,若污行纵逸,若侵渔常住,若私窃钱物,若斗诤犯分,摇唇鼓舌,恼乱众者,轻则罚拜、罚钱、罚香、罚油,以榜示之。如关系钱物,则责状追赔①。重则杖捶,集众烧衣钵,遣逐偏门②而出,示以耻辱,令改过自新也。

详此一条,制有四益:一、不污清众,生恭敬故;二、不毁僧形,循佛制故;三、不扰公门,省狱讼故;四、不扬外丑,护宗纲故。六和同处,慎之! 慎之!

日 用③ 轨 则

大率新入丛林,先须洞明规矩,礼度合辙,恭敬系心。如《阿含经》云:"不恭敬,不系心,而欲令威仪足者,无有是处。不备威仪,欲令学法满者,无有是处。学法不满,乃至欲得无余涅槃者,无有是处。是故当勤学恭敬,系心畏慎也。"日用常行,无非是道,四威仪中,毋请

---

① 赔:原作"陪",今据文意改。

② 偏门:为"正门"之对称。又作"傍门"。丛林中,凡有犯罪者,即从此门驱出。《敕修百丈清规》卷二"肃众"条:"或彼有所犯,即以拄杖杖之,集众烧衣钵道具,遣逐偏门而出者,示耻辱也。"《大正藏》第48册,第1121页下。

③ 用:原作"月",难通。底本目录则作"用",可通,兹据改之。

自忽。

早起

入众学道,当勤精进。睡不在人前,起不落人后。五更钟声未鸣,轻身先起,莫惊同斋。抖擞精神,摄心端坐,绎思日所诵文,或制作未完,或难疑未解。祖师有云:"静处思微,道之正轨。"次第转身下床,想念偈云:"从朝寅旦直至暮,一切众生自回护。若于足下误伤形,愿汝即时生净土。唵逸帝律仪,娑婆诃。"取手巾搭①左手,轻开门户,年②放帘箔出后架。不得拖鞋,咳嗽作声。转手取桶洗面,不宜多汤。漱③口须低头吐水,以手引下。直腰吐水,恐溅邻桶。不得洗头,有四种自他不利(污桶、腻巾、枯发、损眼④)。不得鼻内作声,不得喷水扑面,不得高声呕吐,不得涕唾污桶。

礼诵

若礼诵时,先念净口业真言⑤。次披袈裟,则合掌顶戴念云:"善哉解脱服,无相福田衣,我今顶戴受,世世常得披。唵悉陀耶娑呵。"折袈裟须齐整置架上,问讯而去。坐具⑥不得同挂架上。若登殿堂烧香,不得居中,当于下手边,约三步半,问讯炷香。左转身三步半,问讯。如遇长上烧香,必须小立相让。若礼拜,不得占中央,尊住持

---

① 搭:原作"塔",今据文意改。
② 年:似为衍字。
③ 漱:原作"嗽",今据文意改。
④ 底本"眼"字后空缺一字,据《敕修百丈清规》"一污桶、二腻巾、三枯发、四损眼"补入一"损"字,成八字。
⑤ 净口业真言:是清净口业的咒语。其内容为:"唵,修利修利,摩诃修利,修修利,萨婆诃。"出自《妙吉祥平等秘密最上观门大教王经》卷二。见《大正藏》第二十卷密教部三第914页上。
⑥ 坐具:是比丘六物之一,音译尼师坛,即坐卧时敷于地上或卧具上的长方形布。

也。不得出声课诵，不得行礼拜人头边过。五更钟鸣，想念偈云："愿此钟声超法界，铁围幽暗悉皆闻。三途离苦罢刀轮，一切众生成正觉。"

至长板鸣，众俱诣殿。俟讽诵或礼忏，须各至诚。礼佛时深知佛体不离我心，同一觉源，妙应斯感。一身遍至诸佛之前，一拜普消无边之罪。互跪，右膝著地（以三处翘耸，故名互跪，天竺之仪也）；合掌，两手当心。此方拱手为恭，西土合掌为敬。手本两边，今合为一，表不散诞，专至一心。《法苑》云："有指合而掌不合，或掌合而指开，良由心慢而惰散也。"①

拜则正身威仪，五体投地。《辅行》云："双膝前诣，双手续施，后方额扣，肝胆委地。想佛足下，施手承足，如对目前。"②若以中拇指相柱，或以掌承面，或捺地，并非仪也。默想云："能礼所礼性空寂，感③应道交难思议。我此道场如帝珠，释迦牟尼影现中。我身影现释迦前，头面接足归命礼。"礼余佛菩萨，但改"释迦佛"为异。若拜不运心，徒劳苦行。《法苑》云："虽有设拜，心驰外，如碓上下，空无所获。"④

赴堂

讽诵毕，归钵位。入堂时，须去帽从南颊入，对圣僧问讯，不得中央及北颊入，盖尊住持也。

若修忏毕起堂，小者先行，分上下堂入。在上堂，右足先入；在下

---

① 文出《法苑珠林》："今礼佛者，多有指合掌不合，或有指合而掌开，良由心慢而情散也。"
② 出自《止观辅行传弘决》卷第二之二。
③ 感：原作"咸"，今据文意改。
④ 文出《法苑珠林》卷二十《致敬篇第九·仪式部第七》："虽设拜，心驰外境，如碓上下，空无所获。"

堂,左足先入。合掌归位,先朝钵位问讯。邻位即左转身问讯对床坐者,其左右及对面坐者,但合掌答问讯。若已先坐,上、中、下座后来,亦须合掌。古云:"不敬上、中、下座,婆罗门聚会无殊。"①

裹②帽上床,以右手敛左边衣袖,腋下压③定,复以左手敛右边衣袖,然后两手按床两足,拨鞋入床下。先缩左足,次收右足。竦身上近裹趺坐④,敷袈裟盖膝上,不得露内衣,不得垂衣床缘。念《登床偈》云:"登此无碍解脱床,平等智慧清净光。"

若斋时,候巡火板鸣,入堂。木鱼响,不得入堂。则令行者取钵,外堂坐。木鱼鸣后,闻长板鸣,下钵抬身正,起,立定,然后左转身,合掌念偈云:"执持应器,当愿众生,成就法器,受人天供。⑤"以左手拓钵,右手解钓。复以左手提钵,转身以钵加额,正蹲身放钵,免将腰背撞人。安钵左边净板上,不得顿身。坐候转鼓,僧堂应钟鸣,大众望尘合掌,表迎圣僧入堂⑥。古法则下床迎圣僧,或者谓迎住持也。圣僧即宾头卢,受佛付嘱住世应供,故伽蓝中立庙。《法苑》云:"堂中圣僧多云是陈如,非也。缘经律不令为立庙,故不起供故。"⑦

---

① 文出唐代沩山灵佑所撰《沩山大圆禅师警策》。

② 裹:原作"里",今据文意改。

③ 压:原作"厌",今据文意改。《敕修百丈清规》卷六《赴斋粥》:"以右手敛左手衣袖,腋下压定。"

④ 《敕修百丈清规》卷六《赴斋粥》作:"竦身上床近里一尺许正坐。"

⑤ 文出《华严经·净行品》。

⑥ 入堂:即入僧堂,古时僧堂并非指单纯意义上的僧寮,而是包括寺庙之生活区和修学区。

⑦ 《释氏要览》卷三《伽蓝立庙》转引《法苑珠林》云:"《四分》云:伽蓝中立神屋。传云:中国僧寺立鬼庙(《增辉记》云:即鬼子母庙也);次立伽蓝神庙(护伽蓝神有十八,或是今土地庙也);次立宾头卢庙(即今堂中圣僧也,始因道安法师梦一胡僧,头白眉长,悟安云:'可时设食。'后《十诵律》至,慧远方知和尚所梦即宾头卢也,于是立座饭之,寺寺成则。《法苑》云:圣僧元无形像,至宋泰初,未正胜寺僧法愿、正喜寺僧法镜等,始图形像矣。今堂中圣僧多云是憍陈如,非也,缘经律不令为立庙故,不走四天供故。又安法师梦是宾头卢故)。"

合掌毕,移钵安面前,合掌默想云:"佛生迦毗罗,成道摩竭陀,说法波罗奈,入灭俱绨罗。"①闻椎声,头首举《展钵偈》:"若展钵时,当愿众生,身心寂静,离诸粗暴。"众和毕,或想偈云:"如来应量器,我今得敷展,愿共诸众生,等三轮空寂。"然后解袱,展净巾覆膝上,折转袱三角,莫令垂下。次展钵单,仰左手取钵安单上,以两手大拇指进取,键鐼从小次第展开,不得敲磕作声。护第四第五指,为触指,不得用②。仍折钵拭令小,近身横安,匙筋袋放钵拭下。出则先匙,入则先筋。把处为净,头向上肩,钵刷安第三,钵缝中出半寸许,盛生饭展钵竟。直日鸣椎一下云:"今白月③几日晨朝,各记六念。"众默想(云云)。六念有二:其一式见后。其二云:"念佛、念法、念僧宝、念戒、念施、念诸天。三业所修诸善根,回向众生及佛道。"④毕,又鸣椎一下,回向(云云)。

头首举佛号,众和。合掌不得手指参差,须当胸,高低得所。不得以手枕膝上,不得以手托口边。古云:"参差合掌不当胸,两手交加插鼻中。拖履揭帘无款细,呕声泄气逞英雄。"十念毕,行粥时,头首自唱《施粥偈》云:"粥有十利,饶益行人,果报无边,究竟常乐。"又偈云:"持戒清净人所奉,恭敬随时以粥施。十利饶益于行者,色力寿乐辞清辩。宿食风除饥渴消,是名为药佛所说。欲得人天长受乐,应当以粥施众僧。"此偈众和。二偈如用其一。

斋时,唱食亦有二偈。偈云:"三德六味,施佛及僧,法界有情,普同供养。"此偈头首自唱。又偈云:"此食色香味,上供十方佛,中奉诸

---

① 文出宋宗寿《入众日用》。

② 《百丈清规》卷六《日用轨范》作"仍护第四第五指,为触指,不得用"。

③ 白月:指新月至满月期间。印度历法,以月之盈缺立白黑之名。而印度纪月系黑前白后,故其白月为每月自十六日以下之半个月,相当于我国及日本阴历之每月初一至十五。

④ 三业所修诸善根,回向众生及佛道:文出智者大师《法华三昧忏仪》五悔法门:"三业所修一切善,供养十方恒沙佛,虚空法界尽未来,愿回此福求佛道。"

贤圣，下及六道品，等施无差别，随愿①皆饱满，令今施者得，无量波
罗蜜。"此偈众同诵。二偈亦如用其一。

　受食以两手捧钵，或多或少，则以右手起止之。受食默想偈云：
"若受食时，当愿众生，具足戒满，一切菩提。"受一切味云："若受味
时，当愿众生，得佛上味，甘露满足。"若见钵满，想偈云："若见钵满，
当愿众生，具足饱满，一切善根。"行粥将遍，鸣椎一下，众作五观想②
云："一、计工多少，量彼来处；二、忖己德行，全缺应供；三、防心离
过，贪等为宗；四、正事良药，为疗形枯③；五、为成道业故，应受此
食。"想毕，鸣椎一下，头首举食偈云："若饭食时，当愿众生，禅悦为
食，法喜充满。"众和毕，上下肩当以面相朝揖食，不得正面以手摇曳
两边。

　斋时出生④，想念偈云："汝等鬼神众，我今施汝供，此食遍十方，
一切鬼神共。"出生之法，不过七粒，太少为悭。食匙筯头，不可出生。
以右手取饭于左手，掌心按之，置钵刷上。凡受食则用出生，或不受
食，却不可桶杓内摄饭出生。盖出生之设，谓分己所食与诸鬼神。夫
出生有三缘：一施旷野鬼及施鬼子母等。此曹本食肉啖人，佛化之，
受戒不杀，乃嘱弟子随处施食，不能施者，非佛弟子。今斋堂各各出
生是也。二施饿鬼。今斋堂别具小斛，于食毕，众作法施之。或各具
小生斛，夜间咒施是也。

---

　　①　愿：原作"感"字，据古偈改。
　　②　五观：是僧侣在用餐时所应起的五种观想，即所谓的"食存五观"。出自
《四分律行事钞》卷中之三《随戒释相篇》，《大正藏》第40册，第84页上。见《安居
门》"须知式"条注。
　　③　枯：原作"苦"，今据文意改。
　　④　出生：今称"出食"。丛林僧众于进食之时，从应量器中取出"生饭"，施与
大鹏金翅鸟、旷野鬼神众、诃利帝母等罗刹鬼子母诸鬼神，称为"出生"。生饭，意指
施与鬼神众生之饭，为"众生食"之略称，而非指未经煮熟之饭。专门用来出生（放置
生饭）之台，称为出生台、生台。出生之时所唱之偈，称为《出生偈》。下文有详述。

大凡食法，不得将口就食，不得将食就口，取钵放钵并匙箸不得有声，不得咳嗽，不得触鼻喷嚏。若自喷嚏，当以衣袖掩鼻。不得搔头，恐风屑落邻单钵中。不得挑牙，不得嚼饭啜羹作声。《四分戒本》云："正意受食，平钵受饭，平钵受羹，羹饭俱食，以次食，不得挑钵中央食，不得以饭覆羹更望得，不得视比座钵中起嫌心，不得大抟饭食，不得张口待饭食，不得含食语，不得抟饭掷口中，不得遗落饭食，不得颊饭食，不嚼饭食，不得舌舐食，不得振手食，不得手把散饭食。"

当随量受食，不得请折。律云："量腹而食。"《增一》云："多食致苦患，少食气力衰，处中而食者，如秤无高下。"不得将头钵盛湿食，不得将羹①汁于头钵内淘饭食，不得挑②菜于头钵内和饭食。如有菜滓，安钵后屏处。食时须看上下肩，不得太缓。未再请，不得刷钵，不得吮钵刷作声。食未至，不得生嗔动念。古云："呆呆四顾起悲嗔，念食吞津咳嗽频。摅③粥啜羹包满口，开单展钵响诸邻。"

若用扇，不得扇邻位。如己怕风，白维那，于外堂坐。若行者拨扇时，自不得用扇。洗钵，以头钵盛水，次第洗次钵、小钵。不得头钵内洗余钵并匙箸。仍屈触指，不得漱水作声，不得吐水钵中，不得先以熟水洗钵，未折钵水不得先收盖膝巾，不得以膝巾拭汗，不得以余水沥地上。折水想念偈云："我此洗钵水，如天甘露味，施与鬼神众，悉令得饱满。唵摩休罗细娑婆诃。"收钵，以两手大指迸定，次第而入里。毕，鸣椎。头首举《食讫偈》："饭④食已讫，当愿众生，所作皆办，具诸佛法。""饭食讫已色力充，依止十方三世雄，回因转果不待念，一切众生获神通。"二偈如诵其一。

---

① 羹：原作"羡"，今据文意改。

② 挑：原作"桃"，今据文意改。

③ 摅：音lǚ，摇动捞取义。底本脱落此字，今据《百丈清规》和《禅林备用清规》补入。

④ 饭：原作"小"字，据《华严经·净行品》改。

众和食毕，不许先起，鸣椎之后，住持下地，大众挂钵，不得脚踏床缘下地，莫令袈裟搭①床缘。须近前立，问讯出堂。

晨 朝 六 念 法					
一	二	三	四	五	六
念					
知日月	知食处	知受时夏数	知衣钵有无	食同别	身强羸
云					
我比丘某今朝白月一日 乃至十五 日随改 日十四日随改 黑月小大一日乃至十五	我有请处念僧自赴 我今 乞食	我于某年某月某日某时 受具今若干夏我今三衣	钵缺并受持长衣未说净 我有某	缘得别众食 我今依众食 我有某	我今有病念须疗治道 缘有无病堪可行 不出念《僧祇律》○

大师②云：夫食者，众生之外命，若不入观，即润生死，须作观。观之者，自恐此身内旧食皆是无明烦恼，润益生死，今之所食皆是般若想，于旧食从毛孔次第而出。食既出已，心路即开，食今新食，照诸暗灭，成于般若。《净名》云："于食等者，于法亦等。③"以此食故，成般若食，能养法身。法身得立，即得解脱，是为三德。照此食者，非

---

① 褡：原作"塔"，今据文意改。

② 智者大师著有《观心食法》一文，以下语句即出该文。

③ 于食等者，于法亦等：典出《维摩诘经·弟子品第三》："须菩提白佛言：'世尊！我不堪任诣彼问疾。所以者何？忆念我昔，入其舍，从乞食，时维摩诘取我钵，盛满饭，谓我言：唯，须菩提！若能于食等者，诸法亦等，诸法等者，于食亦等，如是行乞，乃可取食。'"

新非故,而有旧食之故,而有新食之新,是名为假;求故不得,求新不得,毕竟空寂,名之为空观;食者,自那可食为新,既无新食,那可得食者,而不离旧食,养身而新食,重益因缘和合,不可前后分别,名之为中。只中即假空,只空即中假,只假即空中,不可思议,名为中道。《净名》云:"非有烦恼,非离烦恼;非入定意,非起定意。是名食法也。①"

读诵

殿堂讽诵毕,或归斋中看读,或诣法堂诵文,不得垂衣坐,不得曲肱枕头,不得聚头语笑,不得只手捐人。其新学读文,于四书②之中,当自《四教仪》③而始。盖此一书,乃如来出世,五时施化,大小乘法,咸摄其中。先习此者,可知梗概,渐入佛道故也。若看经,不得高声,不得长展经,不得垂下经带,不得拓经行诵。慈云云:"念佛诵经,摄心要门,正心正意,如对尊容(云云)",具如《天竺续集》④。

大师云:"夫欲诵经,别座趺坐。观所坐之座,高广严好。次观八部四众围绕听法。次须运心,观我能为法师,传佛正教,为四众说。想所出声,非但此一席众,乃至十方,皆得听受,名为假观。

"次观能说之人,所诵之经。何者是经? 为经卷是? 为纸墨是?

---

① 非有烦恼,非离烦恼句:文出《维摩诘经·弟子品第三》:"若能不舍八邪,入八解脱,以邪相入正法;以一食施一切,供养诸佛,及众贤圣,然后可食;如是食者,非有烦恼,非离烦恼;非入定意,非起定意;非住世间,非住涅槃。其有施者,无大福,无小福;不为益,不为损,是为正入佛道,不依声闻。迦叶! 若如是食,为不空食人之施也。"

② 四书:是《天台四教仪》、《法界次第初门》、《菩萨戒义疏》和《小止观》。

③ 《四教仪》:全称为《天台四教仪》,高丽僧谛观法师撰。内容记述天台教观二门之概要,自古被视为天台教学之入门书,流传极广。

④ 《天竺续集》:慈云遵式的著作除了一系列忏仪以外,尚有《大乘止观释要》四卷,及《采遗》、《灵苑》二诗集等,后来其五世法孙慧观将他的杂著三十九篇编为《天竺别集》三卷,另外杂著十六篇编为《金园集》三卷。

诵者为心是诵？为口是诵？为龈腭和合而出？为有我身？为无我身？谁是诵者？观此四众。为是实有？为从想生？四众非有，无我能诵，是名空观。

"虽无所诵之经，而有经卷纸墨文字；虽无能诵之人，而有我身为众宣说。虽非内外，不离内外；虽非经卷，不离经卷；虽非身口，不离身口。从始至终，必无差谬，名不可思议。能作此解，能作此观，名为三观于一心中得，不前不后，三观宛然（云云）"。具如《观心诵经法》①。

略录三观，余须往检②。

游行

若游山时，草屦不得经行殿堂。古云："衩祖不许登殿，草履莫践法堂。"不得殿前倚靠栏干，不得狷狂急走。古云："行须缓③步，习马胜④之威仪；语要低声，学波离之轨范。"殿塔内不许闲行。古云："无事不须登佛殿，等闲休向塔中行。不因换水添香火，纵有河沙福也倾。"廊下行须让耆宿。

不得赤脚著僧鞋，不得把手共行，不得摇身掉臂，不得叉腰，不得蹲坐，不得戏笑，不得谈世谛是非。古德云："别了双亲弃本师，访寻知识拟何为？不曾说著宗门事，白首无成过在谁！"

---

① 《观心诵经法》：天台宗一向重视诵经这一法门的修习，智者大师曾创建了一系列的忏仪制度，这些忏法都有诵经必须专心一意及随文入观的要求。为了明确观法，他特意讲述了《观心诵经法》，说明空假中一心三观之法，作为单行本流通。

② 检：原作"捡"，今据文意改。

③ 缓：原作"缫"，据《入众日用》改。

④ 马胜：即五比丘之一的阿湿示。他威仪端正，引人注目。舍利弗初从外道学法，后遇马胜于王舍城乞食，舍利弗因其威仪端正而度入佛门。

如厕

欲登厕,当行,须早作意,不得临时失仪。以净巾搭①左手,不得道上为人作礼,亦莫受人礼,当叉手视地而行。脱直裰于筅上,以手巾系定作记认。右手提水至厕边,先须弹门三下,无人方入,已有人不得相逼。若多人住处,厕外有人待急,纵未了,且须出厕。

若入厕,换鞋不得参差。安净桶在前,弹指三下(警啖粪鬼,免瀵污之)。踞身令正,不得偏倚。或夜暗,用厕篦于孔中,向前后划,令知长短阔狭正不正等。

不得努气作声,不得涕唾,不得隔壁共人语。当直视前,不得低头下视。不得持筹划壁作字,不得多用筹。用筹了,当安筹盏中,不得余处。左手洗净,护大指二指中指,当六七度用水洗。若比丘不洗净,得突吉罗罪,不得坐僧床座及礼三宝,设礼无福。

用水不得瀵湿,不得大费用水。净桶安旧处,以干手安内衣入袴,以干手开门,左手提桶出。不得湿手挃门扇门颊。右手挑灰后挑土,不得以湿手取灰土,后用皂角洗至肘前。

入厕出厕逐一念咒。入厕:"大小便利,当愿众生,弃贪嗔痴,蠲除罪垢。唵恨鲁陀耶,娑呵。"洗净:"唵贺曩蜜栗底,婆呵。"净手:"唵主加啰耶,娑婆呵。"净身:"唵室利曳婆,萨娑呵。"去秽:"唵拔枳罗脑迦咤,婆呵。"按律,小遗亦洗净。

按《缨络经》云:"夫登溷者,不念此咒,假使以十恒河水洗至金刚际亦不能净。凡登殿堂瞻礼,并无利益。奉劝受持,每咒诵七遍。是故鬼神常相拱护。"②详如《天竺别集》引《三千威仪经》纂示方法③。

---

① 搭:原作"塔",今据文意改。
② 护:原作"诸",据《百丈清规》改。
③ 纂示方法:指《天竺别集》收录的《纂示上厕方法》。

浴

凡开浴，以右手携浴具。律制，须持五条。至门外，轻手揭帘，勿使有风入。下间门内问讯，归空处，揖左右人毕，先以五条手巾挂凳上，次小坐脱袜，起立转身，展袄取浴具放一边。解上衣，未卸直裰，先脱①下裳，以脚布围身，次系浴裙，将裈②袴折安袄内。将浴衫换身挂直裰，与五条作一处，将手巾系定内衣作一袄覆转。古云："三通鼓响入堂时，触净③须分上下衣。语笑高声皆不可，莫将粗行破威仪。"

拖鞋入浴，不得赤脚。入室须在下间空处，待次而浴，不得占上间，让头首者宿故。

勿令汤水溅人及已。拭浴者身不得桶内泡脚，不得室内小遗。洗僻处，不得将脚搁④桶上，不得槽上揩脚，不得互相揩洗。当用巾布把两头磨背。勿搪二边邻坐，不得堂中洗衣，不得淋洗巾等滴槽中，不得安巾布槽上。古云："入浴披衫贵靖恭，需汤击板合送客。不应脚布安槽上，双足如何著桶中。"

不得笑语，不得犀水，不得掇桶浇身，须当遮护浑身，勿令裸露。脚布不可离身，汤水不可多用。或有疮，或洗灸疮，或用疥药，宜后入浴，不得搀先。不得将公界手巾⑤拭面。出浴须揖上下肩而坐。次第著上衣，先披直裰，即著下裳。解浴裙，折脚布，安浴裙，免湿浴袄，

---

① 脱：原作"脚"，今据文意改。
② 裈：原作"袴"字，据《百丈清规》改。裈袴，亦作"裈裤"，即满裆裤。
③ 触净：触，触秽之意。净，净洁。触净须分上下衣，指净竿以悬挂净衣，触竿则用以悬挂触衣。见《摄众门》"净瓶"条注。修行者为了身心清净，非常重视净触的分别，以免因秽触导致不够洁敬，致使修行祈祷无所感降。
④ 搁：原作"阁"，今据文意改。
⑤ 巾：原作"中"，今据文意改。

揩左右出堂。若有设浴施主,随意诵①经回向。

慈云制《入浴室略知十事》②,如《天竺别集》(云云)。

坐禅

凡学道者,览教照心,研心作观,故诸祖昼讲夜禅,岁无虚日。

夫坐禅之相者,若半加,以左脚置右腿上;若全加,更上下,右脚置左腿。以左掌置右掌上,顿置左腿。正身端直,鼻与脐对平。面正住,闭口令断外风,齿才相拄著,举舌向腭,闭眼才令断外光而已。次令气息调匀,心离昏散,即观现前刹那一念妄心。

四明尊者云:"观一念识心,德量无边,体性常住。十方诸佛,一切众生,过现未来,虚空刹土,遍摄无外,咸趣其中。如帝网之一珠,似大海之一浪。浪无别体,全水所成,水既无边,浪亦无际。一珠虽小,影遍众珠,众珠之影,皆入一珠。众珠非多,一珠非少,现前一念,亦复如是。今观诸法即一心,一心即诸法,非一心生诸法,非一心含诸法,非前非后,无所无能。虽论诸法,性相本空;虽即一心,圣凡宛尔。即立即破,不有不无,境观双忘,待对斯绝,非言能议,非心可思,故强示云不可思议微妙观也。③"

夜分

初夜之时,施食礼佛竟,或禅或诵,自在行之。当勤精进,慎莫放

---

① 诵:原作"课",今据文意改。

② 《入浴室略知十事》:慈云遵式大师重视僧团制度建设,《天竺别集》收录了其有关僧团制度的四篇文章,即《天竺寺十方住持仪》、《别立众制》、《凡入浴室略知十事》和《纂示上厕方法》。在丛林中,浴室、西净(厕处)和僧堂三处合称为"三默堂",要求僧众在此三堂中严守缄默,以收摄身心。关于浴室,《毗奈耶杂事》卷三云:"时诸苾刍于浴室内漫为言话,佛言不应漫话。"遵式大师所撰《凡入浴室略知十事》是依据《四分律》而作。

③ 文出四明尊者知礼大师《修忏要旨》。

逸。古云：“频惊①光景，坐勿消时。俾夜作昼，勤而行之。”闻定钟，合掌念偈云：“闻钟声，罪业轻。智慧长，菩提生。离地狱，出火坑。愿成佛，度众生。”若贪睡者，眠转滋多。经云：“勿以睡眠因缘，令一生空过。②”若睡重者，须少息解睡。律制，须披五条③，右胁而卧，为尊左肩衣也。不得仰卧，仰为尸睡，覆为淫睡，故多恶梦。

四仪

入丛林者，行住坐卧，莫越轨范。新学生疏，当以善言诱喻，勿起嫌心。不得衩袒廊下行，斋中不可露白。斋前搭④衣，斋罢持衣，不得弄数珠作声，而同戏物。放参⑤后不得出三门，不得无故入诸寮斋舍。昼三夜三⑥，幸宜勤策。十二时中所为之事，佛经俱有遗诫，可不遵从？日用偈语⑦，如前已明，有未列者，故兹重录。

　　睡时：“若就睡时，当愿众生，一切安稳，得大自在。”

　　起时：“睡眠始寤，当愿众生，一切智觉，周顾⑧十方。”

---

　　① 惊：原作“警”，今据《缁门警训》改。

　　② 勿以睡眠因缘，令一生空过：文出《佛遗教经》：“汝等比丘，昼则勤心修习善法，无令失时。初夜后夜，亦勿有废。中夜诵经，以自消息。无以睡眠因缘，令一生空过，无所得也！当念无常之火，烧诸世间，早求自度，勿睡眠也。诸烦恼贼，常伺杀人，甚于怨家，安可睡眠，不自警寤？”

　　③ 五条：即五条袈裟，为比丘三衣之一。缝缀数条布帛作成长方之幅，其横五条，故称五条袈裟。依《四分律》，其长约四肘（七尺二寸），广约二肘。

　　④ 搭：原作“塔”，今据文意改。

　　⑤ 放参：禅院中，朝参、晚参等为日常行事，若临时休止，即称放参，后转而特指休止晚参为放参。

　　⑥ 昼三夜三：指昼夜六时，即晨朝、日中、日没（以上三时为昼）、初夜、中夜、后夜（以上三时为夜）。

　　⑦ 日用偈语：最早出自《华严经·净行品》，后有南宋僧宗寿禅师撰《入众日用小清规》，使入众之学人得以日夜遵守，示修禅不废戒律之意。元代各寺清规皆采取之。

　　⑧ 顾：原作“愿”，据《华严经》改。

洗手："事讫就水,当愿众生,出世法中,疾速而往。"
洗面："以水洗面,当愿众生,得净法门,永无垢染。"
登殿："若见佛时,当愿众生,得无碍眼,见十方佛。"
登阁："上升楼阁,当愿众生,升正法楼,彻见一切。"
瞻塔："见佛塔时,当愿众生,尊重如塔,受人天供。"
礼塔："顶礼于塔,当愿众生,一切人天,无能见顶。"
洗浴："洗浴身体,当愿众生,身心无垢,内外光洁。"
濯足："若濯足时,当愿众生,具足神力,所行无碍。"
摘草净手："摘草手中挪,还向水上波,此处无净水,净处萨婆诃。"

坐　堂

凡僧堂茶汤,及朔望坐堂之法,并须著床里蒲团坐。盖床外三寸,里七寸,名净床。食时安钵,非坐处也。近人往往就外从便而坐,甚失法制,切须戒之!

普　请①

凡安众处,有必合资众力而办者。库司先禀住持,次令行者传语首座、维那,分付堂司行者报众,挂普请牌。牌上贴云某时某处。或闻木鱼,或闻鼓声,各持绊膊,搭②左臂上,至普请处宣力③,除老病

---

①　普请:指禅刹中普请大众令从事作务劳役。如佛诞日摘花、晒藏,平时的洒扫、搬柴、摘菜等,皆是普请的事项。俗称出坡。依《释氏要览》卷下"普请"条所说,普请始于律中所述洒扫之事。如《毗奈耶杂事》所载:"佛言随要当扫,若月八日,或十五日,鸣犍稚,总集众僧共为洒扫。"
②　搭:原作"塔",今据文意改。
③　宣力:意为竞相效力。

外,并宜齐赴。

普请之法,一为福田中植净业故,二为上下均力故。《律》云:"因佛说扫地胜利,时诸老宿比丘皆弃禅诵扫地。佛止曰:'我为知事①人说。'某知事人又不遍扫,佛令鸣犍椎②总集,共为之。"此普请之始也。

训　童　行

凡朔望上堂罢,参头行者令喝食行者③报各局务,行堂前挂牌报众。昏钟鸣,行堂前鸣板三下,集众。行者至佛殿祝赞后,诣方丈,排立。参头入,请住持出,趺座。参头缓声举云:"参!"众低声同云:"不审④。"问讯,拱听法诲。毕,参头举云:"珍重!"众低声同和,问讯而退。

如住持他缘,则喝食行者喝云:"奉方丈慈旨,参!"众云:"不审。"次喝云:"放参!"众云:"珍重!"同问讯而退。次诣都讲寮、首座寮、库司参。参与免参,并同前礼。

训童行之法,当说出家因缘,或说规矩礼度,或说经中大意。

---

①　知事:是掌管诸僧杂事与庶务的职称。知事负有司掌庶务、保护僧物之责,故须选顺应诸僧愿望、严持戒律、心存公正之贤者任之。据《大方等大集经》卷三十四《护持正法品》载,佛说有二种人堪持僧事,守护僧物,即:(一)具八解脱之阿罗汉人,(二)须陀洹等三果之学人。又《大宋僧史略》卷中载,沓婆摩罗年十六,已证阿罗汉,自请为僧知事。

②　椎:原作"推",今据文意改。

③　喝食行者:略称喝食,喝为唱之意,即司掌喝食之职称。《禅苑清规》卷一"赴粥饭"记载喝食之法,即喝食行者进入僧堂后,向圣僧、住持、首座依次问讯,待首座施食完毕,即行喝食。住此役者,为未得度之童子,称为喝食行者。

④　不审:为比丘相见问讯之礼貌用语。如"不审尊候如何"等语。《大宋僧史略》卷上载,比丘相见时,曲躬合掌及口称不审,是为身、口、意三业归仰,称为问讯。卑问尊,则说:"不审少病少恼,起居轻利否?"上慰下,则云:"不审无病恼,乞食易得,往处无恶伴,水陆无细虫不?"后人省其辞,止曰"不审"。

月 分 须 知

正月：岁朝各寺祈祷，或修光明忏七昼夜，或三昼夜，或但供天三日，各随寺规。又行堂、寮前，新岁元宵讽经，行堂维那白灯回向，寮前知客白灯回向。初五日，法智尊者①忌辰，但四明延庆依子皋升法师②礼文，如天台祖忌修设。今诸方当念中兴教观之功，亦宜修敬。若欲从简，亦须依山门历代住持忌同。

二月：住持、都讲、首座，当此之时，开春讲训众。初五日，荆溪尊者③忌。十五日，佛涅槃。

三月：清明节扫洒祖塔，上食设礼讽经。禁采茶笋，荫养山林。

四月：初一日，堂司出草单。初八日，佛降生，库司严设毗蓝园浴佛，营备供养，讽经。十四日，起咒，咒沙水二日，拟安居散洒制，后三日行茶汤礼。二十日，启讲忏，住持开讲。晦日，说戒。

五月：建青苗会④三日。预出诵经单日，住持开讲，请头首开讲。库司检点诸处，整漏疏浚沟渠。十五日，说戒。

六月：隆暑罢讲，或不罢，在住持行之。古人行道，不惮寒暑。

---

① 法智尊者：即四明知礼大师，位列天台第十七祖，为宋代天台中兴祖师。知礼大师一生致力于著述讲忏，弘传《法华》、《金光明》等经，主张"妄心观"，与同门慈云遵式并为宋代天台宗山家派之代表人物。师曾于真宗天禧四年（1020）蒙赐"法智大师"之号，故后人又称师为"四明法智"。

② 子皋升法师：据《佛祖统纪》《佛祖世系表》列有"子高必升法师"。皋与高同音，可能为同一人。又，据《佛祖统纪》"同校正吉祥安乐山教忠报国教寺首座沙门必升"句。推知当为与志磐同时代的天台宗僧人，故无传。

③ 荆溪尊者：即天台第九祖湛然大师，晋陵荆溪人，故号荆溪大师。《佛祖统纪》卷七曰："九祖荆溪尊者湛然，姓戚氏，世居晋陵荆溪。时人尊其道，因以为号。"

④ 青苗会：每年插秧播种之际，佛寺为祈祷青苗顺利成熟所举行的法会。青苗会是在农历五月芒种后或二十八日起三天内举行。僧众上堂看经，兼点检堂宇损漏及疏浚沟渠。大众根据经单披阅经文后，聚其经目入疏回向。

坐夏九旬,必期取证。住持、首座鞭策晚生,毋使怠惰,当效古人,行习读、锁试之法。十四日,说戒。

七月:初一日,启兰盆会①,要期半月。晨朝修小弥陀忏,粥罢修大弥陀忏,斋罢诵《兰盆经》,至晚诵《弥陀经》。系念,预率众财修设斛食,至望日满散。十六日,解制②。

八月:初七日,章安尊者忌。此月兄弟出入参访,装寒觐省,故不可废卷,然灯火可亲,又当勉之。

九月:启秋讲或说文字。

十月:初一日,开炉。

十一月:冬至,或修光明忏,或供天。冬斋随寺规办。方丈请大众冬前点心。二十四日,天台大师忌。

十二月:初一日,启腊佛会③,要期一月。初八日,佛成道,营办供养,库司预备红糟④。岁终,结呈诸色簿书⑤,计算钱谷,扫洒殿宇,习新岁修忏仪式,预备贺年物仪。分岁⑥,请大众汤果。

————

① 兰盆会:即盂兰盆会。盂兰,西域之语,意为"倒悬",比喻亡者之苦,有如倒悬,痛苦之极。盆是此方贮食之器。盂兰盆会是根据《佛说盂兰盆经》而于每年七月十五日举行的超度历代宗亲的佛教仪式。

② 解制:即解夏。据佛制,僧团于每年雨季时举行夏安居,而于雨季停止后,安居亦结束,称为解夏,意指解除夏安居之制。七月十五日(旧律)或八月十五日(新律),解夏安居之制,故曰解制。

③ 腊佛会:是为纪念十二月八日释尊成道日而举行的法会。即成道会或腊八会。腊,原为我国年末之祭祀名,我国凤以农历十二月为腊祭之月,习称十二月为腊月,称十二月八日为腊八。丛林注重报本,故于此日举行法会,纪念世尊。

④ 红糟:又称红米,是腊八粥的主要原料。宋元时有煮红糟粥以供佛饭僧的习俗。宋代吴自牧《梦粱录》亦有类似的记述:"八日,寺院谓之'腊八'。大刹等寺俱设五味粥,名曰'腊八粥';亦设红糟,以麸乳、诸果、笋、芋为之,供僧或馈送檀施、贵宅等家。"

⑤ 诸色簿书:指丛林日常所用之各种簿书,有衣钵簿、日黄总簿、砧基簿、脚头簿、募化簿等。

⑥ 分岁:又称岁夜,即除夕夜。谓旧年去、新年来之分界。《联灯会要》卷二十七云:"岁夜小参,示众云:年穷岁尽,无可与诸人分岁。"(《卍续藏经》第136册,第447页上)

真归门第九

【题解】

　　《真归门》记述了寺院住持示寂及亡僧的后事处理和追荐仪式。佛门中，僧人的死亡被称作涅槃、圆寂、灭度、迁化等。僧人死后，虽然不必像世俗那样举行隆重的厚葬之礼，但也仍然有自己独特的礼俗，并非随便一烧了之。

　　僧人的埋葬方式以火葬为主，取"积薪而焚，灭诸有相"之意。火葬在经中称为荼毗，亦作阇毗或阇维，意译为烧身，又译为焚烧。为印度社会自古即有的葬法之一。佛示寂后，亦行此葬法。寺院的丧葬礼仪一般分成住持及僧众两类，有隆重与简易之别。

一、不服不哭乃僧人居丧之礼

　　《真归门》提到，僧人的居丧之礼，不必如世俗之制，而应当"遵天台大师之诫，东林远公之仪"。

　　"天台大师之诫"是指《智者大师别传》中智者大师对弟子的临终教诫："人命将终，闻钟磬声，增其正念。唯长唯久，气尽为期。云何身冷，方复响磬？世间哭泣、著服，皆不应为。"是说僧人的圆寂应以提升正念为主，不应有世俗的哀泣及更衣著丧服之举。

　　"东林远公之仪"，据《东林十八高贤传》记载，庐山东林寺慧远大师临终前制遗诫曰："吾昔以知命之年，托业此山，自审有必尽之期，便欲绝迹外缘,以求其志。良由性弱于断,遂令同趣相引,时贤过眷,情以类感,不觉形与运颓,今年已八十三矣。仰寻远离之诲,俯慨自负之心,徒令此生虚谢,以悼往疾之深。今于至时,露骸松林之下,即岭为坟,与土木同状。此乃古人之礼,汝等勿违。苟神理不昧,庶达其诚。大哀世尊,亦当佑之以道。"后来弟子不忍遵其嘱,建塔供奉其遗体。

关于是否应该穿丧服和哭丧,明代莲池大师《竹窗三笔》"弟子为师服"一条,举出三说:一、《六祖坛经》云:"吾灭度后,莫作世情悲泣雨泪,受人吊问,身著孝服,非我弟子,亦非正法。"二、《释氏要览》云:"考《涅槃》诸经,并无服制,惟《增辉记》引礼三服,其三降服。《白虎通》云:'师恩同父母,宜降服。'《释氏丧仪》云:'师恩同父母,宜三年服。'《五杉》云:'师服皆从法服,但布稍粗,纯染黄褐。'《增辉》云:'但染苍皴色,稍异于常耳。'"三、《百丈清规》云:"小师麻布裰,两序苎裰,主丧等生绢裰,众举哀三声,小师幕下哀泣。"

莲池大师认为:"如上所说,据《坛经》,则无服无泣;据《增辉》等,则有服无泣,而服不用麻,但用色黄苍而已;据《清规》,则服泣双行,宛同世俗。夫为僧者,虽应宗法六祖,但今弟子不忍师亡,多为之服,乃上钦祖训,下顺人情,委曲酌中,依《增辉》作青黄色服之可也。古云'礼可以义起',更俟高明正焉。"这是赞同《增辉记》所说,认为弟子应感念师恩,逢师圆寂当行丧礼,虽不穿麻布类丧服,但可穿青黄色服。

《教苑清规》也认为不服不哭最好,如能移哀于道,这是最大的报恩。它认为各种纪念方式以《梵网经》教诫最如法。《梵网经》主张和尚阿阇梨亡灭之日,七七日内读诵、讲说大乘经律是最大的报恩和拜荐。虽然如此,《教苑清规》仍受《百丈清规》和中国宗法制观念影响,记述了较隆重繁琐的祭奠程序。

二、住持的丧葬礼仪

寺院住持是代佛扬化、续佛慧命的精神领袖，是轨范三界、开凿人天的法门龙象，因此，住持的圆寂既是丛林的大事，也是佛门的大事。祭词中对住持的哀悼往往用"人天眼灭"、"慧日西沉"等词来形容四众弟子顿失依怙的悲痛之情，也凸显出住持在佛教中的崇高地位。

住持修行高超，往往能预知时至，生死自在，这在许多僧传中有记载。《真归门》"住持示寂"条说，当住持病重，预感到自己不久于人世之时，应请两序耆旧记录下"某衣某衣共若干，某物某物共若干"，并记下年月日，由首座、监院、省行堂主、维那、知客、知库等清点财物，侍候住持的僧人签字画押。所有衣物仍然留在方丈室，派公谨有德的僧人看守，以便住持病愈之后，物归原主；或主持圆寂之后，以待"估唱"——作价拍卖给本寺僧众。

住持往往留下遗嘱预先安排自己的后事。《教苑清规》关于住持后事处理的仪式有入龛、请主丧、请丧司职事、孝服、佛事、移龛挂真读遗偈、大夜上祭、系念、出丧挂真奠茶汤、茶毗（火葬）、全身入塔、灵骨入塔、唱衣、下遗书、管待主丧及丧司执事人等十五目。其仪式如下：

（一）入龛：住持初示寂，侍者报两序，发讣告。在两序商议住持丧事的同时，住持的侍者及亲随僧人即为住持洗浴，换衣净发入龛。住持如有留下法偈，则贴于龛左。随后入龛佛事开始，寺内鸣钟集众，众僧在住持龛前齐声诵经，维那念回向文，回向住持增上品位。住持遗体入龛的第三天，移龛入灵堂，然后进行住持举哀、奠茶汤的活动。

（二）请主丧：住持的主丧人多由本寺首座或其他寺院有名望的

僧人担任。如是后者,则由首座去请,全体僧众迎接至龛前。一番礼节后,主丧人即安排请丧司职事。

(三)请丧司职事:主丧人从两序耆旧中各请出一人掌管钱财。主丧人与首座查看住持遗留的衣钵财物,并分为孝服、斋钱、俵䞋等三部分来办理后事。

(四)孝服:《涅槃经》和戒律中都没有关于僧人穿丧服的记载。后代清规要求随顺中国国情,顺从世仪,始有僧人服丧之制。《教苑清规》沿用中土习俗,主张僧众原有服装样式不变,而将其质地略作变动,分为生绢和苎麻。主丧及法眷尊长服生绢裰,两序、小师等服苎麻,奉行"葬之以礼,祭之以礼"的孝道思想。

(五)佛事:分为锁龛、法堂挂真、对灵系念、起龛、山门首真亭挂真、奠茶汤、秉炬、起骨、入塔、入祖堂、全身入塔、撒土等十二项,指丧礼过程中每一程序皆须进行的诵经念佛回向等仪式。

(六)移龛挂真读遗偈:尊宿迁化,遗骸入龛三日后,即移至法堂,称为"移龛"。随即在法堂布置灵堂,灵前二时上茶汤、粥饭,集众诵经,称为"移龛佛事"。诵经佛事毕,即锁龛,此时亦有锁龛佛事并挂真佛事。之后,如住持留有亲书遗偈,侍者捧呈主丧人及首座大众,将遗书遗偈在香炉上熏过,授于维那宣读。

(七)大夜上祭:大夜是荼毗的前一夜,此夜多办祭食,先由两班上祭烧香,设三拜,维那读祭文毕,然后诵经回向。本节中对参拜的祭次也做了说明。先是知事首座等,其次是侍者门人等,最后是行者人仆等。

(八)系念:指大夜三时系念。"三时系念"是元朝中峰国师所提倡的念佛法门,主要目的是超荐亡灵往生西方极乐世界,永离业海。三时指早晨、日中、日没之时。第一时提纲叙谢,结座坐诵《弥陀经》,第二时、第三时说示净土观门,各诵经念佛回向。第三时结束后,法师具疏到龛前躬自回向。僧众再一一奠茶汤,寄托哀思。

（九）出丧挂真奠茶汤：大夜系念的次日即出丧。库司丧司准备出丧相关法器物仪。起龛佛事后，抬龛至山门首，并做请真亭挂真奠茶汤等佛事，由都寺押丧。

（十）茶毗：茶毗即火葬，《高僧传》中有许多关于高僧茶毗后舍利众多的记载。遗体出葬时，寺内要大钟长鸣，住持的灵龛在送行僧众的诵经声中，由德高望重的高僧举火把焚化。龛须抬至涅槃台，举行秉炬佛事。"秉炬"即秉持火炬行茶毗之意。葬仪时，导师秉炬，维那念秉炬文。茶毗时，大众诵经。诵经完毕，首座先回寺院，小师、乡人、法眷守化收骨，即拣舍利子。而后，全体僧众备仪迎骨回寝堂安奉，挂真供养，每日诵经，直到入塔为止。

（十一）全身入塔：入塔有全身入塔和灵骨入塔两种。"全身入塔"是指不经过火化而全身安葬。有些高僧有肉身不坏的现象出现，被视为修行得道的一种证明。全身入塔后，掩圹完毕，又做撒土佛事。之后迎真回寝堂供养。然后小师及两序大众礼谢主丧人，主丧人回礼。按照"事死如事生"的习俗，每日两次供奉粥饭，三次供奉茶汤，集众讽经，俟迎牌位入祖堂则止。

（十二）灵骨入塔："灵骨入塔"指将亡僧茶毗后的遗骨或舍利子送入塔所。其仪与全身入塔基本相同。其间改撒土佛事为起骨佛事，所讽经则基本相同。

（十三）唱衣：唱衣是将已故僧人的衣钵行李等物作价拍卖，所得钱钞用于支付丧葬费，剩下的再分给寺内众僧作为供养。据《五分律》卷二十、《四分律》卷四十一所载，亡僧生前已与人之物，即与其人；已与人而尚未持取者，作白二羯磨而与之；其生前未与人者，则于现前僧众中分配之。另对看护病人者，则视彼看护程度而与之。此等财物分配工作，禁止于亡僧尸身前进行。又亡僧生前若负债，或为给付疗养、丧葬等费用时，一般皆由维那预先评定遗物价格，集合僧众而竞售之。唱衣是一种关涉僧人死后财产分配的制度，体现了寺院中一切财产归十方所有的精神。

唱衣的仪式是：在法堂或僧堂内布置好桌椅，置笔砚、大磬于上，由首座和主丧人主持。先念清净法身毗卢遮那佛，然后开箧出衣钵，依号排席上。次第呈衣，维那拈唱。维那定价打磬，磬声绝后，不得翻悔。鸣磬一下，知客上单，侍者发标，堂司行者递与唱得人，衣物仍旧入龛。唱衣完毕，大众散去，各自照价持标取衣。三日后不取者，依价出卖。

（十四）下遗书：有些住持会留下遗书遗物，须按其吩咐驰送某处。由主丧人请侍者办事人充专使，分路驰送诸山、法眷、檀越、官员。接到遗书的他山住持当以礼相待。住持接过遗书后，要在香炉上熏过，才打开阅读。另外，对专使还有一些丛林礼节性的招待。

如果是大德高僧的遗书，接受方必须作祭文。接受方在法堂下间设灵几排祭，专使来到法堂，三拜住持后，呈遗书，住持接书后，在炉上熏过，递与维那宣读。而后住持及两序烧香礼敬。维那宣读住持寄托哀思的祭文。住持复展拜，专使答拜。最后举《大悲咒》回向。

如果是嗣法师的遗书，则祭祀之礼更为隆重些，即以弟子之礼设师和尚之灵堂。法堂中间设祭，座前拈香，有法语。不得恸哭，应小小泣泪。上汤三拜，又上食上馔三拜，上茶又三拜。宣读祭文毕，诵经回向。两序大众皆上前祭拜。最后，首座领众安慰住持。

（十五）管待主丧及丧司执事人：丧事完毕，寺院相关人员要依礼备供馔，礼谢从他山大刹请来的主丧人。最后，鸣钟集众，送主丧人。

三、僧众的丧葬礼仪

普通僧众圆寂，丧葬礼仪自然不可能像住持那样规模盛大，但同样也有一套类似作法。《教苑清规》所列清众亡僧的后事处理仪式有：抄札衣钵、浴亡入龛讽诵、请佛事、估衣、伴灵、大夜上祭系念、送亡、茶毗、唱衣、入塔。戒律规定，僧众亡故后，为了追荐修福，其遗物通过"唱衣"的方式，分归僧众或常住寺院。或将三衣等轻物分与现前僧众，金银、田园等重物归为常住。丛林大众则为其做法事以超度之。普通僧人（包括职事僧）圆寂，一切佛事活动、葬礼，皆由住持主持，其仪式与住持圆寂相比简略许多。《真归门》列出如下几项：

（一）抄札衣钵：僧人病危时，大众为其助念，并使病者留口词，由堂司行者负责记录。口词主要将个人衣物等财产作一交待。如果病人不能说话，就由住持、首座、维那配合交待，并让亡僧知道处理方式，方录口词。如果不是亡僧生前预闻，绝不可擅自作主，免得亡者起瞋恨心，不利往生。文末附有口词格式。

（二）浴亡入龛讽诵：病僧亡故后，以温水沐浴尸身，著衣入龛。并在龛前设牌位，大众诵经回向，三日或七日，每日三时为其诵经。如遇初一、十五日则不可出丧。

（三）请佛事：举行茶毗仪式时，由住持秉炬，其余锁龛、起龛、起骨、入塔等佛事由头首主持。

（四）估衣：将亡者的衣物作一估价，贴上标签，以备唱衣时用，所得钱财用于超度亡者。

（五）伴灵：大众诵经毕，由两序耆旧轮流值班伴灵，为期一夜或三夜。伴灵时须诵经、宣疏、称扬佛号。

（六）大夜上祭系念：出丧前一日，挂牌报众。至晚，鸣僧堂前钟集众。全寺上下轮流致祭：先住持致祭，侍者读祭文。次两班祭，维那读祭文。次耆旧、江湖、乡人、法眷各致祭，以表哀思。并诵经念佛回向。

（七）送亡：僧人出丧，要依礼备办铙钹、鼓乐、幡华、香烛、抬龛等。送丧前，在寺院中先做起龛佛事。送丧时，由首座带头，众人两两排队在龛后送行，由都寺押丧。

（八）茶毗：送丧至涅槃台后，由住持主持秉炬佛事，维那读诵茶毗词，大众念十声佛号以和。首座起《楞严咒》，在乡人法眷等大众的诵经声中，遗体火化。火化后遗骨被迎回寺院的涅槃堂供奉。茶毗时亡者不可以披袈裟，否则有烧衣之过。亡者的衣可于唱衣时布施，以为其荐福。

（九）唱衣：唱衣一般在僧堂举行，唱衣前，维那先当众剪破亡僧的度牒。其它仪式与上述住持圆寂后的唱衣基本相同。为了防止喧乱，后世多以抓阄法来代替原来的竞价购衣的程序。唱衣所得之钱归寺院，作为丧事费用。无论所得钱款多少，对亡僧一定要尽礼津送。

（十）入塔：唱衣毕，在三日内列出丧事费用的价目表，书中称为"板帐"，并附有上中下三等板帐式。板帐公布后，如大众无疑议，即可送亡僧骨灰入塔。入塔前，举行起骨佛事，大众诵《楞严咒》回向。最后由知事封塔。

佛教认为修行人死以后不是变为鬼神，而是转世到西方净土莲花化生。即便此生不能往生西方，也要为来世惜福，不费常住，因此佛教多倡议薄葬。佛教葬仪所看重的，也不是世俗意义上丰富的陪葬或修建精美的坟茔，而是多为亡者诵经念佛，增其福德和人缘，因此，僧人的葬礼富含佛教超度亡者和为其增上品位的意义。

【原典】

吾佛灭度，诸弟子皆奔双林①之丧。至于阇维②八分③，舍利建

---

① 双林：指中印度拘尸那罗城外娑罗树林释尊般涅槃之圣地。据《大般涅槃经后分》记载："大觉世尊入涅槃已，其娑罗林东西二双合为一树，南北二双合为一树，垂覆宝床，盖于如来。其树实时惨然变白，犹如白鹤，枝叶华果皮干悉皆爆裂堕落，渐渐枯悴，摧折无余。"

② 阇维：是梵语，一作茶毗，亦作茶毗，又作阇鼻多，谓僧侣死后焚化。

③ 八分：依《长阿含经》卷四《游行经》所述，释尊于拘尸城双树间般涅槃后，其舍利八分，由八个国家各自起塔供养。

塔以藏,虔奉之礼,靡不致谨。今僧之示寂,虽不及吾佛声光之盛,然于送死事亡之礼,讵可废欤?

夫释氏居丧之礼,不必如世俗之制,请遵天台大师之诫、东林远公之仪①。凡弟子不服不哭,苟移哀于道,必至矣。准《梵网》明诲,若和尚、阇梨亡灭之日,及三七日至七七日,皆应讲说大乘经律②,斯佛语也。但能退居励行,修香火斋戒之福,幽显兼益,奚则乖于孝哉?或有不知尔者,但窥衣盂之蓄,谋为己利,至于忿诤狠③斗,爪扶力攘。此且异类之所不为,而其人自视以为得计。吁!丑吾教者,匪斯徒,其谁欤?

一、④住 持 示 寂

方丈示疾,觉知时至,当请两序勤旧点对封记衣钵、行李,准留浴殓衣服,亦行封记,并留方丈,差公谨行仆看守,以俟估唱。或有标拨俵散,须要公平,毋令恩怨不均,致后争竞。遗戒小师⑤不得披麻恸哭。释子师亲或丧,痛自心起,何有不哭?但不得纵声,称苍天罪逆之语。如佛灭度,弟子皆哭,未离欲者,宛转于地⑥。《五百问》云:

---

① 东林远公之仪:东晋庐山东林寺慧远大师临终前制遗诫云:"露骸松林之下,即岭为坟,与土木同状。"弟子们不忍遵行,将大师遗体葬于西岭,并砌石为塔。

② 文出《梵网经》:"若疾病、国难、贼难,父母、兄弟、和上、阿阇梨亡灭之日,及三七日,乃至七七日,亦应读诵、讲说大乘经律。"

③ 狠:原作"很",今据文意改。

④ 原书无序号,以下"一"和"(一)"等序号系笔者为阅读方便添加。

⑤ 小师:指受具足戒未满十年之僧人,或指弟子。

⑥ 文出《大般涅槃经后分》:"尔时,娄豆告诸大众一切天人:'大觉世尊已入涅槃。'尔时,无数一切大众闻是语已,一时昏迷,闷绝躄地,苦毒入心,阗声不出。其中或有随佛灭者,或失心者,或身心战掉者,或互相执手哽咽流泪者,或常捶胸大叫者,或举手拍头自拔发者,或有唱言痛哉痛哉荼毒苦者。"

"师亡不得举声大哭，应小小泣泪。①"

微薄，只可从俭，请首座主丧，一切佛事并免，但举《无常偈》，同亡僧津送，勿费常住。若住持有功于山门，寺众念其遗爱，或衣钵稍丰，当如仪讲行丧礼。如有遗书，即当遣送。

遗书之式

可漏子
书拜 某人称呼 某寺比丘某谨封

尊宿
早忝游从，奈合离之有数，中遭推挽，遂龟勉于微缘，电露俄空，云山益渺。住山无补，每依邻壁之光，梦境元空，幸谢世缘之幻，莫谐面别，惟切心驰。冀

邻封
敢祈保护，以寿斯文，拜祷不备。佛日以流辉，俾宗风而益振，伏惟

法眷
珍重，叨滥住山有愧，同门之友因循，抱疾将为毕世之人，敬奉手书，聊伸面别。光昭先师之令德，道在吾属之力行，无任顷勒，伏惟珍重。

遗嘱式

某寺住持某世缘报谢，风烛不停，所有随身衣钵檀信施利，非常住物，两序抄札端请某人主行丧事，馀俵众看经行丧，毋致繁多，侵用常住，幸察此意，伏希悉及。

年　月　日住山某押

（一）入龛②

初示寂，侍者即令客头行者报两序诸寮。两序者旧继时诣方丈吊慰。毕，首座同两序者旧商议发讣③状（式见后）报诸山，及发书请人主丧，须诸山名德，邻封老成，或法眷尊长，或只本寺首座。如有遗

---

① 文出《佛说目连问戒律中五百轻重事经》："问：师徒父母兄弟死，得哭不？答：不得。一举声犯舍堕，可小小泣涕而已。"

② 入龛：俗云入棺。亡者浴后，入于龛中，入龛既了，随行入龛之佛事。

③ 讣：原作"计"，今据文意改。

命,遵行举请。小师、侍者、亲随人当躬自洗浴著衣,净发入龛。安排寝堂①置龛,遗偈贴于龛左,设几筵供养。

鸣僧堂前钟,首座、大众至寝堂吊慰。小师讽经,维那述偈回向云:"因缘所生法,我说即是空,亦名为假名,亦名中道义。仰冀真慈,俯垂昭鉴:兹为堂头和尚②示寂入龛之次,讽诵真乘,称扬③圣号。所集功德,奉为觉昙,增崇品位。十方(云云)"。当夜讽诵回向同前,但改"入龛"二字为"停龛"。龛惟二时上粥饭,三时上茶汤。大众讽诵、维那回向并同。

(二) 请主丧④

凡主丧者,须老成名德,理合首座恭请,近乃见职知客请。主丧人至,鸣大钟集众门迎,至龛前,炷香毕,入幕吊慰。小师云:"法门不幸,和尚归真,且望节哀,以终大事。"小师触礼一拜。主丧仍慰两序大众云:"法门不幸,堂头和尚遽戢化权,敢冀大众力为住持后事。"首座答云:"尚赖和尚力赐主张。"大众问讯,散。两序者旧送主丧人,归客位,插香展礼。主丧人居主位,首座分手坐定。首座起烧香,复位。献茶毕,小师列前插香,大展三拜。方丈执局及参头领众行者相次插香礼拜后,方丈仆从参拜。罢,献汤,送两序出。库司备点心,两序光伴次第巡寮。

讣 状 式

某寺丧司比丘　某
右某　山门不幸
堂头和尚遷尔归真谨以讣
闻谨状
年　月　日某寺丧司比丘　某
可漏子　讣告　某寺堂头和尚法师　具位谨封

---

① 寝堂:见《住持门》"山门管待住持并专使"条注。
② 堂头:原指禅院住持之居处(方丈),后用以代指寺院住持。
③ 扬:原作"场",今据文意改。
④ 主丧:主持丧事之人。

（三）请丧司职事

主丧人巡寮回，两序耆旧、小师随到客位，呈衣钵簿、遗墨等物。会茶议请丧司职事。两序耆旧各请一人掌财，庶绝浮议。仍请书记作祭文，回发书简。见职知客接外客。丧司公差库子、客头、茶头一行人管办事。仍具丧司合干人仆排单揭示。主丧人须与首座计会所遗衣钵多少，约作三分：一分准孝服，并诸山讽经赒钱等用；一分准做斋等用；一分俵大众看经并佛事板帐等用，请见职维那同议。主丧人须存公正，不可徇私，带行僧行不得干预执役，仍议请一切佛事（资次见后），并分孝服。如无布绢，折钱俵之。

（四）孝服

释氏丧服，涅槃诸律并无其制。近有戴白披麻，深非所宜。若顺世仪，服从恩制，著生。

侍者小师：麻布襕。两序：苎布襕。主丧及法眷尊长：生绢襕。耆旧办事乡人法眷诸山：生绢腰帛。檀越：生绢巾、腰帛。方丈行者：麻布襕。方丈人仆作头：麻布巾、衫。诸仆甲佃：麻布巾。

（五）佛事

锁龛①；法堂挂真②；对灵系念；起龛；山门首真亭挂真；奠茶汤；秉炬；起骨；入塔；入祖堂；全身入塔；撒土。

---

① 锁龛：俗称盖棺。即死者遗骸纳棺加盖封闭之仪式。亡僧入殓前，棺自寝堂移至法堂，延请僧众为之作佛事，事毕，取锁锁棺。

② 挂真：指悬挂迁化尊宿之像于真亭。据《禅林象器笺·丧荐门》载，真为"真仪"之省称，即迁化尊宿的肖像。遇尊宿迁化，有两处可悬挂其肖像，一为法堂，二为山门之首真亭。挂真之仪式，称为"挂真佛事"或"挂照佛事"。

（六）移龛①挂真读遗偈

入龛毕,或三日,或一日,或继时,移龛置于法堂。

入龛三日,闭龛,铺设法堂,置龛西间,用麻布帏幕,前设香烛、素华,中间生绢幕。法座上挂真牌位,列祭筵。用白纸作娑罗②华八树以簇座上,表双林之相。东间挂帐幕,设床座、椸架,置平生道具之属,如事生之礼。灵前二时上茶汤、粥饭,讽经。详见应师《五杉集》。

仍备挑灯、铙钹、华幡,鸣僧堂前钟,集众龛前讽经回向同前,但云"移龛之次"。

移龛下法堂,请锁龛佛事并挂真佛事。毕,如有亲书遗偈,侍者捧呈主丧人及首座大众,则主丧躬接递与首座。以所书香炉上熏,授维那读过,丧司行者贴法堂中间上手幕上。小师列真前礼拜,归幕下。主丧炷香上茶汤礼真,两序者旧大众以次炷香礼真,小师真左答拜。毕,讽经回向(云云)。

小师夜守龛帏,丧司列排祭次(见后),贴法堂下间幕上。凡祭文皆丧司书记为之。若檀越诸山来有前后,随时上祭不拘。若法眷门人上祭到门,知客接已,即报丧司,随送孝服,然后上祭。所有赙仪,丧司置簿收受。

（七）大夜③上祭

丧司预多办祭食,准上祭人送钱回祭④。先两班上祭烧香,设三

①　移龛:尊宿迁化,遗骸入龛三日后,即移至法堂,称为移龛。随即在法堂读经,称为"移龛佛事"。

②　娑罗:指娑罗树。拘尸那揭罗城外之娑罗树林,系释尊般涅槃之圣地。娑罗花指娑罗树的华叶。《释氏要览》卷下曰:"用白纸作娑罗华八树以簇绳床,表双林之相。"

③　大夜:又称迨夜、宿夜。茶毗日之前夜也。如女之婚嫁无再反之理,谓为大归。惟此一夜,明日出不再归,故曰大夜。世俗则称忌辰之前夜曰大夜。

④　回祭:先报库司,请其营办祭食,事后再偿还其费用。

拜,维那读祭文毕,举《大悲咒》一遍,回向云:"上来讽诵功德,奉为新示寂堂头①和尚增崇品位,十方(云云)"。次第一一上祭毕,举《大悲咒》,回向同前。若小师等上祭,礼九拜后,行者礼拜讽经。

人仆参拜祭次:知事、头首、主丧、西堂、耆旧、江湖、大众、办事、旧侍者、乡人法眷、诸庵塔院、嗣法、门人、小师、师孙、方丈行者、六局②行者、行堂、方丈人仆、轿番、老郎、庄甲、火客③、诸色作头④。

(八) 系念

维那同小师前一日怀香诣客位,拜请主丧人,或请大诸山。大夜系念,预令对灵设座,至晚上祭毕,诵《大悲咒》三遍,洒净,开启,白佛(云云)。毕,鸣鼓,升座,祝香(云云)。跌座,两序座下问讯,如常式。小师等插香,设三拜。第一时提纲叙谢,结座坐诵《弥陀经》,或一卷,或二卷,举"阿弥陀佛真金色(云云)"。称佛号一千声,至百声,下座,领众行道,菩萨各十声。主法人归座,回向"伏愿(云云)","仰凭大众,忏悔发愿(云云)"。第二时、第三时说示净土观门,各诵经念佛回向,并与前同。第三时毕,具疏诣龛前,躬自回向。法师用带行侍者烧香,或令其启白并回向等。施食毕,小师拜谢。或三时各请诸山,或只举行一时,随衣钵丰约行之。三时中各行茶汤点心。

(九) 出丧挂真奠茶汤

库司、丧司相关,提调丧仪香亭、真亭、幢幡、呗乐、龛前伞椅、汤

---

① 头:原作"颞",今据文意改。
② 六局:古代大丛林的各种办事机构称为"局",如掌一山修造事务之处,称为修造局。局的名目各不相同。
③ 火客:又作火伴、火佃。丛林中负责爨火之人。
④ 作头:见《住持门》"新住持入院"部分"开堂祝寿"条注。

炉、挑灯、如意、拂子、香合、法衣等物。小师随龛后,鸣大钟诸法器送丧。首座、大众至龛前,举《心经》。维那烧香,引小师拜,请起龛佛事。龛至山门首,请真亭挂真奠茶汤,俱有佛事。两序大众门列,俟龛出已,维那朝内问讯,举弥陀佛号,大众齐念。主丧领众,两两对出,左右行者俵雪柳齐步并行,不得挨肩交语。都寺押丧①,维那、知客依行丧颤,为首小师提炉引龛。

(十) 茶②毗

龛至涅槃台③,都寺上香、茶了,维那进前烧香,引小师拜,请秉炬④佛事。维那念诵:“是日则有新示寂堂头和尚,既机薪而已尽,乃应火以云亡。真身常寂,而无去无来;性火阇维,则示生示灭。仰凭大众,资助觉灵。南无西方极乐世界大慈大悲阿弥陀佛。(数⑤声)上来称扬圣号,恭赞化仪。出现世间,为作人天之眼目;率笼教纲,恢扬佛祖之关处。息化以归真,冀回光而返照。茶倾三奠,香爇一炉,奉送云程,和南圣众。”

首座举楞严,维那回向如前,但改“茶⑥毗之次”。次乡人举经,大众须同讽。念毕,首座领众归寺斋。小师、乡人、法眷守化收骨。斋罢,鸣僧堂钟集众,仍备仪从,迎骨回寝堂安奉,挂真供养讽经。二时上粥饭,三时上茶汤,每日大众讽经,灵骨入塔则止。如入塔日,遵大众讽经,或三日五日,外余日则小师、法眷讽经。

---

① 押丧:丛林中,居于送葬行列之终以镇压骚扰者,称为押丧。一般由都寺(维那)任之。

② 茶:原作“荼”,今据文意改。

③ 涅槃台:又称化坛,火葬之际放置遗骸处。

④ 炬:原作“矩”,今据文意改。

⑤ “数”字底本无,据文意补入。

⑥ 茶:原作“荼”,今据文意改。

(十一) 全身入塔①

竟至塔所,都寺上香、茶毕,维那烧香,引小师拜,请入塔佛事。举经讽诵次第并与涅槃台同,但回向则云:"入昏之次。"候掩圹②毕,然后请撒土佛事,迎真回寝堂供养。主丧炷香礼真,次诸山、两序、大众、小师礼真。

毕,小师插香大展三拜,谢主丧。次两序、大众谢主丧。词云:"山门不幸③,先堂头和尚示寂,极荷主盟后事。"主丧答云:"仰荷匡扶,得无旷败。"主丧同丧司一行人巡寮致谢,次小师巡寮拜谢。每日真前三范上茶汤,集众讽经,俟迎牌位入祖堂则止。或待新住持至,方入祖堂。有佛事。

(十二) 灵骨入塔

至期,隔宿准备仪从,正日鸣钟集众,都寺上香毕,请起骨佛事。送至塔所,请入塔佛事。讽经回向并与全身入塔语同。迎真归寝堂供养,及谢主丧人等礼,并同。

(十三) 唱衣

至期,僧堂前或法堂上下间设众坐位,中间向里横安长桌,置笔砚、大磬于上。鸣僧堂钟集众,首座与主丧分手,两序、大众次第而坐,维那、知客、侍者面内朝主丧位坐。维那念云:"留衣表信,乃列祖之垂规;以法破悭,禀先达之遗范。今兹估唱,用表无常。为是缘念清净法身毗卢遮那佛(云云)"。众念毕,开笼出衣钵,依号排席上。

---

① 全身入塔:指不火化而全骸入于塔中,为四葬中之土葬。佛教虽以火化为本,但有时也用土葬。

② 圹:原作"扩",今据文意改。

③ 幸:原作"辛",今据文意改。

维那鸣磬一下，白云："夫唱衣之法，盖禀常规，新旧短长，自宜照顾。磬声绝后，不得翻悔。谨白。"若法衣多，或结缘阄拈，或添留嘱。次第呈衣，维那拈唱，丧司合干人贵在公心主行。维那定价打磬，行者瞻顾前后，喝定名字，知客写名上单，侍者依名发标。

唱衣毕，结定钞数，主丧金单交钞取衣，不得徇私减价，主丧力主其事。今多作阄拈，甚息喧争。丧司当预前集两序耆旧，将抄札衣钵，除留遗嘱送外，估定新旧短长，价直高下，庶免唱衣临时纷纭。

其法，用小片纸以千字文次第书字号，每一号，两头书字，中用印记关防。量众多少，与丧司合干人封定。至期，呈过主丧，两序首座开封，知客分俵，侍者剪取其半，堂司行者捧盘盛之。毕，以盘置首座侧，安水盆于下。维那拈衣唱价讫，首座临时呼一童行，盘中抖匀，信手拈半阄，递与首座开看字号分晓，说与堂司行者唱其字号，众人各开所执半阄字号，同者即应。如不愿唱此号衣物，则不应。三唱不应，首座以半阄投水盆中，再令撮起半阄，复唱。起应者，堂司行者往收半号，到首座处对同，报与维那，称云"某物唱与某人"。鸣磬一下，知客上单，侍者发标，堂司行者递与唱得人，衣物仍旧入龛。

次第唱毕，维那鸣磬一下，回向云："上来唱衣念诵功德，奉为示寂堂头和尚增崇品位。十方（云云）"。众散，各自照价持标取衣。三日后不取者，依价出卖。其唱衣古法、收支单帐见后"亡僧"总列。

（十四）下遗书

丧事毕，主丧请侍者办事人充专使，分路驰送诸山、法眷、檀越、官员。遗书唯尊宿相见对语，须择能事人充专使。至彼寺，首到客司相见，知客引见，侍司预备桦袱盛书物。侍者诣方丈通覆，住持当即相接，令请两班接遗书。专使进前，问讯云："请和尚跌坐。"若住持垂语，须下语插香，展礼住持。免则触礼如常，相看入座，烧香献茶。

毕，起炉前谢茶，再插大香一片，展礼禀云："某处和尚，某月某日归寂,遗书遗物,令某驰送。"即呈书物。住持云:"法门衰落,不胜哀戚①。"两班候讲礼毕,进问讯,首座分手就坐,专使面住持,退一位坐。茶罢,起身,住持白云:"法门不幸,某处和尚归寂,不胜哀戚。"行者备剪刀,托书物②,侍者度书与住持接,就炉上熏,付侍者,送与维那。行者度剪,开缄,读毕,侍者揖专使上住持对面位坐。侍者烧香献汤,送专使归安下处。

先住持问讯,次两序侍者问讯,知客引巡寮,先库司,次头首寮及耆旧诸寮。侍者禀请特为汤,汤罢药石,至晚汤果。

大方遗书至,两班光伴。以次者,两班上首,维那光伴。请书记作祭文。方丈祭文或住持自作。江湖法眷办事,皆当致祭,侍者一一提调。

次早,方丈请汤,唤粥罢请茶,法堂下间设灵几排祭。侍者覆上堂行者报寮,挂上堂牌。座下备桌袱盛书物,座前左排住持位。鸣鼓集众,住持出,法座下位前立,鼓绝,进香桌。知客引专使住持前,行礼插香,初展云:"辄持遗墨,仰读尊慈,下情不胜惶恐之至。"再展云:"即日时令谨时,共惟堂头和尚尊候起居多福。"三触礼拜,呈遗书,住持接书,炉上熏,付使者,递维那宣读。专使问讯,归知客班后立。住持升座(云云),下座诣灵几前炷香,点汤,上祭,点茶,展拜,专使座右还拜。维那出班,揖住持,烧香侍者捧香合,两序出班。

烧香毕,住持、两序展拜,维那宣祭文。住持复展拜,专使答拜。举《大悲咒》回向:"上来讽经功德,奉为某处和尚增崇品位。十方(云云)"。两班、耆旧、江湖、办事、乡人皆致祭,专使答拜。以下法眷小师办事,则不答拜。

举咒回向如前。祭毕,讽《弥陀经》,称圣号,回向:"因缘所生法

---

① 戚:原作"威",今据文意改。
② 托:原作"拓",据《百丈清规》改。

（云云）。仰冀真慈,俯回昭鉴:上来讽演真乘,称扬圣号功德,奉为某处和尚增崇品位(云云)"。

毕,专使出灵前,两展三礼谢住持,免则触礼。次巡寮致谢,然后山门管待专使,请两序光伴。若前住当山,一并入祖堂讽经。毕,就迎牌至祖堂,住持拈香,安牌,有法语。安已,专使即拜谢住持。

或无遗书遗物与当代住持,其徒自为入祖堂者,初至寺,见侍者,引见住持,插香展拜,就座,烧香,吃茶,起身禀意。毕,送安下处,次到头首、库司、耆旧诸处相看。拟日办供俵嚫,法堂致祭讽经,牌入祖堂。住持有法语,礼与前同。

若嗣法师遗书至,方丈开书,两序先慰住持,法堂中间设祭,座前拈香,有法语。不得恸哭,应小小泣泪。上汤三拜,又上食上嚫三拜,上茶又三拜。读祭文毕,举《大悲咒》回向(云云)。两序并耆旧、江湖、乡人、法眷、小师、办事皆有祭,住持居灵几之左。如有诸山及座下西堂法眷与师为行辈者上祭,则住持同专使答拜,以下者则不答拜。祭毕,讽《弥陀经》,回向同前。首座领众慰住持云:"法门不幸,令师和尚归寂,后学失依,不胜悲悼。尚冀堪忍,力行此道。"

(十五) 管待主丧及丧司执事人

山门当备供嚫,高下一一如仪就方丈坐,仍请两班、耆旧光伴,首座摄居主位,都寺行礼与常特为同。茶毕,鸣钟集众,送主丧人。

二、亡　　僧

(一) 抄札衣钵

凡有僧病革,同斋者率乡人道旧称念阿弥陀佛号,求佛慈光接引,使其正念现前。预令堂司行者禀请方丈、两序,同到病人前抄写口词。式见后。

直病人同维那、堂司行者收拾衣物、行李,具单见数一一封锁外,留装亡衣服(直裰、内外衣裳、香合、数珠、鞋、袜、净发巾、收骨、绵子等)、合用之物,并所封行李,交点同斋人收管。若单寮者旧行李多者,库司差人就房看守,其单帐锁匙封押纳首座处。或病者不能分付,住持、首座、维那,力当主行。无行李者,亦须尽礼津送。若亡僧非生前预闻住持、两序、耆旧,及无亲书,不可擅自遗嘱衣物。

口词

抱病僧某右,某本贯某州某姓,几岁给到某处度牒为僧,某年到某寺挂搭。今来抱病,恐风火不定,所有随身行李,合烦公界抄札,死后望依丛林清规津送。

年　月　日 抱病僧　某甲口词

(二) 浴亡①入龛讽诵

如病僧瞑目,同斋即报维那,令堂司行者报烧汤,覆首座、知客。侍者即令首座、维那、知客、侍者四寮人仆抬所封亡僧行李归堂司,覆库司差人抬亡及龛、浴舡于涅槃堂②,安排浴亡。浴毕,净发拭浴,衣被酌量分俵。浴亡人手巾与净发人,维那提升著衣入龛。龛前铺设椅桌位牌,牌上书云:"新圆寂某人。"(随职称呼书)备香灯供养,现前僧众讽《空品经》,称圣号回向(云云),但改"入龛之次"。至夜,点长明灯,堂司行者预造雪柳、幡花,排设整齐。若西堂大耆旧,别排祭

---

①　浴亡:即汤灌,尸体入棺之前,以温水沐浴,使之清净。丛林中,每有病僧入寂,多行此仪式。

②　涅槃堂:又作延寿堂,为收容慰抚老病者之堂宇。古时丛林送老者至安乐堂,送病者至延寿堂,俾使老病者养生送死而无憾。《佛祖通载》卷三十曰:"他日涅槃堂孤光独照时,自验看。"

筵,挂真,上下间敷设。七日讽诵作功果,每晚俵经资。若次者五日,又次者三日。每日直灵行者上粥饭,知事三时烧香上茶汤。堂司行者候斋粥下堂,即鸣引,首座领众至龛前,住持烧香。毕,举《空品》,称圣号回向同前,则云"停龛之次"。至晚,鸣僧堂前钟集众,讽《弥陀经》,称圣号述偈回向(云云)。每日三时,礼同。如乡人法眷俵赗讽经,则乡长烧香。如遇旦望①、景命日,免讽经,未可出丧。

(三)请佛事

秉炬②必请住持举佛事,其余锁龛、起龛、起骨、入塔佛事,维③那禀首座商议,依资次轮请头首为之。堂司置佛事簿,以备稽考轮请④。若亡者是西堂单寮耆旧,衣钵稍丰,则添奠茶汤等佛事,轮请单寮西堂首座及本山江湖名胜。维那诣方丈,插香问讯,禀云:"某⑤人圆寂,某日茶⑥毗,拜请⑦和尚秉炬。"问讯而退。仍带侍者,赍香请头首,礼同。如亡者有义,小师诣方丈等处拜请。

(四)估衣⑧

维那分付堂司行者,请住持、两序、侍者就堂司估衣。对众呈过衣笼,开封出衣物,排地上席内,逐件提起呈过。维那估直,首座、都寺折中,知客、侍者上单排字号,就注价直在下,依号写小标贴衣物

---

① 旦望:阴历每月初一日称为旦或朔,十五日称为望。逢初一、十五不可出丧。

② 秉炬:为丛林葬仪行事之一。即秉持火炬行荼毗(火葬)之意。举行葬仪时,导师秉炬,以之象征火葬亡者。

③ 维:原作"罢",今据文意改。

④ 请:原作"清",今据文意改。

⑤ 某:原作"其",今据文意改。

⑥ 荼:原作"茶",今据文意改。

⑦ 请:原作"清",今据文意改。

⑧ 估衣,即对亡者的衣物作一价格评估,贴上卷标,以备唱衣。

上。入笼,仍随号依价别写长标,以备唱衣时用。方丈两序诸寮舍,并不许以公用为公分去物件。或亡者衣钵稍丰,当放低估价利众,以荐冥福。

(五) 伴灵

其夜若不修设功果,候大众讽经散后,就龛前敷排椅凳,令堂司行者请两班并大耆旧,或乡人法眷,或单请两班,或一夜,或至三夜,随其丰俭,量力举行。待众集,首座举《大悲咒》洒净,对灵启白两土三宝,通疏意。毕,众坐定,首座举《诸品经》,至后诵《弥陀经》,系念佛号千声,菩萨号各十声,再白佛宣疏,忏悔发愿(云云)。散汤果䞋,多寡不拘。

(六) 大夜上祭[①]系念

出丧前一日午后,堂司行者覆住持、两序诸寮,挂牌报众。预报库司造祭食。至晚,鸣僧堂前钟集众。先住持致祭,侍者读祭文。次两班祭,维那读祭文。次耆旧、江湖、乡人、法眷各致祭,或各备祭食,或纳钱回禀。

毕,举《大悲咒》一遍,回向:"上来讽经功德,奉为新圆寂某人庄严报地。十方(云云)"。举《弥陀经》,系念佛号千声,菩萨号各十声,回向,述偈(云云):"仰冀觉灵,俯回昭鉴:兹为新圆寂某人停龛之次,谨将遗下衣资,命现前大众讽演经文,系念圣号功德,奉为觉灵庄严报地,再劳大众代为觉灵忏悔。伏[②]愿(云云)"。如无衣钵,则除去"将遗下衣资",但云"上来大众讽演"。

若大方名德西堂、单寮、耆旧有功山门者,如上举行。其次者先

---

① 祭:原作"发",今据文意改。
② 伏:原作"严",今据文意改。

住持上食，不制祭文，或先知事上食，住持至，烧香而已。如有乡人、法眷致祭，如前。毕，诵经、系念、回向，同前。或衣钵稍丰，则请住持对灵说法，系念。或请①都讲、首座，或三时一时，如前示寂住持系念同。

（七）送亡

凡出丧，库司预令监作办柴化亡。差拨行仆、铙钹、鼓乐、幡华、香烛、抬龛丧仪，一切齐②备。堂司行者隔宿覆住持、两序，挂送亡牌。

粥罢，鸣钟堂钟集众，至龛前，举《心经》，维那出，烧香，请起龛佛事。受请人出班烧香，退身问讯。次住持前问讯，转身，然后与大众普同问讯。从西序边至龛右侧立，弹龛三下（云云）。毕，鸣鼓钹，异龛出。山门首或挂真、奠茶汤，维那仍请佛事，首座领众，两行排③立。待龛将行，维那面里对众，当中问讯，首座举佛号，大众同念。两两次第在龛后行，各执雪柳。行者排立门外，低头合掌，待揖僧众行尽，亦随后送，排对而行。维那随龛，都寺押丧。

（八）荼毗

丧至涅槃台，知事烧香上茶，次住持上香，归位。维那出，烧香，请住持秉炬佛事。住持烧香，与众普同问讯，法语毕，维那向龛，念诵云："是日则有新圆寂某人，了浮生之幻有，参性火之真空。舍五众和合之身，归三惠涅槃之藏。仰凭尊众，资助觉灵。南无西方极乐世界大慈大悲阿弥陀佛。"众和十声。毕，"上来称扬十念，资助往生，惟愿

---

① 请：原作"清"，今据文意改。
② 齐：原作"斋"，今据文意改。
③ 排：原作"挂"，今据文意改。

三智圆明，一①真不昧。七珍林里，常闻天乐之音；八德池中，高踞金莲之座。茶倾三奠，香爇一炉，奉送西归，和南圣众。”

首座举《楞严咒》，知客回向云：“仰冀佛慈，俯回昭鉴：兹为新圆寂某人荼毗之次，讽演秘章，称扬圣号功德，奉为觉灵庄严报地。十方(云云)”。乡人、法眷、道旧讽经伴化。维那往来检视。堂司行者送伴化亡等人饭。至斋罢收骨，或即日塔，或迎回涅槃堂供养，讽经三日。

凡亡僧不可搭袈裟从荼毗事。律明三衣唯许传授。若坐逝不坏、结塔以葬者，犹可以被于真体。若从荼毗火化之法，则不当披搭，自取烧衣违律之过。或谓亡僧无衣者，则当如《冥祥记》僧妙施衣之法。云南宋江陵龙华寺僧妙，既亡之后，一夕归房，灵语弟子可宋：“为无袈裟，可急为制。请僧设供，以衣施之，我可得也。”宋如教饭僧施衣。既毕，比丘道猛即见妙身披衣入堂，依僧次坐听经，至散乃不复见。今后可将亡僧袈裟②于唱衣时作阄拈法，于僧中施，不得披搭而焚化。他详如《佛祖统纪》第九卷中明。

(九) 唱衣

荼毗后，堂司行者覆住持、两序、侍司斋罢僧堂前唱衣，仍挂唱衣牌报众。候斋下堂，排办③外僧堂。住持、首座分手位，两序对坐，入门向里横安凳桌，桌上安笔、砚、磬④、合用什物，地上铺席。俱毕，堂司行者覆住持、两序，侍者鸣钟集众，维那、知客、侍者同入堂，向里列坐。堂司行者、供头、喝食一行向住持、两序问讯，转身向维那、知客、侍者问讯。毕，扛衣笼，住持、两序前巡。呈封记于首座处，请锁匙。

① 底本此处缺一字，据《五灯全书》及前一句文意，补“一”字。
② 裟：原作“娑”，今据文意改。
③ 办：原作“辨”字，据《百丈清规》改。
④ 磬：原作“声”字，据《百丈清规》改。下段中“磬”字同。

呈过,开取衣物,照字号次第排席上,空笼向内侧安。

维那起立,鸣磬一下云:"浮云散而影不留,残烛尽而光自灭①。今兹估唱,用表无常。仰凭大众,奉为圆寂某人资助觉灵,往生净土。为是缘念清净法身毗卢遮那佛(云云)"。

十号毕,鸣磬一下云:"夫唱衣之法,盖禀常规,新旧短②长,自宜照顾③,磬声断后,不许翻悔。谨白。"再鸣磬一下,拈度牒,于亡僧名字上横剪破,云:"亡僧本名,度牒一道,对众剪破。"鸣磬一下,付与行者捧呈住侍、两序。堂司行者依号次第拈衣物呈过,递与维那,提起云:"其号其物,估唱若干。"如估五贯,则从五百唱起。堂司行者接声唱,众中应声,次第增价。唱至伍贯,维那鸣,即鸣磬一下云:"打与五贯。"余号并同。或同声应同价者,行者④喝住云:"双破。"再唱起,鸣磬为度。堂司行者问定某人名字,知客写名上单,侍者照名发标,付供头行者,递与唱得人,仍收唱过衣物入笼。一一唱毕,鸣磬一下,回向云:"上来唱衣念诵功德,奉为圆寂某人庄严报地。十方(云云)"。近来为息喧乱,多作阄拈法(如前)。衣物过三日不取者,照价出卖。

《大毗婆沙论》:"问:命过比丘衣钵云何得分?答:彼昔时亦曾分他财物,今时命过,他还分之。"又《律》云:"为分不均故,佛听集众,可卖共分。"《增辉记》⑤云:"佛制分衣,本意为令在者见其亡物分与众僧,作是思惟:彼既如⑥斯,我还若此。因其对治,令息贪求故。今不省察,翻于唱卖之时,争价上下,喧呼取笑,以为快乐,误之甚也!

---

① 原句缺二字,为"残烛尽□光□灭",据《百丈清规》补。
② 短:原作"知",据《百丈清规》改。
③ 照顾:原作"讽顺",据《百丈清规》改。
④ 者:原作"云",今据文意改。
⑤ 《增辉记》:全称《四分律行事钞增辉记》,共二十卷,五代吴越钱塘千佛寺希觉律师述。
⑥ 如:原作"知",据《增辉记》改。

仁者宜忌之。"

（十）入塔

唱衣毕，即造板帐。至第三日，出板帐于僧堂前，令众通知。如有不合①成式及有侵欺，许以礼覆，上下核实改正。若无实迹，不得紊烦，违者合摈罚。为住持及执事者，须公廉平允，以身率②先服众可也。出板帐毕，堂司行者预报众，挂送灰牌，至期③，鸣钟集众，请起骨佛事。送至塔所，请入塔佛事。入毕，知事封塔④，讽《楞严咒》，回向如前，但改"入塔之次"。乡人讽经回向并同。

板　帐　式

大板帐一千贯二千贯为式。若有田土金谷，归常住。所唱衣钱，依式做板帐外，均俵僧众经钱、佛事钱，并抽分钱。若三千五千贯已上，议归常住，设堂供，其余不可妄用。抽分之例，如百贯抽十贯与维那，维那又与堂司行者三七分之。如不满百贯，不得抽分。其经资若众僧一百，则佛事钱一贯，方丈倍之。其佛事一贯，又贴五百。

中板帐四百贯五百贯，抽分俵众，佛事准前减作。

小板帐二百贯百贯，乃至十贯。除扛窆杂支外，一切结缘。住持、首座力主之，库司备办之，大众愍念之。须当尽礼津⑤送，人谁无死。

---

① 合：原作"令"字，据《百丈清规》改。
② "率"字据《百丈清规》添加。
③ 期：原作"斯"字，据《百丈清规》改。
④ 塔：原作"答"字，据《百丈清规》改。
⑤ 津：原作"律"字，据《百丈清规》改。

三等板帐列表①

三等板帐	大板帐	中板帐	小板帐
1 秉炬	二十两	一十两	结缘(下同)
2 奠茶奠汤	共二十两	一十两	
3 锁龛起龛	共二十两	一十两	
4 起骨入塔	共二十两	一十两	
5 维那茶毗佛事	一十两	五两	
6 贴秉炬佛事	一十两		
7 贴七人佛事	共三十五两		
8 知客侍者把帐	共二十两	一十两	
9 首座主丧	五两	二两	
10 都寺押丧	五两	三两	
11 抄札估衣点心	共一十两	六两	二两
12 龛前灯油	一两	五钱	三钱
13 常住回祭	三两	二两	一两
14 烧浴汤	五钱	二钱	一钱
15 浴亡	二两	一两	五钱
16 净发	一两	五钱	五钱
17 移龛抬亡	二两五钱	一两	五钱
18 钉挂祭筵	五钱	三钱	一钱
19 纸笔幡华雪柳②	一十两	五两	二两五钱

---

① 此表本无序号,为阅读方便,今加之。

② 雪柳:截白纸作成柳之枝叶状。于葬仪之际,唱念佛名,并将此物投于棺上,以表与死者惜别之意。

	三等板帐	大板帐	中板帐	小板帐
20	直灵上粥饭	一两	五钱	三钱
21	库司客头报造祭	五钱	三钱	一钱
22	管计出碗楪	五钱	三钱	一钱
23	库子出给造祭	五钱	三钱	一钱
24	监厨造食	五钱	三钱	一钱
25	库司茶头上茶头	五钱	二钱	一钱
26	方丈听叫捧香合	五钱	二钱	一钱
27	库司贴茶捧香合	五钱	二钱	一钱
28	贴堂司鸣廊板	一两	五钱	三钱
29	参头差拨行者	五钱	二钱	一钱
30	监作差拨人力	五钱	二钱	一钱
31	头首二寮茶头	一两	五钱	二钱
32	舁龛	十五两	七两五钱	三两
33	铙钹	二两五钱	一两	五钱
34	鼓乐	三两	一两五钱	一两
35	扛香桌二人	一两	五钱	三钱
36	挑灯执幡六人	三两	一两五钱	九钱
37	俵雪柳柴枝	五钱	三钱	一钱
38	方丈人仆送丧	三两	一两五钱	五钱
39	化亡	一两	五钱	三钱
40	监作递火把	五两	三钱	一钱
41	抬骨函	一两	五钱	二钱
42	贴堂司呈衣	五钱	三钱	一钱

续　表

	三等板帐	大板帐	中板帐	小板帐
43	供头递唱衣标	五钱	三钱	一钱
44	喝食行者撮闸	五钱	三钱	一钱
45	主磬唱衣	三两	二两	
46	四寮人仆扛衣笼	一两	五钱	二钱
47	人仆扛凳桌	一两	五钱	二钱
48	送壬赗钱	五十两		
49	俵僧众经钱	六百两	二百两	
50	方丈两序造单点心	五两	三两	一两

右具如前,永为定式,不许华支巧破。若曰设堂供,须通众公议,

单　支　收

今具估唱亡僧某甲称呼衣钵收支下顶

收钞若干

支钞若干

除支外见管若干均俵众僧讽经

右具如前

年　月　日　堂司行者某　具

把帐　侍者　押　行者　押　知客　押

丧司　两序　押　押　押　押

住持　押

318

众曰可,方可举行。虽是随方毗尼①,当准此为通例。凡立成式,必书诸板,示不可移易也。

---

① 随方毗尼:谓随风俗民情之需,对戒律可有所斟酌取舍。戒律中佛未禁止之事,佛未开许之事,不经开(开许)废(禁止)之新事例,可以随顺地方之风土、气候等而斟酌开许废止。《五分律》卷二十二:"虽是我所制,而于余方不以为清净者,皆不应用;虽非我所制,而于余方必应行者,皆不得不行。"《大正藏》第22册,第153页上。

法器门第十

【题解】

　　法器在佛门中是神圣的器物，有"龙天耳目"之称，平日不可擅敲，只有作法行事时方可敲击，其功德是"上感贤圣，下警昏蒙"。《法器门》是关于钟、版、木鱼、椎、磬、铙钹、鼓等七种法器的说明及其敲打法的规定。这些法器为日常行事、生活作息中集合大众之用，是进退拜伏、讽诵讲说的号令依据。

一、钟

　　钟是寺院为报时及集合大众而敲击的法器。多为青铜制，少数为铁制。晨昏打钟是寺院的规矩。《敕修百丈清规·法器章》曰："大钟，丛林号令资始也。晓击即破长夜，警睡眠。暮击则觉昏衢，疏冥昧。"

　　在寺院中，悬于寺中禅堂（僧堂）、斋堂等处之钟称为僧堂钟、堂钟、斋钟，置于佛殿之钟则称殿钟。又，通告初夜坐禅者称定钟，报众入僧堂者称入堂钟。而掌理鸣钟之僧职则称钟头。不同的钟代表不同的讯号，僧堂钟由堂司主之，殿钟由知殿主之。每一处的击钟之次数也不同。

　　有关鸣钟之法，依宗派、地域而异，但通常是以三鸣钟为始，以二鸣连续作终。又，鸣钟的次数以十八声为常例，亦有鸣三十六声、一百零八声者。其中,对于鸣一百零八声之原因,佛教认为其可使百八烦恼清醒,故称为"百八钟"。

遇到大的法事活动,如凡遇圣节,善月,看经,上殿,下殿,如来降生、成道、涅槃,开讲,说戒,结制,解制,斋时过堂,人定时,各鸣一十八下。如接送官员、住持、尊宿,则不以数限,由库司主之。

在叩钟时,如果能观想觉悟一切众生,则获利更大。文中又说:"鸣钟行者想念偈云:'愿此钟声超法界,铁围幽暗悉皆闻。闻尘清净证圆通,一切众生成正觉。'仍称观世音菩萨名号,随号扣击,其利甚大。"《付法藏传》记载有罽腻咤王闻钟声止息恶报的功德。《增一阿含经》云:"若打钟时,愿一切恶道诸苦,并皆停止",并云:"若闻钟声,得除五百亿劫生死重罪。"《续高僧传》记载了智兴法师以至诚恭敬心击钟而使地狱受苦众生一时解脱的事迹。

另外,钟有警觉作用,闻钟不起者来世将堕落至蛇身。

二、版

版又称云版或大版,以其铸为云形,或于平版上镂刻云形花纹,故名。《禅林象器笺》之《呗器门》云:"版形铸作云样,故云云版。……《俗事考》云:'宋太祖以鼓多惊寝,遂易以铁磬,此更鼓之变也,或谓之钲,即今之云板也。'"

云版今时多作为众僧报粥饭时所击打之器具。古时其还有更多号令功能,如儆戒火烛、报更、维那点读、方丈库司廊下诸寮、小板开静、开讲、集众、开浴、报众生堂等皆须鸣版。

三、木　鱼

古代的木鱼又称木鱼鼓、鱼鼓或鱼版,其形状、用法均与后世的木鱼不同。《百丈清规》卷八《法器章》"木鱼"条中说:"斋粥二时长击二通,普请僧众长击一通,普请行者二通。"由此可知,古代的木鱼主要用作集合僧众的讯号。

刻鱼形的用意则是要使僧众保持警醒。关于木鱼由来的传说有数种,在玄奘大师《指归曲》、道诚法师《释氏要览》和日本成寻《参天台五台山记》等书中皆有记载,说法不一。本门中记载的是一名僧人违犯其师教诲,毁坛戒法,堕入鱼身受报,后其师为之设水陆追拔,将鱼尸所背大树刻成鱼形以示警众的故事。

木鱼在今天没有集众的用途,只于诵经、礼佛时使用,而改鱼身作龙头,是取《群籍一览》卷上所载刘斧《摭遗》所谓"鱼可化龙,凡可入圣"之义。

四、椎

椎又称作"槌",是打物发声的小木,不同于犍稚。《涅槃经》卷十三曰:"如鸣椎集僧,严鼓戒兵,吹贝知时,是名法世。"

文中提到,在开钵、念佛、开讲、布萨、知事告退、住持入院等时须鸣椎集众,称为白椎。白椎在今时称为"打板",是用两个小直条木块互相敲打。

五、磬

磬为铜制钵形的法器,敷褥而安放于特制的台上,以桴敲击,于法会或课诵时,作为起止之节。

磬分为大磬和小磬:大磬用于住持知事行香、大众诵经等事;小磬又称引磬或手磬,用于大众讽诵、行童披剃、安居诵经等。小磬形似酒盅,直径约七厘米,形状与仰钵形坐磬相同,置于一根木柄上端,木柄长约三十五厘米,用细长铜棍敲击。大磬和小磬往往间错使用。

关于磬的由来,《感应记》引《中止竺舍卫国祇洹寺图经》卷下"佛衣服院"条云:"有一铜磬,可受五升,磬子四边悉黄金,镂作过去佛弟子,又鼻上以紫磨金为九龙形。背上立天人像,执玉槌用击磬,闻三千世界。"又说此磬系梵天所造,佛灭后,被娑竭罗龙王收归海中。

磬更重要的作用是引发正念。在人命将终时,往往不敲木鱼,而敲引磬,因为引磬声音清脆,能使迟疑迷乱之人增长正念,安详去世,故临终之磬被称为"无常磬"。

六、铙　钹

据《律书乐图》载,铜钹子源自西域,西戎南蛮多用之,后为寺院法会时所用金属法器之一。铙与钹原为二种不同之乐器,后来混而并称为"铙钹"。

钹又称铜钹、铜钹子、铜钵子,系以响铜制成,其形呈圆盘形,中央隆起,于中心穿小孔,附以纽带。使用时,以两手各持一面铜盘,互相撞击鸣奏。今称为铃子。

在佛教中,铜钹为伎乐供养具之一。经律中有多处记载,如《佛本行集经》卷十四中说:"一千之铜钹,一千之具萧,昼夜不绝于宫内",描述宫中荣华的景象;《法华经·方便品》云:"若使人作乐,击鼓吹角贝,箫笛琴箜篌,琵琶铙铜钹,如是众妙音,尽持以供养。或以欢喜心,歌呗颂佛德,乃至一小音,皆已成佛道。"此颂是说明各种乐器均可供佛,均有无量功德,终致成佛。《摩诃僧祇律》卷三三中则说钹与铙相同,为伎儿使用乐器之一。

钹在寺院中的用法,和《百丈清规》记载的一样,是在出班上香、藏殿祝赞转轮、行者披剃、大众行道、接新住持入院时鸣击。《大宋僧史略》卷下"结社法集"条说:"初集鸣铙钹,唱佛歌赞,众人念佛行道。"即说明铜钹亦运用在众人集合行事时。

七、鼓

鼓在寺院中是和大钟相提并论的法具,所谓"晨钟暮鼓"。大丛林往往有独立的钟楼和鼓楼,小寺院则将钟鼓置于大雄宝殿的左右两侧。鼓在古代各种重大场合,如仪式、舞乐与军阵等均有使用。唐代以降,禅林普遍使用大鼓。鼓声的特点是:"隐隐轰轰,若春雷之震蛰,似海潮之发音。"《根本说一切有部·目得迦》卷八中说:"六大都城诸苾刍等,咸悉来集,人众既多,遂失时候。佛言:'应打揵稚。'虽打揵稚,众闹不闻。佛言:'应击大鼓。'"因此,大鼓是在须召集许多人众时敲击使用。中小型的鼓,则配以吊钟,架放在鼓架上,以备赞诵唱念之用。手鼓则于僧众离位行进时执持敲用。

《敕修百丈清规》卷下,提及"法鼓"、"茶鼓"、"斋鼓"、"更鼓"、"浴鼓"等。本门提到鼓的使用规定是:凡住持开讲、上堂,及头首开讲,并击三通。普说、系念并一通。茶鼓,长击一通,侍司主之。斋粥二时鸣鼓,各有前后三通。普请鼓,长击一通。更鼓,早晚平击三通,余随更次击之,库司主之。浴鼓,四通,次第候众击之,知浴主之。

鼓在佛经中的喻意是说法,《法华经·序品》云:"吹大法螺,击大法鼓。""天雨曼陀华,天鼓自然鸣。"又,帝释有三种天鼓,如逢善法堂说法时,则打第三鼓。《金光明经文句》则以鼓譬喻佛说法的升进深行。

在《法器门》的最后,还有一段对诸法器的总结。是说所有法器,总称为"揵椎"(或揵稚),并引《五分律》云:"随有瓦木铜铁,鸣者皆名揵椎。"此律中还提到揵椎的倡设缘起,依《五分律》卷十八所记载,在佛陀时代,有一次僧团在布萨时未能及时集合,乃至荒废坐禅行道。当时,佛陀乃教示须唱言时至,并敲打揵椎,或击鼓、吹螺集合大众。

《法器门》并认为法器所发之音是绝待不可思议之音闻,可藉此修行,达声非声,不闻而闻,根尘泯净,任运常然,会归于耳根圆通法门。

【原典】

丛林法器,礼乐系焉。斋沐恭敬,服食寝兴,进退拜伏,讽诵讲说,日用威仪之间,莫不以而则之,依而诫约之。规矩所出,法度所存,不可一日废也。至若上感贤圣,下警昏蒙,息苦于无穷,昭信于后世。虽韶均不足拟,淫哇之乐又恶足云?

一、钟

大钟①,号令人天之设也。寅昏击之,警昏迷,觉幽暗。引杵宜缓,扬声欲长。凡三通,各三十六下,总一百八下。《古德颂》云:"前七后八,中间二十疏疏发,更垂末②后结三声,是则共当一日。"

鸣钟者想念偈云:"愿此钟声超法界,铁围幽暗悉皆闻。闻尘清净证圆通,一切众生成正觉。"仍称观世音菩萨圣号,随号扣击,其利甚大。闻钟声者亦当念偈称号。《杂譬喻》偈云:"闻钟嗔,现在缘果薄,来报受蛇身。所在闻钟声,卧者必须起,合掌发善心,贤圣皆欢喜。"

凡遇圣节、善月、看经、上殿、下殿,如来降生、成道、涅槃、开讲、说戒、结制、解制、斋时过堂、人定时,各一十八下。如接送官员、住持、尊宿,不以数限,库司主之。

僧堂钟:凡集众则击之。斋粥二时应鼓鸣七下,下堂三下。结制解制三日,茶汤每日,各七下半。住持开讲打静三下,头首开讲打静四下,习读时疏鸣一十八下,布萨时下堂鸣三下,堂司主之。

---

① 钟:原作"镜",今据文意改。
② 末,原作"未",今据文意改。

殿钟：晨朝上殿，接长板击之。若粥斋罢上殿，或讽诵，或修忏，与僧堂钟相应接击之，知殿主之。

《增一阿含经》云："若打钟时，愿一切恶道诸苦，并皆停止。若闻钟声，得除五百亿劫生死重罪。"《付法藏经》云："罽腻咤王以好杀，死作千头鱼，剑轮绕身，随斫随生。有罗汉充维那，依时打钟，闻声之时，剑轮住空。遣信白令长打，过七日已，受苦即止。"①

又，《金陵志》云："民有暴死，入冥司，见有五木缧械者，告之曰：'吾南唐先主也，以宋齐丘之误，杀和州降者，致此，仗汝归白嗣君，凡寺观鸣钟，当延之令永。吾受苦，惟闻钟则暂休。或能为吾造一钟，尤善。'民还，具闻，后主因造大钟于清凉寺，镌曰'荐烈祖孝高皇帝脱②幽出厄'③。"

二、版

大版于晨朝大钟绝后，长鸣三通，声绝，殿钟接鸣。斋时长击

---

① 文出《付法藏因缘传》卷五："(罽腻咤王)由听马鸣说法缘故，生大海中作千头鱼，剑轮回注，斩截其首。续复寻生，次第更斩。如是辗转，乃至无量。须臾之间，头满大海。时有罗汉为僧维那，王即白言：'今此剑轮，闻犍椎音，即便停止，于其中间苦痛小息，唯愿大德垂哀矜愍，若鸣犍椎，延令长久。'罗汉愍念，为长打之，过七日已，受苦便毕。而此寺上因彼王故，次第相传，长打犍椎，至于今日，犹故如本。"《释氏要览》卷下《杂记》"犍稚"条云："钟磬、石板、木板、木鱼、砧槌，有声能集众者皆名犍稚也。"《大正藏》第54册，第304页上。

② 脱：原作"阮"，据《百丈清规》改。

③ 《佛祖统纪》卷四十二"开运三年事"条云："金陵上元县人暴死，误追入冥府，见唐先主被五木甚严。民大骇，问主何以如此。主曰：'吾为宋齐丘所误，杀和州降者千人，以冤被诉。'民曰：'臣误追当还。'主泣曰：'吾因此，闻钟声则苦暂息。汝归语嗣君，凡寺院鸣钟，令推迟之。更能为造一钟，尤为济苦。'民曰：'下人何以取验？'主曰：'吾曾受于闻瑞玉大王于瓦官寺佛左膝，以香泥藏之，时无知者。'民既还而白后主。〔后主〕亲诣瓦官剖膝，果得玉像，感动恻愍，即造一钟于清凉寺，镌其上云：'荐烈祖孝高皇帝脱幽出厄'，以玉像建塔于蒋山。"《大正藏》第49册，第392页。

三通。斋粥二时鸣木鱼后,三下叠叠击之,谓之长版。傲戒火烛鸣三下,报更则随更次第击之。维那点读则长鸣三通。方丈库司廊下诸寮、小板开静、开讲、集众皆长击一通。开浴、报众生堂等各鸣三下。方丈小版,住持外归,鸣三下。旦①望请两序者旧献汤,叠叠鸣一通。

三、木　　鱼

斋粥二时,长击二通。普请僧众,长击一通。普请行者,二通。

《婆沙》云:"有僧违师毁法,堕鱼身,背上一树,风涛摇摆,出血苦痛。本师渡海,鱼遂作孽。云:'汝不教我,致堕鱼报,今欲报怨。'师曰:'汝名甚么?'鱼曰:'某甲。'师令忏悔,复为设水陆追拔,夜梦鱼曰:'已脱鱼身,可将我树舍寺,以亲三宝。'师果见鱼树,刻鱼形悬挂警②众。"

四、椎

斋粥二时,僧堂内开钵、念佛等白众,皆鸣之。法堂上开讲时,亦鸣之,并直日者主之。布萨时秉白者鸣之。僧堂中椎,知事告退时,亦鸣之。法堂上椎,住持入院,将说法时,诸山上首鸣之,谓之白椎也。

世尊一日升座,大众集定,文殊白椎云:"谛观法王法,法王法如是。"世尊即下座。

---

① 旦:原作"且",今据文意改。
② 警:原作"惊",今据文意改。

五、磬

大殿早暮，住持、知事行香时，直殿者鸣之。大众修诵时，堂司行者鸣之。唱衣时，维那鸣之。小引磬，堂司行者常随身，遇众讽诵，鸣之为起止之节。如披剃童行时，引请阇梨①鸣之。安居中修诵时，则直日者鸣之。

《感应记》云："阿难房前有一磬，可受五斗，四边黄金，镂作过去佛②教弟子文③，鼻上以紫磨金为九龙形，背上立天人像。执椎击之，声振大千，音中亦说诸佛教诫弟子法。此磬梵天造，及佛灭后，娑竭龙王收归海中。"

《增辉记》云："命未终时长打磬，令其闻声，发其善思，得生善处。"大师临终，语维那曰："人命终时，得闻钟磬，增其正念，惟长惟久，勿令声绝，以气尽为期。"④故今名为打无常钟、无常磬⑤是也。

六、铙　钹

凡维那揖住持、两序出班上香时，藏殿祝赞转轮时，行者鸣之。

---

①　阇梨：全称为阿阇梨，意译为轨范师。意即教授弟子，使之行为端正合宜，而自身又堪为弟子楷模之师，故又称为"导师"。

②　过去佛：指出现于过去世之七佛，即毗婆尸佛、尸弃佛、毗舍浮佛、拘留孙佛、拘那含牟尼佛、迦叶佛、释迦牟尼佛。

③　教弟子文：指"七佛通诫偈"。过去七佛同以"诸恶莫作，众善奉行，自净其意，是诸佛教"一偈作为戒行之原则，故此偈被称为"七佛通诫偈"。

④　文出《智者大师别传》："（智者）诫维那曰：'人命将终，闻钟磬声，增其正念。唯长唯久，气尽为期。云何身冷，方复响磬？世间哭泣、著服，皆不应为。'"

⑤　无常磬：又称引磬，指人临终时所打之磬。典出天台智者大师临终时对弟子的告诫，其为《四分律行事钞》卷下四之一所引用："若终亡者，打无常磬。"

遇送亡时,侍者披剃,大众行道,接新住持入院时,皆鸣之。

《通典》云:"铜钹,其圆数寸,隐起如浮沤。贯之以韦,相击以和乐也。南蛮国大者,围①数尺。铙者,铙声铙铙也。"

七、鼓

法鼓,凡住持开讲、上堂,及头首开讲,并击三通。每通三椎九擂,先轻敲鼓磉②三下,然后重手徐徐击之。二人相顾,使其紧缓轻重相参相应。音声和畅,起复连环,隐隐轰轰,若春雷之震蛰,似海潮之发音。第一通延声长击,少歇,转第二通,连声稍促③,更不歇声,就转第三通。候住持登座时,一级一下,待座上转身,双椎连打三下。

普说、系念并一通。茶鼓,长击一通,侍司主之。斋粥二时鸣鼓,各有前后三通。前三通起九下,中间每通十下,结三下,应钟一声。后三通起九下,至第二下应钟半声,中间三通,每讫各应钟一声,结三下。钟同应三下。

普请鼓,长击一通。更鼓,早晚平击三通,余随更次击之,库司主之。浴鼓,四通,次第候众击之(详见如知浴门),知浴主之。

《僧祇律》云:"帝释有三鼓,若善法堂说法时,则打第三鼓。"《光明句》云:"击鼓诚进,肃众前驱,譬佛说法,升进深行也。④"

已上法器,宜各有常度,毋令失准。若新住持入院,则诸山器一

---

① 围:原作"图",今据文意改。
② 鼓磉:磉,音 sǎng,指柱子底下的石磴。鼓磉指矮桶式鼓的侧面。
③ 促:原作"俊",据《百丈清规》改。
④ 文出《金光明经文句》卷四《释空品》:"击大法鼓者,击鼓诚进,肃众前驱,此譬佛说法,督进深行。"

齐俱鸣。夫法器之名，梵语总称为犍椎（音地），《声论》翻为磬①，亦翻钟。《五分律》云："随有瓦木铜铁，鸣者皆名犍椎。"若迦叶结集，桂铜犍椎，此是钟也。若阿难升讲堂，击犍椎者，此是如来信鼓也。故丛林仿其制而用之，所以申号命、警昏蒙也。若夫大定常应，大用常寂，达声非声，不闻而闻，根尘泯净，任运常然，是为绝待②者不可思议之音闻也。

---

① 底本原作"声论翻□磬"，缺一字，据《证义记》，所缺乃"为"，今据补之。
② 待：原作"侍"，今据文意改。"绝待"为"超越对待"之义。

洪武丙①子秋七月
僧录司右善世②前住慈感讲寺③释绍宗募缘重刊
左善世前住北禅讲寺④释大佑劝缘助刊
左阐教⑤天禧讲寺⑥住持释溥洽劝缘助刊
上天竺讲寺住持如兰助缘

---

① 丙：原作"两"，今据文意改。
② 右善世：明代僧官名。明洪武十五年(1382)设僧录司，置左右善世各一人，左右阐教各一人，左右讲经各一人，左右觉义各一人，掌释教之事。
③ 慈感讲寺：位于今浙江省湖州市，南宋时位列教院十刹第四位，系天台宗寺院，今已不存。
④ 北禅讲寺：位于今江苏省无锡市，南宋时位列教院十刹第八位，今已不存。
⑤ 左阐教：见上"右善世"注。
⑥ 天禧讲寺：位于江苏省南京市，始建于三国时，后屡毁屡兴，明永乐中赐额"大报恩寺"。

书教苑清规后

　　明僧一如,衔使本邦,寄此书于庐山寺中庵,从此相传,而人未遍知。余向在武城,偶得一览,而谓虚张浪设,效于禅林之规①;夜哦昏餐,违于觉王之制。岂足以匡吾徒也哉? 虽然,取其可取,舍其可舍,则此书之行不无小补。顷有欲镂于梓者,来求一辞,因书鄙怀,以附其后云。

贞享元年②九月③日

南溪沙门光谦④谨书

---

　　① 效于禅林之规: 莲池大师对《百丈清规》亦曾有过类似的批评:"因上丧制,知《清规》一书后人增广,非百丈所作也。百丈为曹溪四世嫡孙,其丧制何由不率乃祖攸行,而变其成法乎? 盖建立丛林,使一众有所约束,则自百丈始耳。至于制度之冗繁,节文之细琐,使人仆仆尔,碌碌尔,日不暇给,更何从得省缘省事而悉心穷究此道也。故曰后人好事者为之,非百丈意也。"文在《竹窗三笔》。

　　② 贞享元年: 指日本贞享元年(清康熙二十三年,1684年)。

　　③ "月"字后疑有脱字。

　　④ 光谦: 日本天台宗僧,生于1652年,卒于1738年(一说1739年),他大力提倡南山威仪,在日本各地阐说天台教观,弘扬戒律,后人视作日本天台教观的中兴之祖。